作者简介

　　申国卿，郑州大学体育学院教授，博士研究生导师，河南省太极拳教学团队、河南省哲社创新团队、河南省非遗研究基地、河南省太极拳传承基地负责人，国家社科基金评审专家，河南省太极拳协会副主席，河南省老年人太极拳专委会副主任，河南省科技创新人才，河南省高校优秀学者，郑州市少林武术标准化技术委员会委员，《少林与太极》主编。主持国家社科基金等10余项，发表《体育科学》等期刊论文近50篇，出版专著16部，主编教材《中国武术导论》，建成河南省精品在线课程、一流课程和中国大学慕课"尔雅太极"，以及河南省双语思政样板课程"太极推手"。

　　李新平，男，汉族，1968年1月出生于河南省焦作市解放区春林村。猿仙通背拳第八代传承人，师承第七代传承人李培均，习武40余载，全面继承了恩师李培均的衣钵，擅长绳镖、单刀，注重拳法与功法研习。2005年发起成立猿仙通背拳研究会，2007年在市民政局注册成立焦作市猿仙通背拳研究会，首任会长。2011年组织举办了首届焦作"净影寺"猿仙通背拳发展研讨会。截至2019年，组织举办了8届猿仙通背拳武术交流比赛。2021年被认定为通背拳（2009年通背拳被列入河南省第二批省级非物质文化遗产名录）省级非物质文化遗产代表性传承人。2020年投资200余万元，建成占地面积3000平方米的猿仙通背拳传承基地，为猿仙通背拳的健康发展作出了重大贡献，是当代猿仙通背拳核心领军人物之一。

▲2009年6月河南省文化厅颁发的省级非物质文化遗产牌匾

▲猿仙通背拳传承基地（春林村）2021年建成投入使用

▲焦作市猿仙通背拳研究会（春林村）2021年建成投入使用

▲猿仙通背拳研究会旧址（春林村）2007年投入使用

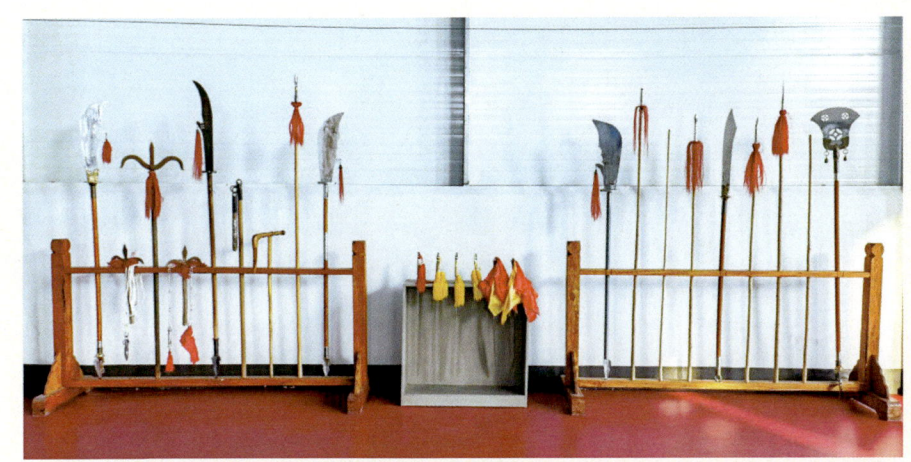
▲猿仙通背拳部分器械（2021年拍摄）

▲猿仙通背拳第二届武术交流比赛大会（2009年拍摄）

▲猿仙通背拳第三届武术交流比赛大会（2010年拍摄）

▲猿仙通背拳第四届武术交流比赛大会（2011年拍摄）

▲猿仙通背拳第五届武术交流比赛大会（2016年拍摄）

▲猿仙通背拳第六届武术交流赛（2017年拍摄）

▲猿仙通背拳第七届武术交流大赛（2018年拍摄，前排高雅轩，二排左起刘连生、刘广东、许大庄、任义斌、李宝林、曹志杰、张跃进）

▲焦作市第八届猿仙通背拳交流大赛春林村代表队合影留念（2019年拍摄）

▲2019年"文化和自然遗产日"展演留念（拍摄于净影寺风景区）

▲猿仙通背拳第一届教练员培训合影留念（左起李秋平、连小栓、程乃温、陈建设、温小国、李新平、李先进）

▲首届中国"净影寺"猿仙通背拳研讨会筹备会（左起董铁军、翟会生，右起林小金、马明）

▲猿仙通背拳人民公园辅导站学员合影留念（2012年拍摄）

▲河南省豫北地区传统武术比赛合影留念

▲2020年"文化和自然遗产日"展演留念（拍摄于春林村）

▲清咸丰御赐万寿山线柏树植于许氏故居西侧

▲ 清武德骑蔚郭再汾故居门前旗杆石，屹立在武举郭再汾故居门前

▲ 六代传人许乐敏与弟子合影留念（前排左起李培均、许乐敏、许召有，后排左起程乃温、许海江、许伟战）

▲ 六代传人许乐敏与弟子合影留念［前排左起李培均、许乐敏、程永泉（洪洞县），后排左起李二卫（培军儿子）、李生、许召有、许伟战、许海江、程乃温］

▲ 六代传人许乐敏与弟子合影留念（前排左起程乃温、樊汉武、许乐敏、李培均，后排左起李生、许召有、王小芳、许伟战、许海江）

▲ 1983年春节春林村武术表演合影留念

▲ 1986年农历八月十五，六代传人许乐敏与七代、八代弟子合影留念［前排左起李生、许召有、许海江、许乐敏、李培均、吴家祥、李新平（八代），后排左起许伟战、徐国富、丁同义、许牛群、毕国宝］

▲ 1989年春节武术表演合影留念（二排左起李征钧、李培均、李文祯、周普德、程乃温）

▲ 六代传人许传东与弟子合影留念（二排左起郑风清、任义军、沈国利、任义斌、高佰群、许继奎、李保成、曹志杰、许庆昌、许小伟、温跟头，三排左起王卫丰、周双全、张海军、董建国）

▲ 六代传人许传东一脉弟子合影留念（左起郭子龙、张海军、王卫丰、温跟头、聂卫平、许继奎、任义斌、曹志杰、高佰群、任义军、许小伟、沈国利）

▲ 七代传人与八代传人合影留念（左起许来军、高佰群、孔卫星、程红卫、程乃温、李先进、毋海霞、陈建设）

▲ 中国武术协会原秘书长康戈武与八代传人李新平合影留念

▲ 首届猿仙通背拳发展论坛专家学者合影留念（前排左五起姚天恩、康戈武、赵功佩、崔乐园、张战营）

▲ 2011年国家武术运动管理中心主任高小军莅临焦作调研（前排左起副市长乔学达、高小军、李新平，后排左起翟会生、林小金、程乃温、石泰山）

▲ 猿仙通背拳第八届交流大赛开幕式莅临的领导（左起李新平、刘青山、温小国、宋国宪、张治远、梁春生、宋庆洲）

▲ 河南理工大学师生与猿仙通背拳传人走进许乐敏老师故里

▲ 2022年焦作市猿仙通背拳研究会换届大会（左起连小栓、许来军、陈建设、程乃温、许大利、王力、任义斌、程红卫、李先进、李秋平、毋海霞、高佰群、李旭伟、许庆本）

▲ 2008年焦作市东方红广场春节演出（左为葛修举、右为高佰群）

▲ 2021年春节春林村文艺演出后村委负责人与演员合影留念

▲《少林与太极》主编申国卿与猿仙通背拳传人合影留念（左起许庆本、申策今、陈建设、许大利、李永平、申国卿、程红卫、程乃温、毋海霞、李新平）

▲ 猿仙通背拳黄河武术馆暑期武术培训班合影留念

猿仙通背拳全集

申国卿　李新平　著

人民体育出版社

图书在版编目（CIP）数据

猿仙通背拳全集 / 申国卿, 李新平著. -- 北京：人民体育出版社, 2023（2025.2 重印）
ISBN 978-7-5009-5982-3

Ⅰ．①猿… Ⅱ．①申…②李… Ⅲ．①通背拳—基本知识 Ⅳ．① G852.17

中国版本图书馆 CIP 数据核字 (2021) 第 033031 号

*

人 民 体 育 出 版 社 出 版 发 行
北 京 建 宏 印 刷 有 限 公 司 印 刷
新 华 书 店 经 销

*

889×1194　12 开本　29.5 印张　591 千字
2023 年 8 月第 1 版　2025 年 2 月第 2 次印刷

*

ISBN 978-7-5009-5982-3
定价：150.00 元

社址：北京市东城区体育馆路 8 号（天坛公园东门）
电话：67151482（发行部）　　邮编：100061
传真：67151483　　　　　　　邮购：67118491
网址：www.psphpress.com

（购买本社图书，如遇有缺损页可与邮购部联系）

《猿仙通背拳全集》顾问

（以姓氏笔画为序）

王　波　许大利　许召有　许伟战　许国富

李　生　李永平　宋国宪　张治远　和　毅

周普德　梁春生　彭伟峰　程乃温　温小国

猿仙通背拳当代主要传承人

（以姓氏笔画为序）

王志强　王彦忠　孔　晨　孔卫星　毋志祥
毋海霞　朱双平　任义军　任义斌　许不浪
许庆本　许来军　李先进　李旭伟　李英娣
李新平　陈金旭　陈建设　赵炳霖　侯林长略
贺泓翔　秦永望　高佰群　曹志杰　程红卫

祝贺"猿仙通背拳全集"出版

拳缘猿背运灵
谱贵活态传承

壬寅春 康戈武

康戈武，中国武术九段，历任国家武术研究院秘书长、中国武术协会秘书长、国际武术联合会传统武术委员会副主任。

邱丕相，上海体育学院教授、博士研究生导师。

怀念恩师李培均

我的师父李培均系猿仙通背拳第七代传承人，1946年出生于焦作市解放区上白作街道春林村，卒于2004年，享年58岁。

恩师出生在一个贫农家庭，自幼聪慧，酷爱武术。20世纪60年代，他与本村同伴程乃温、周普德投拜在猿仙通背拳六代传承人许乐敏门下。他们白天务农，晚上习拳，农闲时经常翻山越岭十几公里山路到高窑河村许乐敏家中学拳，冬去春来，不畏酷暑严寒，坚持不辍，深得许乐敏的赏识。许乐敏将猿仙通背拳的拳法武技倾囊相授，并嘱托他们，此拳来之不易，一定要传承下去并将其发扬光大，不能辜负先辈们的期望。

1976年，在恩师的组织下，春林村成立武术队，队员达100多人。逢年过节，武术队成员都会参加解放区和市里的文艺汇演，多次受到表彰。1978年，恩师从《武林》杂志上看到山西洪洞通背拳的介绍，几经辗转才和洪洞通背拳传承人程永泉取得联系，由于当时经济困难，互通了3年书信也不曾谋面。1981年，恩师和师弟程乃温、李生三人以武会友，到洪洞县拜访洪洞通背拳名家程永泉。老朋友一见如故，通过交流，程永泉对猿仙通背拳颇感兴趣。同年，程永泉来焦作回访，拜许乐敏为师，与恩师、程乃温结拜金兰。1984年，洪洞通背拳名家樊汉武在程永泉的引荐下来焦作拜访恩师，在焦作市武协的支持下，樊汉武与恩师一道挖掘整理、编写出版了《无极通背缠拳》。1989年，恩师组织成立春林通背武术馆，该武馆由于普及武术、推广开展全民健身活动贡献突出，被国家体委选入《中华武馆名录》。1991年，恩师应邀赴国家武术研究院交流技艺获得奖励。1998年，恩师创办黄河武术馆。

2002年，焦作电视台在猿仙通背拳发祥地——修武县净影寺录制了《猿拳沧桑八百年》纪录片，相继在河南省与焦作市电视台播放。2002—2003年，恩师三访少林寺，并与少林寺武僧切磋交流，他的品德和功夫深受释永信方丈欣赏。2003年，恩师应少林寺方丈释永信邀请参加了"少林武术国际研讨会",他高深的拳经理论演讲被收录到《少林功夫文集》。同年,在他的普及推广下,介绍河南旅游的《中州揽胜》专题介绍了猿仙通背拳。

2003年,恩师编著的《猿仙通背拳》出版发行,因劳累过度,积劳成疾,耗尽了毕生心血,恩师于2004年与世长辞。恩师李培均是猿仙通背拳承前启后的里程碑人物之一,他身怀绝学,存心济世,培养了一批优秀人才,为猿仙通背拳的推广和发展奠定了基础,作出了不朽的贡献,我们永远怀念他——李培均师父!

序一

五月笔墨志如金，壬寅立夏礼猿拳。

昨日青年节，国卿博士微信电话联系我，聊了近半小时，说到他们的专著即将出版，并邀我阅稿作序。随后见到他发来的《猿仙通背拳全集》文稿和后记，我的第一感觉是被国卿花了十多年时间，与李新平会长等合作将当地几代人传承的一个拳种整理成文的孜孜不倦的精神感动。感动的不仅是国卿所花的时间和精力，更多的是出自赞赏国卿深入民间、扎根乡土，不以小而不为的实干兴武的实践。国卿博士的学位论文研究的是燕赵武术文化，他深知燕赵地域博大精深的知名拳种，更了解地处中州腹地河南的名拳少林与太极，但他偏偏发觉了流传在焦作的传承了数代的通背拳大系中的一支，执守如初，助其不断完善。今再阅其笔墨文字而知其意志如金石。《劝学》有云："锲而不舍，金石可镂。"这正是我所希望的：研究生们立足祖国大地，深入各地考察，向当地民众学习，为发觉、保护和传承祖国的武术非物质文化遗产贡献自己的所学所能。各人的能力有大小，但我相信只要每一个人坚持做对一件事，做好一件事，积小为大，传统武术的丰富多彩就会不断呈现出充实而自信的内容。

立夏写此序，意在礼敬该书作者和传人。中国武术绵延发展，自戚继光《纪效新书》列举当时的各种拳法，至今大多仅存虚名而不见实技，有的受限于图文已难以还原其本真。武术的抢救、挖掘、整理真正得益于改革开放，自此传统武术的各个拳种重新焕发生机，而那些无论环境顺逆都坚持代代传承的各地武术人是多么值得敬重啊！

民俗中有"立夏尝三鲜"之说，而今我想借用"地三鲜"之名阐发几个观点。所谓"地"是指祖国大地中的各地域及其地中之地。再小之地只要有亟待保护和传承的传统武术都应深入发觉（主动发现感觉），助力面世，因为它是中国人创造的宝贵财富。我的几位研究生都秉承这一理念，毕业后陆续给我寄来他们的成果：陈振勇博士出版了《郑怀贤武学思想探骊》《周建南武术文集》，姜娟博士的《辽沈武术现象的文化解读》呈现了辽阳逍遥门武功、少北拳、北少林长拳、金州梅花螳螂拳的六合棍等。值得一提的是，姜娟博士原来是随我专门研究中国太极拳健康文化技理系统的，回到沈阳体育学院工作还特地研究了辽沈地域的武术文化，令我不由点赞、肃然起敬。国卿博士的这本合集成果也再次说明沉下心来深入下去才能具体而为，具体才见成效。总之，"勿以善小而不为"应是新时代地域武术文化可持续发展的价值取向。

随着时代进步、科技发展，地域武术文化出版物应能与时俱进、砥砺前行。因此，这里所谓的"三鲜"就是指我所期待的三样新鲜的变化。

一变之鲜，是扫码活态技术。过去旧版古籍局限于图文，主要是看图识技，没有动态连贯过程，后人很难复原动作招式的全貌；后来有了虚实线标注，但还不能解决直观全套技术动作连贯运动的问题；迈入新世纪，武术书籍中的技术除了图文表达，还附有录像光盘，武术的拳械套路可以完整或分解地呈现其技术演示；近年来，有些书籍中的二维码还可供读者用手机扫码浏览武术拳械的活态技术视频，这是何等新鲜且方便受众之举！对保护和传承武术文化遗产是长久之计！借执笔之机分享此鲜之尝，愿本书赶上尝鲜好时光。

二变之鲜，是招式实用数据。记得我曾指导一位外国留学生考察调研某武术大省的三大拳种，强调调查各拳种常用有效的代表性技击动作，然而该生却虔诚地给我带回这些拳种的书籍。阅后我的第一印象就是书中所述的套路动作从起势到收势都是攻防方法，表述得有条有理。我问哪些是竞技或实战中常用的有效之技？是否有典型示例和数据统计（如篮球的 3 分球 10 投 8 中等）？遗憾的是我没有得到答案。这或许就是长期以来传统武术书籍的通病，因为它没有技击术的攻防运用舞台，技击理论多照搬照抄前人的论述，理论与实践脱节，其技击术几近表演术、健身术。作为非物质文化遗产，除了需要很好地保护、传承它们的表演术、健身术之外，也需要保护和传承其明显区别于戏曲、舞蹈、书法等的"武"之技术，因此我期待的二变之鲜应该是在书中设置该拳种常用有效技击术的示例及其数据统计，改变大篇幅"上打鼻梁，下崩胸膛"之类的理论表述，让攻防运用的实践事实和数据占有一席之地，以此证明拳种的技击价值。

三变之鲜，是击舞系统练法。古代舞练皆有口诀要术，以待取人之技击乃有秘法。现代的武术书籍中很难看到彰显击舞一体的练法。我认为，每个传承有序的拳种都有自身的风格特点，作为完整的拳种，其"打"之系统练法应该得到恢复和总结，并体现在面世的书籍中，这是我尝试三变之鲜的又一想法。我想今后出版有一定防身自卫技击价值的武术书籍和在非物质文化遗产项目评定时应该有这个标准。技击价值不是唯一的，但它是无愧"武"字当头的。

真传一句话：大道至简，一阴一阳，能击善舞。谨此为序，敢以为献，聊表微意。

郭志禹

2022 年立夏于上海

序二

武术的源头是多元的，古代的军事战争是其产生的主要源泉。在不同时代，武术有着不同的称谓。这是因为它的成长要经历从起源到发展、由低级到高级，再到形成体系这样一个漫长的渐变过程。纵观中华武术发展的历史长河，我们不难看出，在那漫长的冷兵器时代，武术与军事如同孪生兄弟，结伴而行，成了地位与权力的有力助手。到了明代，武术的拳种流派盛行起来。尤其是军事技术的不断创新精进，热兵器的相继登场，使武术的军事功能逐渐地黯淡、失色，从军事战场隐退，把根据地设置在民间大众之中。接着便是改造自身，功能作用朝着提高习练者综合素质的方向迈进。

武术的历史犹如一幅千姿百态的画卷、一支独特的民族文化体系，彪炳着数以千计的英雄业绩，凝聚着代代武林志士的聪明智慧，负载着优秀的传统文化、高尚的民族精神。以技击为内核、以强健体魄为要旨的技击艺术是其外在的显性形式，以国民为本、道德至上的行为理念则是其长盛不衰的内在动因。

武术门派众多，根深叶茂。1983—1986年，国家相关管理部门进行了一次全国性质的武术摸底考察，结果约有129个主要拳种名列在册。据我所知，由于时间有限，又受经济条件的约束，这次考察工作只是了解了武术传承之概略，未能够周密细致、完美无缺。鉴于此，有不少拳种流派在此次考察中未被及时挖掘整理，记述在案，河南省焦作市的猿仙通背拳便是一例。

关于猿仙通背拳的来历，它和历史上其他众多拳种流派一样，由来具有神话般的传奇色彩，这是古代传统文化流传过程中一种常见的攀附现象。受时代背景的限制，人们往往会把文化精神寄托在神灵身上，借此增加所练拳术的神秘感与价值度。

考察相关资料，猿仙通背拳发端的时间约在明朝，至清朝乾隆年间才传至河南省焦作市高窑河村，时经三百余年的传承习练，至今已有十代人脉。

猿仙通背拳具有自身的理论与技术体系，"缓如行云，疾如流星，轻灵圆活，刚柔相济"是其突出的特色。拳式简朴易学，动作柔和自然，习练起来，老少皆宜。实践证明，长期系统地从事猿仙通背拳的练习，既有陶冶情操、锤炼性格、强健体魄的功效，又有强身自卫的价值。

时代发展到今天，第八代代表性传承人李新平，为了猿仙通背拳的健康发展，解放思想，突破门户意识，不断与各武术流派交流，兼收并蓄，博采众长，与时俱进，重视武术的推广和普及工作，把创新发展与人民群众对美好生活的向往紧密结合，以新的时代思维来看待拳种的传承和发展。他不畏艰辛，长期对猿仙通背拳进行深入研究、系统梳理，终于使《猿仙通背拳全集》得以面世。这是一桩泽被后人的大事，此作为也得到了业内不少专家的赞许。

《猿仙通背拳全集》是历代传承人的智慧、现代传承人的血汗，时代赋予的良机、历史进程中的浪花。该书全面阐释了猿仙通背拳的基本理论、技术内容、实战技巧、谱诀精华等要素，全面系统地展示了猿仙通背拳的文化内涵、品位价值，对中华武术事业发展是一项重要的贡献。

栗胜夫
2022 年 5 月于河南大学武术文化研究所

前　言

我国是世界文明古国，历史悠久，文化源远流长，历代王朝发展至今均有历史记载，国有史、县有志、拳有谱。国有史而纲纪不乱，拳有谱而尊卑有序。万物乃天地所生，木有本、水有源，祖者本门之根源，有谱而源本知之，艺中要道明之，名分定之，责任晓之，谱与拳派兴衰其不重哉！

明嘉靖年间，怀庆府人董成，创猿仙通背拳，年代久远可考，清乾隆年间传至河南省焦作市高窑河村许秀文、许秀武。猿仙通背拳在高窑河村许氏家族一脉生根发芽，传承八代，一代许秀文、许秀武，二代许有青，三代许万怀，四代许桂林，五代许安吉，六代许乐敏，七代许大利、许伟战，八代许小应。他们祖祖辈辈农耕习武，以武为生，拳场达两省五县百余村庄。三代宗师许万怀，文韬武略，兼顾继承与创新，精研拳理，博采众家之长，融拿法、开法、打法、跌法等精要于一体，编排二路拳法，使原来的六路母法增加至八路。许家外甥，修武县双庙村郭再汾，咸丰年间中武举，进京殿试，获皇封武德骑尉官职，受赐御匾题字"雄风柳絮"，赞誉猿仙通背拳刚柔并济、博大精深，并赐万寿山线柏一株，寓意猿仙通背拳万古长青、源远流长，这些遗物已成为历史见证。1943年列强入侵饥荒之年，许乐敏举家逃荒至徐州谋生，后得知家乡生活好转随即返回家乡，发现珍藏在老宅的世习拳谱不见踪影，多方寻找无果。猿仙通背拳拳谱，历代宗师习武经要，从此销声匿迹。

20世纪60年代，猿仙通背拳第七代传人李培均、程乃温、周普德师承许乐敏学拳，李培均敬师如父且勤学好问。闲暇时他们翻山越岭十几公里到师父家中学艺，回到家中，李培均将学到的拳经、技艺、口诀等记成笔记。1990年，一代宗师许乐敏辞世，临终嘱托李培均编著《猿仙通背拳拳谱》。李培均经过十余年的酝酿、挖掘、整理，数次换稿，病重期间殚精竭虑，笔耕不辍，在众师弟的协助和焦作市公路局的帮助下，于2003年编著出版了《猿仙通背拳》一书。2004年李培均病逝，享年58岁。他把毕生精力奉献给了他热爱的猿仙通背拳，他的辛勤付出使猿仙通背拳有了良好的传播和延续价值，起到了承前启后的作用，对猿仙通背拳的传承和发展影响深远。

春林村习练猿仙通背拳、耍老虎、耍狮子之风由来已久，我从小耳濡目染，逐渐由喜欢变为爱好，师承同族李培均（哥）为师，经师父数十年悉心指导得益甚多。2007年在第七代传人程乃温、许召有、许大利和本村历届村干部周普德、孔长运、李永平及本门师叔、师兄弟的全力支持下成立了"焦作市猿仙通背拳研究会"，会址在春林村文化活动中心，我被推选为会长。2009年6月，猿仙通背拳被列为河南省非物质文化遗产保护项目。说起现今的猿仙通背拳发展历程，当浓墨重彩写写我的挚友申国卿——郑州大学体育学院教授（武术博士后）。武术让我们结缘并建立了深厚的友情：2007年申教授在河南理工大学工作期间，一次他和同事樊卫星老师带领学生调研焦作本土传统武术，在人民公园看到我师叔程乃温和弟子们在晨练，发现该拳演练风格独特，慢似太极、快似长拳，轻灵圆活，刚柔分明，与众不同，得知此拳是有着几百年历史的"猿仙通背拳"，产生浓厚的兴趣，随即把该拳作为课题进行了广泛深入的研究，先后出版了《猿仙通背拳械精选》《焦作猿仙通背拳》两本图书。此次与申教授合作的《猿仙通背拳全集》，系统完整地展示了猿仙通背拳的实战技法、拳法套路、器械套路、人物轶事等内容，使后学者不失真传。回顾猿仙通背拳的一路坎坷，我们感恩先贤用聪明智慧创拳留给我们的宝贵物质财富，感恩历代宗师薪火传承保留下来的武术文化遗产，感恩申国卿教授给予猿仙通背拳的鼎力援助，他的功德代代相传，泽被后世。猿仙通背拳紧跟时代步伐，积极组织开展武术公益培训，武术进校园、进社区、进乡村、进景区，定期举办研讨会、武术交流赛事，一系列举措促进了猿仙通背拳融入社会，推动了猿仙通背拳全面可持续发展。

  本书在编写、出版过程中有幸邀请到国家武术研究院原秘书长、中国武术协会原秘书长、国际武术联合会传统武术委员会原副主任康戈武，上海体育学院博士生导师邱丕相教授为此书题词。上海体育学院博士研究生导师郭志禹教授、河南大学博士研究生导师栗胜夫教授为此书谱序。本书得到了焦作市体育局、焦作市文化广电和旅游局、焦作市民政局、焦作市武术协会、焦作市文化馆（非物质文化遗产保护中心）、焦作市解放区文化广电和旅游局、焦作市净影旅游开发有限公司、春林村村民委员会及社会各界有识之士的大力支持，得到了猿仙通背拳第六代著名拳师后人许永成、孔兆理、杜树才、杜志洪、李大卫、许继奎及春林村众多热爱猿仙通背拳的父老乡亲的关心和帮助，在这里我谨代表焦作市猿仙通背拳研究会向他们表示衷心的感谢！

第八代传人 李新平

2022年3月

目 录

第一章 猿仙通背拳谱序 … 001
　一、《大明崇祯通臂拳谱·序》 … 001
　二、2003年《猿仙通背拳·序》 … 002
　三、2018年《焦作猿仙通背拳·序》 … 003

第二章 猿仙通背拳概述 … 004
　一、猿仙通背拳源流 … 004
　二、猿仙通背拳历代宗师 … 005
　三、猿仙通背拳门规戒律 … 010
　四、猿仙通背拳历代传承谱系 … 012

第三章 猿仙通背拳技理概论 … 015
　一、猿仙通背拳手型步势 … 015
　二、猿仙通背拳技理法要 … 017
　三、猿仙通背拳器械内容 … 018

第四章　猿仙通背拳拳经总论 ... 019

  一、猿仙通背拳拳经总论歌 ... 019

  二、猿仙通背拳心法歌 ... 019

  三、猿仙通背拳临战歌 ... 019

  四、猿仙通背拳武训歌 ... 019

  五、猿仙通背拳十晓妙言涉世真传 ... 020

  六、猿仙通背拳六合论 ... 020

  七、猿仙通背拳三节论 ... 021

  八、猿仙通背拳拳经十问答 ... 022

第五章　猿仙通背拳技法 ... 027

  一、猿仙通背拳手法 ... 027

  二、猿仙通背拳步法 ... 027

  三、猿仙通背拳蹅法 ... 031

  四、猿仙通背拳开法 ... 032

  五、猿仙通背拳扣法 ... 034

  六、猿仙通背拳六靠十八跌法 ... 040

  七、猿仙通背拳揽法 ... 044

  八、猿仙通背拳演重手法 ... 046

  九、猿仙通背拳问法 ... 047

第六章　猿仙通背拳拳械谱 ... 051

  一、猿仙通背拳总目 ... 051

  二、猿仙通背拳启悟歌 ... 052

三、猿仙通背拳推法谱 ··· 053

四、猿仙通背剑谱 ··· 056

五、猿仙通背单刀谱 ·· 056

六、猿仙通背单枪谱 ·· 056

七、猿仙通背棍谱 ··· 056

八、猿仙通背春秋大刀谱 ·· 056

九、猿仙通背绳镖谱 ·· 057

十、猿仙通背丞相拐破枪谱 ··· 057

十一、猿仙通背春秋大刀对枪谱 ····································· 058

十二、猿仙通背二人三口刀对练谱 ·································· 059

十三、猿仙通背大梢对枪谱 ··· 060

第七章　猿仙通背拳一百零八式图解 ································· 062

第八章　猿仙通背拳推法图解 ·· 180

第九章　猿仙通背剑二十一式图解 ···································· 219

第十章　猿仙通背单刀二十四式图解 ································· 239

第十一章　猿仙通背单枪十八式图解 ································· 257

第十二章　猿仙通背棍三十式图解 ···································· 287

第十三章　猿仙通背春秋大刀二十四式图解 ························ 312

后　记 ·· 336

第一章 猿仙通背拳谱序

猿仙通背拳是河南省古怀庆府人董成所创，是我国比较古老的优秀拳种之一，是古人在日常生活中模仿猿猴动作所创的用于健身、强身、保护家园且具有浓郁生活特色的拳种，也是中国武术的一个缩影，其传承过程多有曲折，不同时期的拳谱记录了该拳的发展状况，为了让猿仙通背拳传人及武术爱好者全面了解，故将老拳谱谱序在此展现。

一、《大明崇祯通臂拳谱·序》

夫文武之道，兴时相为消长，世治尚文则文重而武轻，世乱用武则武盛而文弱，故战国之时，人人习武，处处谋臣，勇士健儿不择地而生。今天下承平日久，车书一统，岐文武为二途，视弃胄若草芥，故士耻谈兵，民不习艺，由是而人知武艺者鲜矣。昔予总角时，先君曾戒嘱曰：世无久安长治之理，今盗贼生发，山东白莲徐弘儒为乱，饴亦乱之渐耶。当今之世非武艺不足以保身，然武艺难谱不止一十八般，又非拳势身法不能以董成，汝当先学夫拳法。随交（同"教"）之以太祖关东行拳及南唐二十四腿跌打之法，演习稍成。不幸先君叶（应为"谢"）世，遵其遗言遍访名师，幸遇古陈李君后泉者，年过六旬，浩发童颜，身体粗短雄伟，接（应为"待"）人温暖有理，叙及各家拳法数语极明，至于倭国单刀、宣府双刀、春秋大刀、金家小枪、唐王双股剑、二郎枣穰槊、孙膑拐、提铃拐、蛾眉等、镰迷缠等棍（古谱如此，无法考证为何种兵器），搬跌擒拿等法无不周知。又曰：虽武艺多般，大约身法进退特拳中之余事耳。予心甚喜，逐拜为师。越日令予演施已学，欲观其业。即能曰：此关东行拳并二十四腿短打之法，虽尽美矣，犹未尽其拳之善也，乃教之以叶家炮拳、周家斜踏、沙家猾拳、温家拿势、刘聚短打、棉张短打，各尽传其学焉。延五年之久，演习不辍，敬师无倦，斯时李师年已七旬，思欲传其密，故戏谓予，曰：汝拳艺已精乎？予未假思索应之曰精。汝武艺能敌人乎？曰：能。师喜曰：汝尚不知精与敌人之道，与那能中更有能耳。予惊然若失，复更求再三，师方曰具吾语：文然另有一家拳法，人世所未经见者，名曰通臂猿拳，乃劈拳之斤、斧缚拳之绳索也，与前各家大不相同，真切玄妙，——（此处两字无法辨认）明晰，着着奇巧，而胜太祖及各家多多矣。吾予精艺欲敌人，其惟斯拳乎？此拳始师姓董讳成，身体长大，力举千钧，常在山中牧羊，见群猿聚饮于山泉，戏以大石覆盖泉上，使猿不得其饮。已而群猿皆去，董师勿坐无聊，乃独演武于山场，倾（通"顷"）见一老人，身体短悍，貌似猴系，至前拱而言曰，予渴甚，向见山泉可以慰渴，何为其不见也。董师曰：噫！吾用石已盖之矣。老人曰：适见公演武，将以用武戡乱济世，今盖斯泉使人绝饮，何不济人之甚耶？雄勇非仁者之勇也，乞移石解我渴当以武报。董师藐视猿仙，料此衰残老叟会有奇能，亦不能胜吾之力。乃曰：尔即言以武相报，敢与吾比试耶？如胜，吾当取石以水相报。老人曰：可，予无他技，惟有家练拳法，与公比试数着，望公勿哂。遂推拳相武，其身法步势，皆董师所未经见者，连至败北数次，始为敬服。遂揭其石而与之饮，仍具山果以为之款。老人感其意诚，遂许教之，以拳法相徒，日日久演，久而得之，一日，老人曰：公具形体不凡，得予拳艺已精，甚勿株守山林徒老岩穴已也。当行艺于天下，广传济世保身之术，使公英明功德并垂于后世可也。吾非神非人，乃向聚饮泉上群猿之祖也，感公厚德故以拳报，勿得轻视以辜吾望。董师低首致谢，忽而不见，且惊且讶，遂自忆曰：此乃通臂老猿也，故取名拳曰通臂。随促行装出山，遍访奇人，相为授受，由是遂传于周潘荆山王，又传之于汴梁瘦张，瘦张又传之于陈州卫徐挥使行八，八老又传之于王滈养津，又传之于吾师李继，吾师又尽传其学于予，久演乃得，爱若珍宝，素不轻传匪人。今吾年已老，恐后迷失，送子聪慧可绍其事，馨吾所有尽授于子，使绵术不绝，了吾生平心事。子之幸予之幸也，亦先师之幸也，当为保守熟练甚勿轻易传人，不独众帖失真，犹恐动生讹，以讹传久而愈讹也，珍之重之。予乃讳遵师命，秘习数年始得其宗，如六路母法、进打破截三十六路正拳并经进分头打法，共计一百零八连，每连四着，总篇得四百零三十二着也。路路捷快，着着神巧，果于诸家拳法相去倍从矣。师云劈拳之斧斤、缚拳之绳索，信不诬也，但头绪纷沓，予性不敏，恐后久而遗忘致失真传，故笔之于书，使垂不朽，于人共见共闻。凡我同志者鉴诸，未必无小铺云。

大明崇祯岁次甲卯仲春上浣之吉大梁后学周全淮颖莆书于育英齐，至今二十余载，稿换数次，创为此谱。

大梁后学周淮颖著

大清康熙岁次乙巳孟秋之吉重书

二、2003年《猿仙通背拳·序》

武林百花缤纷而灿烂，由焦作太行山净影寺和尚创立的猿仙通背拳像珍奇的深山灵芝鲜为人知。它古色古香的人文底蕴透人心腑，熔佛、道、儒三教经论于一炉，纳黄河文化荟萃于一水，无处不显历代山阳先贤们的聪明才智，一招一式展露出海纳百川的武学经论。与其说它是黄河与太行山地灵的结晶，不如说是山阳人杰的骄傲和光荣。

余自幼随许氏六世嫡传许乐敏老师习学"通背"，深感"猿拳"之玄妙精义是不可多得的文化遗产。令人遗憾的是，恩师祖上习武世传老本，历代名人习武精论大部分失存。也算老天有眼，天理不绝"猿拳"灵根，老人家硬是凭着超人的记忆，将拳理技艺、家传武要、通背真传、涉世贤文、十问大论节节背诵如流。每每教诲之时，我等众徒如数家珍，点滴抄录成册，刻刻铭记于心。恩师生前叮咛再三，语重心长，谆谆嘱咐，此拳此论来之不易，更要博采众长发扬光大，好好整理传与后人。

余人蒙老师生前鼓励，竭尽全力将"猿拳"经要珠连成书，只惜文化有限，艺中要道断难书妙，慎望武林同道携手将此拳继承发扬，以利社会文明，为国争光。在这里令人鼓舞、值得说明的是，中国佛教协会副会长、全国十届人大代表、少林寺方丈释永信大师对此书的出版给予了鼎力关怀与支持，在百忙中亲审其稿，挥笔题词，鼓励此书尽快与广大武林同好见面，在此特表衷心敬意。

李培均
2003 年 8 月

三、2018 年《焦作猿仙通背拳·序》

当今太平盛世，国泰民安，喜逢国家重视民间流传各项文化技艺，以非物质文化遗产项目进行宣传保护，武术作为其类别之一被列入其中。2009 年 6 月，猿仙通背拳被列入河南省非物质文化遗产名录，乃我等猿拳武术研习传承者之幸事也！

我自幼随猿仙通背拳第七代代表性传人李培均老师学艺，恩师拳法精湛，重义慷慨，教授非为利、倾囊别有传，桃李盈门。猿仙通背拳世传拳谱，在日本侵华战乱年代大部分失存，恩师于病重期间，呕心沥血，殚精竭虑，将猿拳拳经理论、师传武要、涉世贤文、十问大论挖掘整理，编撰《猿仙通背拳》一书，于 2003 年出版发行。恩师在病危时恐猿拳久而失传，戒嘱我等众徒，此拳此艺来之不易，要倍加珍惜，坚心苦志、朝习暮演，再三叮嘱一定要在老拳谱的基础上编写新的猿仙通背拳书籍，进一步细化完善，便于武术爱好者习练，使此拳发扬光大，永垂不朽。

我谨遵恩师遗言，时常琢磨如何发展传承好猿仙通背拳，特编写出版全新的图文并茂、通俗易懂的《焦作猿仙通背拳》一书，很遗憾我阅历浅陋，恐难完成此事。一日，与河南理工大学申国卿博士谈起我的想法，申博士推心置腹地对我讲，民间传统武术是国家之瑰宝，是中华历代先贤们聪明智慧的体现，能够传承发扬光大是我们广大武术爱好者的骄傲和光荣，鼓励我要不负重任，珍之重之，带领猿仙通背拳门人完成此事。在这里非常感谢挚友——武术博士、河南理工大学地域武术文化研究中心主任申国卿老师的义务帮助和鼎力支持。申博士是位谦恭礼让、古道热肠、德操高尚之人，更是一位武术研究痴迷者。他精研武技，参禅悟道，孜孜不倦置身沉浸于武术科研教学，研究传统武术文化及武术产业带动武术发展课题。

经过猿拳第七代、八代、九代主要传人近一年的共同努力，在申国卿博士的鼎力支持及社会各界有识之士的关怀下，全新的猿仙通背拳一书横空出世。书中不仅包含猿仙通背拳拳经理论、拳法套路、徒手推法套路、单刀及春秋大刀套路，还配有拳械套路的图片及解说。由于水平有限，书中难免有误，慎望武林同道不吝赐教，多提宝贵意见！猿仙通背拳的稀有兵器丞相拐，软器械绳标、九节鞭，多种硬器械单练及三十多种器械对练套路，将在第二套书中展现给大家。

李新平
2016 年 8 月 9 日

第二章　猿仙通背拳概述

中国文化源远流长，素有溯源论今的习惯。猿仙通背拳其源已久，明朝老拳谱记载猿仙通背拳为怀庆府人董成所创，谱中没有详细记载董成是怀庆府什么地方的人，该拳由谁传入许氏家族也没有文字记载，李培均老师编著的新拳谱中的说法源于许乐敏老师祖传口述，致使拳谱个别年代、传承代数定位不够准确。在本书中，我们本着尊重前人、尊重历史的原则，对猿仙通背拳传承辈分重新排序，将"猿仙"尊为祖师，董成尊为始师，第一代从许氏家族许秀文、许秀武开始，排列至今为第十代。如将来有缘能发掘出猿仙通背拳传入焦作市高窑河村许氏家族的文字记载，我们会及时纠正。

一、猿仙通背拳源流

相传，北宋年间焦作市修武县境内的千年古刹——净影寺香火旺盛，和尚众多，他们闲时模仿猿猴攀岩、跳跃、舒臂、嬉闹等动作创拳，用来强身健体，保护寺庙，始称"猿拳"。由于香火旺盛，寺内常收留贫苦子弟学文习武，而民间练习此拳者甚少。明朝官宦子弟郭万清、张文魁传怀庆府人董成。董成，字子生，号公德先生，嘉靖年间常在山中牧羊。山间有一泉，过往行人常在此喝水休息。一日，董成用一块大石板将泉水盖住，不让山中群猴饮水，随后就在此演练拳法。不多时，有一老者，身体矮小，上前询问道："我记得这里有一泉水，怎么不见了？"董成说："我用石板盖住了。"老者说："你能否将石板挪开，让我喝水解渴，我看你身材高大，武功高强，咱们俩比武，如果你败了就挪开石板让我喝水解渴，我教你拳法答谢，如何？"董成看老者衰残，不会有何奇能，便答应比武，结果比试数次均以败北告终，董成心服口服，随即跪拜老者为师求教拳法。数年后，老人嘱咐董成说："你学艺已成，应下山行艺于天下，广传济世，我非神非人类，乃聚饮泉上群猿之祖，感公厚德，故以拳相报，勿得轻视。"董成跪拜致谢，抬头时不见老人踪影，随惊讶自语道，此乃通臂老猿也！随后下山周游传教，并将学到的拳法创诀著谱，取名为"猿仙通背拳"。拳谱记载有著名的《拳经理论十问大论》，包括一赜、二进、三跐、四成、五动、六灵、七开、八靠、九扣、十问、六路母法、九跐六靠十八跌、行功十段锦、演重手法说等内容。从明嘉靖年间至清朝初期，老谱记载内容清晰、传承有序：祖师猿仙亲授与怀庆府人董成，董成传与周潘荆山王（汴梁籍），传与张大斌（字名甫，别号瘦张，汴梁籍），传与徐行八（字三那，陈州卫挥使），传与王漓（字养津，徽州籍），传与李继（字后泉，河南太康籍），传与周全（字淮颖，河南大梁籍），传与余加爵（字建亭，江南寿春籍）。

清乾隆年间，此拳传与晋东南泽州府许圪套村许秀文、许秀武兄弟二人（许氏兄弟学拳无考），而后许氏二人携家小迁居河南省焦作市高窑河村。高窑河乃宋瓷发祥地之一，人杰地灵，"猿拳"便在此发扬光大，生根繁衍，许氏家族相传八代之久。许门三世传人许万怀传外甥焦作市修武县双庙村人郭再汾。郭再汾武功超群，又得遇净影寺和尚与之交往，功夫炉火纯青，如虎添翼，清咸丰年间中"武举"，进京都应试晋爵，以其卓越的通背武功，震惊四座，受到武场监考达官们的高度赞赏，皇封"武德骑尉"官职，奉命镇守豫晋隘口要道，赐御匾一块，上书"雄风柳絮"四字赞誉此拳，并赐万寿山线柏一株，以示猿仙通背拳四季常青，源远流长。郭再汾有子三人——定山、定中、定宇，均系清末"武庠生"，事迹有碑可考，此为"猿拳"兴盛时期。"猿拳"近世代表人物有：许门四世传人许桂林、许桂芝、郭敬孝、马福元等。许桂林之子、五世传人许安吉，声名远播，地域广达两省五县百余村庄，仅传博爱县就达二十八个村庄，成名者十一人，人人又广设拳场，各有传人。六世传人许乐敏、孔昭礼、吴公昇、杜振富、杜振贵、杜郑新、李致近、李致俭、许传高、靳福泽、路登朝、孔传新、许传东，均为猿仙通背拳传人中的佼佼者。

由于饥荒之年许家世习拳谱遗失，七代传人李培均将平时学拳时师父口传记下的笔记，经过十余年的挖掘、整理，数次换稿，于2003年编著出版了《猿仙通背拳》一书，为猿仙通背拳的长期发展奠定了坚实的基础。2007年在猿仙通背拳第七代、第八代主要传人的组织和春林村村干部的大力支持下，经焦作市民政局批复，成立了焦作市猿仙通背拳研究会。2009年猿仙通背拳被河南省政府命名为河南省非物质文化遗产保护项目。2011年猿仙通背拳研究会与河南理工大学太极文化发展研究中心合作，8月在净影寺举办了首届焦作净影寺猿仙通背拳发展研讨会暨第四届武术交流大赛。本届大会邀请了中国武术研究院康戈武副研究员、国家体育总局体育文化发展学术部主任崔乐泉研究员、中央民族大学体育学院韦晓康院长、曲阜师范大学体育科学学院孙晋海院长及博士生导师曹莉教授、华南师范大学博士生导师胡小明教授、广州体育学院体育休闲系书记倪依克教授等知名专家参加论坛并发表演讲。本届大会同时得到了焦作市政府的大力支持，焦作市政协主席赵功佩、焦作市体育局副局长宋国宪、焦作市非物质文化遗产保护中心主任王波、河南理工大学副校长张战营参加了会议，会后《人民日报》（海外版）、《中华武术》等分别发文进行了专题报道。2020年5月，由第八代代表性传承人李新平投资180万元，春林村村民委员会在其东侧无偿提供4000平方米土地，开工建设了河南省省级非物质文化遗产（猿仙通背拳）传承基地。基地拥有高标准的室内训练馆、文化展厅、接待室等配套设施，环境优美，于2021年5月竣工投入使用，从此猿仙通背拳步入了规范、有序、高效的发展征程。

二、猿仙通背拳历代宗师

董成（始师）

董成，生于1522年，卒于何年不详，字子生，号公德先生，明嘉靖年间河南怀庆府籍人，猿仙通背拳始师，历学武师数人，师承张文魁、郭万清。身材高大、力举千钧，常在山中牧羊，幸

董成像

遇猿之祖教之，以拳法相授，日日久演，始得其宗。先生敬师无倦、文韬武略、智勇双全，创诀著谱独成一派，故取名"猿仙通背拳"。编撰的拳经理论一赡、二进、三跐、四成、五动、六灵、七开、八靠、九扣、十问之法不仅包括习武人生紧要、天时、地理、人和妙用，还广涉政治、军事、商旅等方面，为明、清时期具有影响力的拳种之一，拳谱记载曾传播至汴梁（河南省开封市）、陈州（河南省周口市淮阳县）、徽州（安徽省黄山市）、太康（河南省太康县）、江南寿春（安徽省寿县）、晋东南（山西省晋城市）、焦作等地，董成先师功德盖世，名垂史册。

许万怀（三代）

许万怀（1829—?），河南省焦作市高窑河村人，猿仙通背拳第三代宗师。出身于武术世家，自幼跟随其父许有清学文习武，继承了猿仙通背拳历代先师所传拳法、功法、心得、拳经理论之精髓，十八般武艺无一不精。博众家之长，精研拳技，把创拳之初的六路母法、步法、腿法、拿法、靠法、跌法、进法融为一体，创编为八路拳法，使套路演练起来舒展大方，灵似猿猴探臂，放长击远，小巧紧凑像灵猫扑鼠，鸡腿猴形，轻灵显威，突出以智力伏拙力为根本，以至于他的外甥郭再汾中武举进京殿试，获皇封武德骑尉官位，显赫一时。

郭再汾（四代）

郭再汾像

郭再汾（1853—1928年），字靖唐，今河南省焦作市修武县双庙村人，猿仙通背拳第四代宗师。自幼随舅父许万怀习武，尽得其舅家传武功，又得净影寺云游和尚教化，武功炉火纯青。咸丰年间20岁中武举，进京殿试，力举大鼎，马上骑射箭无虚发，技艺非凡，以上乘的猿仙通背拳武功赢得了监考官的喝彩，皇封武德骑尉官位，奉命镇守豫晋隘口（小庙口、过风口、下风口），获赐御匾，上书"雄风柳絮"，赞誉猿拳刚柔并济、博大精深，并赐万寿山线柏一株，寓意猿仙通背拳万古长青、源远流长，自此猿仙通背拳走向巅峰。为感谢舅父栽培之恩，为其舅精工细雕修建石楼两宅，将线柏树置于楼院西侧，现今武举人故居门前四座浑厚的旗杆（墩）石尚在。

许安吉（五代）

许安吉像

许安吉（1872—1939年），河南省焦作市高窑河村人，猿仙通背拳第五代宗师，是继郭再汾之后又一出类拔萃的猿仙通背拳宗师。在父亲许桂林、爷爷许万怀的口传身授下，全面继承了家传武技，闭关修炼三年，练就了猿仙通背拳各种功法，其中八步沉捶是许氏家族秘不外传的绝技。功成出关，许师可以一拳打出八步远的距离，重伤对方。他继承祖业以武为生，常年奔波，闯山西、走博爱、下武陟，达两省五县，设百余拳场传授猿仙通背拳。一次在博爱上期城教拳时，有一位山东拳师，身材高大，勇猛无比，红缨枪练得出神入化，一枪扎进麦秸垛里再拧枪抽出，麦秸垛上留下水桶粗的一个洞。他见许师身材瘦小，手无缚鸡之力，便向许师挑战，说好谁赢谁留下教拳。山东拳师仗着自己人高马大，起身一拳向许师面部打来，许师略闪，上用晃手下用摆脚将对方打倒。从此，许师威名远扬，成名的徒弟不胜枚举。

许乐敏（六代）

许乐敏（1901—1990年），享年89岁，河南省焦作市高窑河村人，猿仙通背拳第六代宗师。从小聪明灵巧，跟随父亲许安吉走场教拳，18岁那年在父亲的教授下，师兄弟四人在博爱县玄坦庙闭关修炼半年。为了练功，需要吃一种秘制的辅助药物和使用外洗药，吃过药必须反复练功直至筋疲力尽，如果停下来休息，身体里会有蚂蚁爬动的感觉，难受无比，并且一年四季只能睡在长板凳上，通过四季磨炼，对于软硬功夫十八般兵器，师兄弟四人各有所成。许乐敏老师一掌能将一搂粗的老榆树推掉碗口大的树皮，耍起春秋大刀，让人用水向他身上洒，衣服滴水不沾。1943年列强入侵饥荒之年，许乐敏老师举家逃荒至徐州谋生，后得知家乡生活好转即返回家乡，发现珍藏在老宅的拳谱遗失。他凭着超人的记忆力，将猿仙通背拳习武经要、涉世贤文、拳经理论、功法技艺等内容口述，由贤徒李培均整理编著出版了《猿仙通背拳》一书。许乐敏老师武德高尚，名扬四海。

许乐敏像

孔昭礼（六代）

孔昭礼（1906—1980年），享年74岁，河南省博爱县寨豁乡玄坦庙村人。家境贫寒，幼年父母双亡，12岁开始下煤窑谋生，16岁师从许安吉老师学习猿仙通背拳。在师父的指导下，师兄弟四人在玄坦庙闭关抓功半年，刻苦用功，每夜就长条板凳睡觉，练就了一身上乘通背功夫，能用单脚踢起麦场上的石碾磙、双手合掌搓碎生绿豆，功夫炉火纯青，威震四方，深得师父的赏识。1954年当选玄坦庙乡人民代表，1956年当选博爱县第二届人大代表并获博爱县"种棉能手"、博爱县"群英会模范"等荣誉称号。

孔昭礼像

吴功昇像

吴功昇（六代）

吴功昇（1904—1987年），字寅轩，享年83岁，河南省焦作市博爱县寨豁乡小底村人。师从许安吉老师，同许乐敏、孔昭礼在博爱县玄坦庙抓功半年，是猿仙通背拳一代佼佼者。

杜振富（六代）

杜振富（1903—1948年），乳名贵枝，河南省焦作市博爱县六堆寓村人。家境殷实，多才多艺，知音律、善吹箫，师承许安吉老师学拳。许安吉老师曾住在杜家多年，悉心教拳，倾囊传授。杜振富刻苦用功，经常一个人在山中练功到午夜时分，练就了一身上乘的通背武功，可双手合掌将手中绿豆搓成粉末，十八般武艺无一不精，尤将绳镖"小鬼脱靴、朝天一炷香、坠地十八滚、双龙脱身"等绝技演练得出神入化、随心所欲。例如，演练朝天一炷香技法，将绳镖朝上打出，镖绳如棍子一般挺直，镖头不坠，不可思议。声名远扬，经常有武林同道登门拜访。当地流传六堆寓镖（六堆寓绳镖）、陈沟捶（温县陈家沟太极拳）、王堡杆（博爱县王堡村）、黄岭镗镰（博爱县黄岭村），并称怀府四绝。曾先后受邀请到山东、江苏等地教拳传艺。

杜振富像

《博爱县志》记载，杜振富早年积极投身革命事业，太行军区第八军分区司令员黄新友率领部队驻扎在六堆寓村时，杜振富当选为"村负"。1948年5月，焦作市第二次解放战斗打响，杜振富带领民兵负责运送物资和抢救伤员，身负重伤，被转移至山西稷山八路军医院治疗，因当时医药稀缺，不幸牺牲。享年45岁，葬于山西稷山革命烈士陵园，被授予"革命烈士"，永垂千古。

杜振贵（六代）

杜振贵（1906—1932年），乳名赶上，是杜振富的胞弟，1906年出生于博爱县六堆寓村。文武双全，学识渊博，曾经三年不下楼，潜心钻研周易八卦，造诣匪浅，人送绰号"小神仙"。少时习武，师承一代宗师许安吉。身轻若燕，轻功卓绝，练武场上梅花桩高五六尺，手捧一碗水提身跃于桩上，滴水不洒。让人拿芦苇席子用绳子缠紧站立，可立即跳出脱身。自家院门门楼四米多高，通过助跑纵身攀登而上，如履平地，在怀府一带颇有名气。

杜振贵像

杜政新（六代）

杜政新（1903—？），乳名娃旦，和杜振富、杜振贵为同族近本家，按辈分为"新"字辈。三人一起跟许安吉老师学拳，杜政新力大无穷，擅长硬功，可一拳击碎两寸厚的石板，拳击墙壁致房顶白矸散落满地，两臂用力能将三米长、两米高的土墙推倒，手指运功能将墙壁上的砖块抽出。学成出师行走江湖，设场寨豁村、小低村、玄坦庙、柳树口、晋城等地教拳。其后人口述，一次在晋城教拳时，另一拳师不服，杜老师顺手将身旁砖墙上砖块抽出，该拳师惊叹不如，遂结交成为朋友，传为佳话。

许传高(六代)

许传高(1898—1939年),河南省焦作市春林村(塔掌)人,猿仙通背拳第六代传人。许安吉老师大徒弟,深得老师教诲,与师兄弟靳福泽、孔传新、路登朝等人常年一道闻鸡起武,演习猿仙通背拳,颇有造诣。经常跟随许安吉老师到各个拳场教拳。一次和本村同门师弟靳福泽在外村一打麦场教众徒弟练拳,休息时徒弟们想见识见识许传高老师的功夫,请老师露一手。许传高老师看见麦场有一个石磙,二话没说就地躺在石磙旁,双手发力将石磙挪到腹部,两手推着石磙在腹部滚来滚去,而后用丹田之力将石磙弹离一旁。还有一次,许传高老师去沁河滩要账,回家的路上遇到两名歹徒,拿着手枪大吼"把钱留下",许传高老师见状假装掏钱,趁歹徒不备迅速用连环腿一脚踢飞手枪,将两名歹徒打倒,两名歹徒见势不妙,撒腿逃跑。许传高老师的功夫因而在当地广为流传。

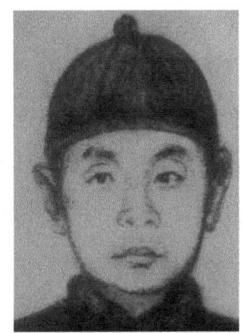

许传高像

许传东(七代)

许传东(1911—1990年),河南省焦作市李封村人。猿仙通背拳第七代传人,师承许传高老师,系统学习掌握了猿仙通背拳拳法精要,擅长各种武术器械,身怀铁砂掌、点穴绝技。武德高尚,桃李遍及省内外,其得意门生任义斌继承许师尚武精神,在焦作市中站区开办了猿仙通背拳武馆,收徒传艺,发扬光大猿仙通背拳。

许传东像

李培均(七代)

李培均(1946—2004年),享年58岁,河南省焦作市春林村人。历任春林村委秘书、村长等职,达二十年之久。小时候,他同小伙伴一起跟随本村李致近老师学拳。由于聪明灵巧、肯吃苦、勤学好问,进步很快,老师看他是练武的好苗子,就对他说:"咱们村陈继贵和祖传猿仙通背拳许乐敏老师家是亲戚,去找他引荐你拜许乐敏为师,学习深造猿仙通背拳吧。"李培均、程乃温、周普德三人通过陈继贵引荐,拜许乐敏老师为师学习猿仙通背拳。闲暇时三人翻山越岭十几公里到老师家学拳,回到家中将学到的拳经、技艺、口诀等记成笔记。1990年,一代宗师许乐敏辞世,临终嘱托李培均老师编著《猿仙通背拳拳谱》。李培均老师经过二十余年的酝酿、挖掘、整理,数次换稿,病重期间殚精竭虑,笔耕不辍,在众师弟的协助和焦作市公路局的帮助下,于2003年编著出版了《猿仙通背拳》一书。李培均老师全面继承了许乐敏老师的衣钵,是猿仙通背拳第七代领军人物。20世纪70年代,李培均老师寻师访友,结识了山西省洪洞通背拳大师程永泉、

李培均像

樊汉武先生，交流切磋，彼此敬佩，结为金兰，1983年与樊汉武、程乃温共同编著出版《无极通背缠拳》一书。1980年任焦作市武术协会委员，1989年在春林村创办通背拳武术馆，1991年应邀赴国家武术研究院交流技艺，1992年任河南省七运会武术单项竞委会副主任，1998年在焦作影视城西侧成立黄河武术馆，2001年应少林寺方丈释永信邀请参加了少林武术国际研讨会。李培均老师把毕生精力奉献给了他热爱的猿仙通背拳，他的辛勤付出使猿仙通背拳有了生存延续的价值，起到了承前启后的作用，对猿仙通背拳的传承发展影响深远。

三、猿仙通背拳门规戒律

（一）猿仙通背拳师训

曰诸裔徒，听我训章，崇文尚武，为忠为良，礼义廉耻，更加推详。

（1）忠于祖国，热爱人民："国家兴亡，匹夫有责"，乃中华儿女做人之本也。吾门弟子应以古今忠良为楷模，视国家为自家，视人民为父母，任何时候都不能置祖国安危、人民痛苦于不顾。否则，乃师门不忠之人也。

（2）孝敬父母，尊师重道：生养我者父母，教化我者老师也，无父母难生于世，无师教难以成才。父母之养育，师尊之教诲，恩重如山，终生难报。吾门弟子应以古今贤孝为榜样，孝敬父母，尊敬老师。否则，乃师门不孝之人也。

（3）勤学苦练，不图虚名：入门引路须口授，功夫无息法自修，久练自化，熟极自神，此至理名言，应为吾门弟子之座右铭。刻苦修炼，寒暑不停，风雨不辍，努力攀登武学高峰，不能徒有虚名，无所作为，上阵应勇往直前，不可临阵退缩。否则，乃师门有名无实之人。

（4）博采众长，融会贯通：中华武术博大精深，各门各派均有所长。吾门弟子欲求精进，须深悟本门技艺，博采众家之长，汲取各门派拳法之精华，在继承的基础上有所创新，将本门武学发扬光大。否则，乃师门平庸之人也。

（5）谦恭礼让，坦诚和善：文明、坦诚乃古之所倡，今之所求，是社会和谐进步之标志。吾门弟子须文明礼貌，诚恳待人，不自骄自满，不损人利己，不伤风败俗，不逞强好胜，不贪无义横财。要远小人，近君子，遵守社会公德，助人为乐。否则，乃师门不肖之人也。

（6）遵纪守法，见义勇为：习武宗旨，乃为健身抗暴，维护正义。吾门弟子要遵纪守法，不仗技欺人，不畏强凌弱，不为非作歹，不淫逸奢侈。以良好的武德技艺，弘扬正气，见义勇为，不可乱信谗言，伤害同道，同门一人有难，须全体助援。否则，乃师门不仁不义之人也。

（二）猿仙通背拳武德

武德比山重，名利草莽轻。

学拳德为先，恭敬须谦虚。
学艺先学礼，习武先习德。
缺德不与学，丧礼不教之。

（三）猿仙通背拳十诫

一戒不敬师道，忘恩负义。
二戒轻浮虚夸，杀盗淫乱。
三戒心胸狭窄，不纳忠言。
四戒狂妄自大，自赞诋他。
五戒逞强斗狠，持技辱人。
六戒舌无禁忌，议人之过。
七戒虚担师名，误人子弟。
八戒铜臭之躯，奸商气息。
九戒自矜自赏，故步自封。
十戒立志不坚，徒染虚名。

（四）猿仙通背拳六不教

人品不端者不教，人无恒心者不教。
不知珍重者不教，心险好斗者不教。
轻浮外露者不教，骄名狂诈者不教。

（五）猿仙通背拳求学须知

事文者必有武备，然要苦读寒窗，还须久在，熬油多受寒暑，闻鸡鸣起武，习文武入藏。

欲求先生须要打探，要问前师根本，出学几载入学几年，贵庚多大，有几位同等，是祖传还是名师教育。求师不明，学艺难成，不可不知。

千着容易学，一着最难灵；整学乱用，千变万化；业精于勤荒于嬉，艺成于思废于惰。

学而不练白费心，贪多不烂枉费神；早晚不把功夫练，走遍天下不如人。艺学十年寒窗苦，方能出门教育人；拳把莫轻言教人，滞气不化最可怕。若能会透变化理，妙术不在他人下；一术精成走天下，人从三师武艺高。

四、猿仙通背拳历代传承谱系

祖师

猿仙亲授与怀庆府人董成。

始师

董成传与：许秀文、许秀武，山西省晋城市许圪套村（后迁至河南省焦作市中站区高窑河村）。

第一代

许秀文传与：许有清，家传。

第二代

许有清传与：许万怀，家传。

第三代

许万怀传与：许桂林、许桂芝，家传；郭再汾（许氏外甥），修武县双庙村；郭敬孝，修武县双庙村；马富元，修武县西交口村。

第四代

许桂林传与：许安国、许安邦、许安善、许安争、许安德、许安吉、许安道，家传。

郭再汾传与：郭定宇、郭定中、郭定山（三人系再汾子），家传。

第五代

许安吉传与：许乐敏（安吉子）；李致近、李致俭、毋文林、王凤天，解放区春林村；靳福泽、许传高、路登朝、孔传新，春林村（塔掌）；毋国禄，中站区新庄村（老万庄）；杜振富、杜振贵、杜政新，博爱县六堆寓村；孔昭礼、尚应时，博爱县玄坦庙村；吴功昇，博爱县小底村人。

第六代

许乐敏传与：许伟战、许大利，家传（迁移至春林村）；李培均、程乃温、周普德、李生、李先进、李三县、毋冲、王小芳，解放区春林村；许国富、许牛群、毕国宝，山阳区牛庄村；许召有、许海江，中站区李封村；郭汝定、郭德全、郭小全、郭小安，武陟县东小虹村；丁同义，中站区新庄村（沟沿）；毋进，焦作市区。

靳福泽传与：申玉杰，解放区春林村；陈玉堂、陈忠信、宋红德，解放区田涧村。

许传高传与：许传东，中站区李封二村。

毋国禄传与：刘广东、刘海生、刘战胜，中站区西冯封村。

第七代

李培均传与：李秋平、李双平、李英娣（女）、李大卫（培均子）、李新平、许来军（塔掌）、孔卫星（塔掌），解放区春林村；张庆功，山东省曹县韩集镇周庙村（迁移至博爱县清化镇六街）；陈聪伶，解放区狮涧村；张小发、张伟奇，解放区老牛河村；杨坤、杨威，解放区闫河村；阮二红，中站区麦秸河村；李旗山，修武县一斗水村。

程乃温传与：程红卫（乃温子），解放区春林村；毋海霞（乃温内侄女），山阳区雕塑花城；原小丽（女），解放区世纪新区；宋庆洲、宋才、宋保军、杜长亮，博爱县坞庄村；王忠彦，新乡市长垣市；石红星，解放区东王褚村；秦永望，解放区田园小区；胡巧萍（女），安阳市滑县；李静，新疆克拉玛依市；周仁林，江苏省盐城市滨海县；马洪波，马村区上刘庄村；吕永建，解放区建设西路；张五香（女），解放区士林村；李文聪，安徽省合肥市；杜芙（女）、许保群、许建军、许松树、许不浪、许兴、许卫、许磊磊，博爱县齐村；孙松旺，解放区亚细亚小区；王存信，山阳区常庄村；王喜贵，山阳区上马村；彭保军，解放区供应处家属院；孟雄旺，解放区闫河村；吴国创，马村区翠苑南区；徐超杰，商丘市；杨东，马村区北孔庄村；王彦忠，山阳区工商局家属院；谈小霞（女），山阳区嘉隆国际；毋彬（乃温内侄子），解放区狮涧村；侯林长略，解放区公交家属院。

许大利传与：毋禄军、陈建设、冯素珍（女、塔掌），解放区春林村；连小栓，中站区新庄村。

许伟战传与：许明星、许明辉（伟战子）；李新良、王志强、冯小祥，焦作市；郝跟上，中站区李封二村；毋小海，解放区春林村；王廷举、李和利、阎如军、廉爱国、吴利军，焦作市。

许传东传与：李保成、任义斌、任义军，中站区云台小区；曹志杰，解放区丰泽园小区；许继奎（传东子）、许庆仓、许虎群、许小伟、沈国利，中站区李封二村；郑风清、温跟头、王祖峰，中站区安全街；高佰群，解放区河阳新村；聂平稳，中站区运输街；李有才，中站区西采煤街。

第八代

李新平传与：李旭伟、孔晨、陈金旭、申沛家（塔掌），解放区春林村；赵炳霖、朱双平、贺泓翔，中站区荣祥小区；韩子雷，中站区西王封村；许庆本、刘嘉旭、王志斌，中站区李封三村；毋志祥、谢雯宇（女），解放区田涧村；张宇航，中站区居安小区；乔森，武陟县乔村。

任义斌传与：周双全、王卫丰、董建国、郭子龙、刘涵钰，中站区安全街；张海军，中站区红房院。

曹志杰传与：曹征辉（志杰子）；郑家和，示范区杨庄村；时雨哲、原浩，解放区东于村；申皓轩，示范区嘉苑小区；任禹霏（女），解放区铁路家属院；王笑扬（女），解放区祥和小区。

高佰群传与：葛修举，解放区洪河村；马兴安，鹤壁市淇滨区东臣投村。

孙松旺传与：闫志勇，博爱县陈庄村。

孟雄旺传与：孟帅（雄旺子）；刘子成（雄旺外甥），解放区闫河村。

第九代

马兴安传与：马瑞龙（兴安子）；张永飞（少林寺出家，法号释演智），黑龙江省七台河市桃北街道；赵奇庆，陕西省西安市阎良区延安路6号。

第三章　猿仙通背拳技理概论

猿仙通背拳创立于植被丰茂、猿猴栖息繁衍的南太行深山中，特有的地理环境和古人的聪明智慧造就的仙风道骨、拳风与大自然相融合，将猿猴的轻灵、圆活、敏捷、舒展和鸡腿的巧起稳落、踏踩、探蹴贯穿到套路中。演练时，动如猿猴，拳势轻灵，跌宕多姿，鸡腿猴形，快慢适中，行云流水，刚柔相兼。拳似公羊抵头，腰似鸡鸣卷尾，脚似燕子钻林，前四路刚，后四路柔。拳谱云，夫洪者初学之法，洪劲是蛮力滞力也，必须使之消融，方能周身便利灵活，故有先打洪，后打灵，然后打轻灵成，能软柔者自然刚者灵也之说。技法强调，以小胜大，以弱胜强，以智力伏拙力为统领。拳谱云，当场试拳技，以静待动，耳目观之，搭手如诊脉，伏人心下倒，得胜休懈怠，谨防反复拳，这些内容为猿仙通背拳习练纲领。

一、猿仙通背拳手型步势

（一）手型

1. 掌

五指并拢，掌心开展。

2. 柳叶掌

大拇指向掌心弯曲，五指并拢伸直。

3. 提手

五指抓捏，手腕弯曲。

4.拳

四指并拢弯曲，大拇指压在食指、中指第二关节处，用力握紧，拳面平整。

（二）步势

1.弓步

两腿分开，前脚微扣，大腿与小腿呈90度，后脚里扣，将腿蹬直，腰部直立，两肩放松。

2.虚步

一腿弯曲，另一腿开小半步，前脚掌着地，两膝相扣，身体重心前腿四、后腿六分配。

3.马步

两腿左右分开，两脚约两肩宽，成燕行势，屈膝下蹲，大小腿呈90度，两膝相扣。

4.拗步

半弓步势，身体与弓步方向呈90度。

5.仆步

一腿弯曲蹲下，另一腿分开伸直，身体向伸直腿方向前倾。

（三）鸡腿猴形

1.鸡腿

鸡腿者，须是一条腿立着，另一条腿向上提起，脚掌要平，卷曲之内脚磨胫而入，行如雄鸡独立。鸡腿本意每含步，脚步不稳诸法皆难施展。

2.猴形

猴形者，必无形，势大步宽，伸缩吞吐，探腰拔背，尾闾相随。其动作轻灵圆活善变，进退迅速敏捷，擅长搭手而上，一手连多手，出手不落空。猴形是影重神明，顺劲随力皆轻灵。

二、猿仙通背拳技理法要

（一）通背

通者阳也，背者阴也，四通八达之意，即力发于丹田，经腰背、脊背、手臂背背贯通，发力于无形之中。

（二）四两拨千斤

力小抵大力者，有滑闪、接闪、躲闪、简闪，四者为闪中之要也。左右动身为滑闪，身往后接为接闪，身往后走为躲闪，起身动步为简闪，眼目观宝借力而擒之，名为四两拨千斤之法。

（三）惊法

夫惊者，乃实战时惊心之法不可不知也。与人比试首着能使对方瞬间心里惊怵慌乱，使敌步势迟钝，以便用我之长取胜于敌者。

（四）呼吸法

套路中动作快速，运动量大，演练时对气的需求量大增，如不运用气沉丹田的腹式呼吸方法，就容易气血上涌，气喘如牛。气上浮则为内虚，内虚则气促，气促则力短，力短则难于持久，故拳法演练中，发力时应用"聚气法"，在跳跃时应用"提气法"，做平衡动作时应用"托气法"，快速运动转入静止动作时应用"沉气法"。

（五）拳法

猿仙通背拳套路有八套一百零八式，前四路打的是洪劲属刚，后四路打的是柔和轻灵劲，八个套路风格各有不同。二人对练推法有十路三十二式。

（六）内八法

一头顶，二肩松，三含胸，四肘沉，五胯扣，六收腹，七提肛，八十指抓地。

（七）外八法

一摔掌，二绕掌，三劈掌，四切掌，五按掌，六推掌，七里云手，八外云手。

三、猿仙通背拳器械内容

猿仙通背拳器械分为单练器械和对练器械，共计三十余套。其中，单练器械主要有通背枪、单刀、棍、剑、丞相拐、春秋大刀、双刀、绳镖、九节鞭、月牙铲等。对练器械则分为花枪对练、三人三杆枪对练、单刀进枪、棍进枪、齐眉棍对练、春秋大刀破枪、大镰进枪、小镰进枪、三节梢破枪、小梢进枪、大梢进枪、丞相拐进枪、虎头双钩进枪、耙进枪、大刀赴会、空手夺刀、二人二口刀、二人三口刀、三人三口刀、四人四口刀、五人五口刀、五虎群羊等器械对练。另有耍老虎（上山虎、平地虎）、耍狮子。

第四章　猿仙通背拳拳经总论

一、猿仙通背拳拳经总论歌

　　通背拳法玄中玄，极柔至刚是真言。遍身轻灵浑圆体，周而复始得自然。
动若惊雷快似箭，静比山岳撼我难。身高长大如猛虎，秀身伏猫战鼠玩。
左右闪战巧赚取，鸡腿猴形寻根源。两手如扇腿如钻，进退上下要相连。
中定依挫贴身靠，身手无形武艺高。达官晓理成栋梁，庶民习服也英豪。
若晓拳理归何在，一阴一阳谓之道。

二、猿仙通背拳心法歌

　　拳脚功夫下等功，要动心法为上乘。顶劲顶力浑身滞，顺劲随力便轻灵。
鸡腿本意每含步，猴形是影重神明。详推拳理归何在，吞吐开合一颤倾。

三、猿仙通背拳临战歌

　　远用脚手中膝肘，近靠肩胯腰为轴。高掤低按四平拨，不低不高随手捌。
左右滑闪中闪挫，周身合一方为妙。四两若拨千斤动，舍己从人妙自生。

四、猿仙通背拳武训歌

　　谁人不说打拳好，几人打拳坚持了。师傅说了听不进，背过身来还烦恼。
心血来潮一时练，一阵冷风不练了。自古练拳多如毛，持之以恒少牛角。

学了不练白费心，枉费苦心教化人。贪多不烂枉费神，误了青春难入门。
人到中年入社会，方知学艺不压身。早知武中有学问，后悔当年不用心。
文武双全黄金贵，不负当年受苦人。老当益壮精神奋，延年益寿不老春。
忠勇得道利国民，孝义当先福子孙。人人都说练拳好，即因即果天理真。
怀抱功夫如父子，祸到眼下不求人。青少时令勤习武，童幼年月更学文。
通背真传黄金语，得来功夫土变金。文武双修福双至，利国利民福满门。

五、猿仙通背拳十晓妙言涉世真传

一晓仗则敛面，二晓察地而行。三晓内中有意，四晓请认曲见。
五晓温暖接待，六晓冷寒去迎。七晓师徒敬意，八晓软弱无能。
九晓扬名四海，十晓人过留名。

六、猿仙通背拳六合论

六合者，手与足合、肘与膝合、肩与胯合、心与意合、意与气合、气与力合，统称六合。

六合中有外三合、内三合之分，手与足合、肘与膝合、肩与胯合称为外三合，心与意合、意与气合、气与力合称为内三合。外三合属阴，内三合属阳，故六合亦称阴阳之合。

在拳术中何为外三合的阴阳关系？即左手与右足合，左肘与右膝合，左肩与右胯合，左为阴，右属阳，此阴阳之合，规循符合三点固根的亘古理论。外三合使人有根基稳固、阳气生发、红光满面、胃润亮发、身手矫健之感，在练拳中属阳长外壮过程，是初级阶段。外三合的正确完成是练拳人进步入门的基础，万不可忽略、轻视。

内三合的阴阳关系何在？心为一身之主，万念之首，有心方可有意，意为心生，为心所使，心动在前，意生在后，故心属阳，意为阴，所以心与意合。有了意念，方可产生行动，人体通过意向活动而产生气动，气在体内受意念导向而周流，意念在前，气动在后，气随意转，这样意又为阳，气变为阴，所以意与气合。人体的自然呼吸和因活动而产生的强呼吸，皆属气的范畴，人体通过这个自然生理过程，为得到意向目的而产生的功能效应称为力。力为气之终果，它在气之后，气又为阴，力为阳，所以气与力合。拳论所云，通者阳也，背者阴也，通背世无双，举止分阴阳，阴生阳长，阳长阴生，阴阳互济，生生不息……

必须明白，由阳长外壮的外三合，到内壮阴生内的三合的完成，是一个漫长的练习过程，二者的相互关系：外壮阳长引动内壮阴生，再由内壮阴生催发阳长外壮，反反复复阴阳互生，渐渐升到内外俱壮之火候。一个练拳者由循规入门，逐步到一动周身无有不动，一静周身无有不静，动中有静；静中有动，内外合一的绝妙境地，就是练拳中的中段功夫。在演练中处处显示刚柔并济、动静相连、一阴一阳变化万千的勃勃生机，练拳人要从浅表的理性认识达到深层的感性认识，心领神会地明白六合是练拳成功的基础，外三合则是基础的基础，内三合为基础发展的必然。

前贤古人以这个返璞归真的阴阳哲理统驭拳论，历史实践证明是无可辩驳的武备指南，为万物所应验，为世人所推崇。学海无涯，功夫无终，阴阳互济，峰屹海流。后世练拳人如能志陈久演，朝夕不息，阴阳得道，便会渐阶登堂入室，走向周身浑元，遍体轻灵，刚如锋金无坚不摧，柔似文水周流不息，御人有形则无形，战之即胜，妙有神助的高深境界。

诗曰：

功夫万里城，六合基础功。

十年寒窗果，阴阳合则生。

七、猿仙通背拳三节论

中华武学素有把人体分为三节之论：肩、肘、手部为上节；腹、腰、膀部为中节；胯、膝、足部为下节。而在三节各部中又分为三节。上节部分：肩为根节，肘为中节，手为梢节；中节部分：小腹（丹田）为根节，腰为中节，膀为梢节；下节部分：胯为根节，膝为中节，足为梢节。三三共九节之说。

在中华传统文化的宝库里，人们始终把武学、医学和易学理论融为一体，世间万物尽归阴阳说论是其理论核心。

举人体分三节而言，上节为天，天为父，性属阳；下节为地，地为母，性属阴；中节属人，男女有调阴阳各半。人之周身器官举天象地物雷同，素有天人合一之说。

比如上节为天而言：头脑在上，宛如天体圆轮；二目双明，仿如日月之光；声明比雷，鼻呼似风，喜怒有泪恰如天雨。又曰：人寿花甲鬓发白，年轮愈满冬天雪，皆属天象之故。又如下节为地：在人之下，比膝为马，比足为车，为人所乘；足生五趾与壤相接，意指土生万物，尽归五行所纳，非金木水火土莫属；双足十趾意指物华十全之说。比如中节为人：阳男阴女，各半有调；天有四季冷热变化，人有四肢动静相连；地有江河海流，人有血脉贯通。天地变化万千不同，人生有志各显其能，星移斗转亘古，人类进步不停，天、地、人同，其理分明。

天圆地圆，日月皆圆，人为万物之灵，生于天地之中，万般活动循其圆而事者为上，必得天地生助而生旺，顺天应人，不言而喻。故在拳论各要中，凡起落、进退、纵收、反侧、开合、虚实、动静、刚柔皆求以圆和为妙、为上，周而复始，尽得自然。

身以滚而进，手以滚而出，身动脚手随，三节自可齐……显然，三节同元，贯串一体，是其精髓。

通背真传说论中曰："三节者，妙在通也。"通者，元也！求技者须从"三元化一"，始而习之，方得天真，九节贯通，可谓"三元"而成乎！上元者，手元、肘元、肩元是也！三者同元，肩为元根，则上元通之！下元者，足元、膝元、胯元是也！三者同元，胯为元根则下元通之！

中元者，膀元、腰元、腹元是也！三者同元，腰为元心，膀腹为轮则中元通之！周身一就，两手如扇，两腿如钻，拳打口出，步腿同一，踪影回环，则"外三元"成。又曰："心法为元，意气为轮，丹田（小腹）为场。"妙存呼吸，真气鼓荡，即柔即刚，心意气一体，轻灵莫测幻，得法如诊脉，勾敌取真魂，则"内三元"成。"内三元"与"外三元"合二为一，周身一元，心意气力一如既往，即生即成，御人无形，动如惊雷，静如泰山，武之大成，玄妙精义，周而复始，万法归一，此浑元体成。

人体浑元是武术的上乘功夫，是要经过长期艰苦卓绝的练习后，人之心意灵悟能够即刻将意化气产生高能聚合的定向爆发功夫，非常人所能及，练拳者千人万人，成功者一人半人，习服者一能挡百，不能习服者百不挡一也！乃千古明训，然就成功而言，除超志非凡外，"化滞通开"乃成功之关键。

滞气不化最可怕，若能会透变化里，妙术不在他人下，拳之妙理，尽存呼吸，谱中曰："上节不通，气滞膀中，君臣难顾，天令难行，下节不通，气滞胯中，动则必慢，地利难战；中节不通，气滞腰中，千军万马，如行泥潭，首尾难顾，浑身皆空。"

以上可见，气滞为之病害，腰、膀、胯三部易为病源所在，古人云："有病'方'为贵，其方是圆，通则治本，其理非玄，返璞归真，妙自生也。"

诗曰：

厚德方载物，难得善其智。
遵规循物理，浑元大成期。

八、猿仙通背拳拳经十问答

诗曰：

一赌二进法有益，三跐四成甚稀奇。五动六灵真堪美，七开八靠亦精微。
九扣十问通活便，十款分明与君提。此是猿仙真传授，学者须当用心习。

第一问　赌法

夫赌者，乃拳艺中之首法也，以静待动之意耳。若遇两下持衡者，必依此法，以御其敌也，其经法之道有四部分焉，曰前、曰后、曰左、曰右乃为四部也，每部六经共二十四经也。奈（通"奈"）今习艺之士多有蒙昧不明，单学其进法而废其赌，是为徒习也。既学其进必习其赌，欲善其赌者必须久演，方得其精，以精而求之则神生焉。昔武侯有云，能习服者一可当百，如不习服者百不当一也。是故学者当以熟练为务，方成技业之士耳。故将此款列为首章，使后学者得次第之门也。

诗曰：

$$贈静二字要相连，随机应变得周全。$$
$$若要晓得其中意，切磋琢磨功夫缠。$$

第二问　进法

夫进者，彼未发则吾先入也！当场比试，必先停立其势，而后观其来历大小，更识技艺之长短，自己密藏其技，不可先动，待临使之时，如急风灭烛之勇，出其不意而攻其无备也！进入雷电之凡，往返迅速，立为泰山一般，先明进法之妙，更知赠法之神。余初学，师指教时，只为心传口授，并无谱籍，自今创立此诀，载之于谱，以传后世。凡学艺之人，互谙君子方可传授，如骄名狂诈之徒切勿教之。

诗曰：

$$兵贵神速进发明，密藏其技善服成。$$
$$而不知我我晓人，君子学艺莫骄行。$$

第三问　蹄法

夫蹄者，乃拳法中之长着也！盖谓足能胜人之法耳！余按蹄能胜敌者，犹如居高视下，而何可挡也！师之九蹄六靠，而初学难得其善，非纯功而不护也！虽曰艺在乎精，非久演也难精焉！凡学艺之人，必久演志陈，且勿半途而废。今蒙师论教：必切磋琢磨，一术精成，恐后学不悟其意，故蹄法列之于谱，原我同志者共学之。夫九蹄者：踢、撩、摆、跺、挂、蹬、踩、盖、霎也！六靠者：手、肘、肩、跨、膝、足是也！

诗曰：

$$习学二字要立勤，存心好学观其真。$$
$$世人谁晋奉福就，文武兼比一般同。$$

第四问　成法

徒儿问曰：学艺之事，疑段者得之何曰？答曰：凡学艺之道，不可忙中急取，恶中强求，疑段载知不能深远。首先取六部成套，皆学身法，六节相对，十二节相连，后说金、木、水、火、土，内外五行壮灵。故云：先打红、后打灵，然后打轻灵成！

夫红者，初学之法耳。周身滞气，必使消融，以致周身便利灵活。灵者，柔中自然刚者，灵也。浑身劲路一体，能收、能放者是也。轻灵者，唯陈学而成，心悟而明，言传不尽，你我相触，彼无力泄之，无隙可乘，千钧攻我，如车马倾鸿，无奈无何，而我触敌且似万钧雷轰，泰山压顶无影无形，且锐不可当也。

诗曰：

> 学艺之事功夫缠，半途而废徒枉然。世事皆晋奉福就，文武兼比一般同。
> 手足拧同无措忙，睫间转化有其方。闪攻挫顾成起就，扣顾之间莫可当。

第五问　动法

又问人之动者，服不可及何也！答曰：凡动与人敌者，切不可忙乱，须平心静气，四肢不可乱，步武整齐，先以耳目当之，而后随机应变，观其虚实，察其诈伪，识其多寡，辨其强弱，明其进退，远其路径，先以乎天时，继以乎地利，然后善用己长，事而动之，一道庶手而得矣。

诗曰：

> 兵家动作最为奇，平心步武要整齐。
> 气宜认识得虚诈，路径详察观其时。

第六问　灵法

徒儿问曰：灵之何也？师云：能软柔者自然刚者，灵也，比之与身，能大能小、能短能长、能软能刚，身高长大如猛虎，将身缩小如狸猫，而灵之法，盖善用之经灵也！

诗曰：

> 识得拳中味，方为教授全。当场试拳技，得失在眼前。
> 步步要紧守，着着防不然。布势如诊脉，进步似斩关。
> 二目若闪电，手足如箭发。着人一步到，动着要相连。
> 临敌勿苟免，豪气胜三千。艺精神气壮，决胜有何难。
> 得胜休懈怠，恐生反复拳。此诀真传授，熟记于心田。
> 懂得经灵意，扬名天下传。不晓经灵意，事事不照先。

第七问　开法

徒儿问曰：开法何也？师曰：开之为言悟也！

常闻魏存武摩大师，得于少若，愚人无所知。游至十年后偶以悟字语徒云，略晓斯道者，始知其无不悟也。比之与天，寒来暑往，若衰其常，而有特风之忽至，人藏于室而暗然，鸟归于林而窝然，是天亦似失之与过，以迷众生尔！忽而云散矣！忽而风定矣！清清自如，万物一新，是天仍如其故，而众生之长养无穷也，此其开悟亦何穷哉。人之学艺亦犹是也，蒙头蔽目而不知取之治功，功修既至，一旦豁然开悟之法，岂可胜言哉。

诗曰：

徒儿学艺想由开，功天气盖始见怀。
而今忽将学修至，风静云散晴天来。

第八问　靠法

夫靠者，依身相挨甩跌之意也，而六靠为诸跌打之智，犹如推墙倒壁之勇，擒龙捉虎之力。拳之六模范为艺之根本，拳之六扣者为诸擒拿之总，统至于六靠跌打纲领也！故持六靠并十八跌法，详注分明列成次序书之于谱，以之为后学云。

诗曰：

靠法偎身妙法先，其精沾沾要相连。
左右滑闪加相扣，跌打纲纪十八篇。

第九问　扣法

夫扣者，技中之要道也，譬如人有七穴八痛，春不打顶门，夏不打心窝，秋不打两耳，冬不打阴裆，四季皆不打软肋，两肋四季常疼，轻打闭气，重打丧生。或著之痛，唯四意阴可解此，易知之道。

或力大者，如何擒之？力小抵大力者，有滑闪、接闪、躲闪、简闪，四者为闪中之要也。左右动身为滑闪，身往后接为接闪，身往后走为躲闪，起身动步为简闪。眼目观宝借力而擒之，名为四两拨千斤之法。

或与夜偷，早晚看守门户，家堂即出，则先防门旁两侧，提箭步而出，已胜不可苟免，或者行路不侧，两手空拳，或上墙先揭砖瓦，或拾路中石头以当兵器，不与砖石，路中塘土圻垃也可保身无患矣，不可不熟记之。

诗曰：

艺中要道记心间，切记君子防不然。
若还祸事临己到，凭仗智勇得安然。

第十问　问法

功毕问曰：功行日列名之法如何？昔有一诗证：老师姓张讳文魁，老师姓郭名万青。一日设艺传教众徒，功行已毕，徒请问老师，天下拳祖生而知之者有几人？师曰，生而知之有三焉。一曰宋太祖，少游关西，老游关东，中年下南唐，具施乾坤之略，拳打世界，脚踢乾坤，建都于汴梁，治世太平，自古帝王之勇略者第一祖师也。二曰少林寺紧那罗王，敢废武备，扫荡叛逆，诛寇有功，官至极品，第二祖师也。三曰通臂猿仙，出自明时，拳分三十六路，内有一赠、二进、三踬、四成、五动、六灵、七开、八靠、九扣、十问之法，住居山林，得道猿仙，乃生而知之者第三祖师也。

故夫官游之家，恣意扬名，无疾病焉，而壮服行功，藉以养身益体。商人行旅，赖以御敌，农夫士人，闲以看家保业，武术之大何可胜言？于己终身用之不尽。

诗曰：

学艺高强人胆大，艺精分外有精神。

怀抱功夫如父子，祸到眼下不求人。

第五章　猿仙通背拳技法

一、猿仙通背拳手法

拳论曰：手法乃拳技之中布势、圈套、固守之门户也，须朝夕幕演，谆谆操练，方得其手法之真机，然临敌决胜，见在人先，随发随应获胜完全矣。

练习手法总目

摔手　劈手　开手　滚手　撩手　捌手　冲手　抹手　揽手
拿手　托手　搂手　插手　掤手　拽手　挑手　拍手　抓手
搅手　切手　翻手　盖手　拎手　拨手　按手　推手　提手

二、猿仙通背拳步法

夫走着乃练习步法之门也，即以学其拳艺必须知其步法，拳经云：手上功夫一年而步法倍之，故将此法一一详注分明，使后学者务要专心致志，久演方得，不可懒于步法而失其拳之根本。总则手疾如箭，脚步移犀也，能取胜于敌者乎，虽曰口传心授，怎如淡墨书染。予性不敏，恐其久而遗失步法踪迹，故立图经样式为则，今将走法步势图样列书于后学者述之。

猿仙通背拳演习步法歌

练步之法教君知，朝夕幕演用心机。
先自空走后加手，眼疾脚快势如飞。

（一）左单插花步

左单插花步式歌

右脚当先立站，左脚进步飞先。
右脚大踏一步，左膝跟顶右弯。

左单插花步式

此一走者右脚当先，左脚在后不丁不八，如雁行斜立，先发左脚向前直进一步，次发右脚向前大进一步，将左脚跟以左膝盖顶右腿弯内，此为左单插花步。

（二）右单插花步

右单插花步式歌

先发右脚势如飞，后进左脚似箭疾。
右膝亦顶左腿弯，步法分明书教知。

右单插花步式

此一走者左脚当先，右脚在后不丁不八，如雁行斜立，先发右脚向前直进一步，次发左脚向前大进一步，将右脚跟以右膝盖顶左腿弯内，此为右单插花步。

（三）左双插花步

左双插花步式歌

行拳走手双插花，左脚先行右后发。
左脚仍前加一步，右脚却向膝后跟。

左双插花步式

此一走者右脚当先站定，左脚偏左斜踏一步，次以右脚向前直进一步，左脚再进一大步，右脚一跟，将右膝盖顶左腿弯内，此为左双插花步。

如进右双插花步法者，先发右脚前进一步，次进左脚一步再进右脚一大步，左脚一跟，此为右双插花步。

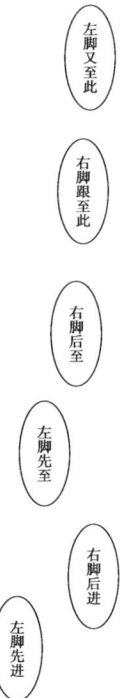

（四）八揽步

八揽步式歌

八揽步法绞丝行，行向西来右往东。
上中下揽须如势，步法皆是一样同。

八揽步式

此一走者右脚当先不丁不八站定，先进右脚横行于左边小半步，次进左脚于右一大步，仍将右脚一跟，再将左脚向右进小半步，复进右脚于左一大步，亦跟左脚，名为左右八揽步法。

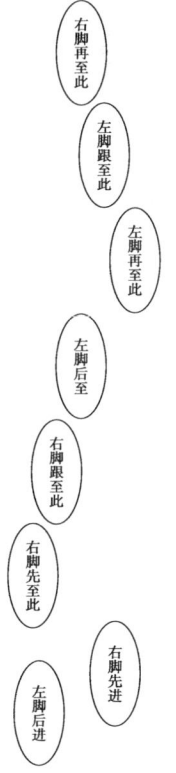

(五)卒路步

卒路步式歌

卒路步法是催手,右脚当先走无休。
前进后跟雁行走,两手捶钻快如流。

卒路步式

此一走者先进右脚一步,左脚随后一跟两膝盖相合,上以右钻照心一拳,再进右脚一步左脚随后一跟亦和膝盖,上以左钻十字照心一拳一步一钻,前钻拳出后手即撤。

(六)倒插花左右步

倒插花左右步式歌

左右消卸腿倒踏,右脚先退左脚拉。
左步若退右如是,两腿后移倒插花。

倒插花左右步式

此一走者右脚当先,左脚随后站定,先退右脚于后一步,随将左脚倒踏,如左脚后退步仍将右脚倒踏,名为左右倒插花步法。

三、猿仙通背拳跐法

夫跐者，乃拳法中之长着也，盖谓足能胜人之法耳。予按跐能破敌者，犹如凭高势下而和可挡也，师云九跐六靠初学者难得其善，非纯功而不获也。虽曰赌进易习，非久演也难精也。凡练艺之士，必自坚心苦志，久练成功且勿怠惰，犹恐半途而废，岂不有愧于学者乎！予蒙师谕淳淳然，切磋琢磨之道，乃以精求精之理也，诚恐后学不悟其意，故将跐法图样列书于谱，愿我学艺之辈共之。

（一）九跐目录

跨步迎跐为第一　第二硬跐亦当知　三截四弹五通跐　八跐踹躁分左右　九跐蹚蹴贴地飞
此是猿仙真传授　学者须当用心机

（二）跐法总歌

九跐之法步交加，□□从头道其法。上步高打用迎跐，中部捣来硬跐发。
右部进我宜截跐，左部必须通跐佳。迎面汤打用弹跐，落膝底绊蹁跐蹚。
八揽走手使软跐，分膝踹躁着堪夸。走马蹚蹴行拳用，随机应变使活法。

（三）九跐解释

第一　迎跐

假如人见面不拘左右手法高打来者，右手挂起、右脚腾起踢他阴裆、右脚往前一踏、右拳击打他鼻子，此为迎跐。

第二　硬跐

假如人见面不拘左右拳照脸打来者，右手左揽、跳起右脚踢他阴裆、右脚往前一踏、右肘击他心窝，此为硬跐。

第三　截跐

假如人从右部用右手劈山打来者，我用右手掤起、抬右脚蹬他软肋处，此为截跐。

第四 弹踶

假如人见面用右手汤掌打来者，我向后一撤身、左扶手提右腿踢他右腋窝，名为弹踶。

第五 通踶

假如人从左部用右手盖顶扇打来者，踶法云，我将身往后一撤起、左腿照他肋肘脚尖一抵是也。

第六 蹁踶

假如人从下步冲裆掠膝打来者，踶法云，我将右脚往左稍跨起向右往下蹁是也。

第七 软踶

假如人用右手照心打一拳来者，踶法云，我用右脚尖向他身右进一单步，上以左手推他右肘、起左脚从他身后照他左腿弯一登软踶是也。

第八 踹躁

假如人用右手掠耳横打来者，我上用左逼手、下以右脚照他右鬼眼穴横踹，如他抽回左腿仍将右脚照他左鬼眼穴加斜一躁踹是也。

第九 蹬蹴

假如人用左手冲心打一拳来者，我用右手返犁他左手、下以右脚尖抵住他右臁骨蹬蹴是也。

四、猿仙通背拳开法

夫开者，乃拳中如钥投锁之意也。盖谓开法之说乃异授真传之着，耳能利于擒扣之法也。此法虽小，善解诸般抓拿，此拳中一定不可少也。予将次开法详著于谱，遗传于后学者，勿以此开法微小而废其学也，所以教习者不可不知也。

（一）开法目录

一揭法　二颚法　三提法　四剪法　五扭法
六组法　七崩法　八搵法　九撑法　十展法

（二）开法歌

试问开法势如何，一揭二颚共剪提。扭纽崩搕与撑展，十法解脱是因依。
虎口向上托拿腕，拳头一点揭法疾。假若覆手捉右腕，挟肘挽拳以颚之。
右手封喉右手剪，左手覆抓左手提。若是两手镯一腕，以膊压指扭法奇。
两手覆抓右腕外，套玉环把纽着施。左手掐颈右抓腰，上挂下削崩自除。
搕法犹如刀剁砍，面前搂腰法和如。两拳抵肶弓其背，此为撑法不须疑。
背后双搂如何解，存身乍膀展法毕。

（三）开法解释

第一　揭法

假如人用右手虎口向上托拿住我右腕，我即将前拳往下一点他手即开，我手覆抓他腕，此为揭法。

第二　颚法

假如右手虎口向下覆抓住我右手腕，我即将手往上一挽，将肘一挟，左手照他右乳下往左乳边一撑，他手即开，我手覆抓他右手腕，此为颚法。

第三　提法

假如人用右手覆抓住我前腰，我用右拳自下而撩上挑打他右手腕，他手即开，此为提法，如照心刺一短刀来者仿此。

第四　剪法

假如人用右手上抓住我喉领，我用右拳朝他手腕一剪，他手即开，此为剪法。

第五　扭法

假如人用双手阴阳镯拿住我右手腕，我即将右拳往怀内一收，胳肘照他心一怼，将右拳往上一挽，往下一覆，他手即开，我手覆抓他右手腕，此为扭法。

第六　纽法

假如人用双手覆抓住我右手腕，我即将右拳往怀内一收，将左手插于他两手腕中间，将两手合掌往上一翻，他两手即开，次为纽法。

第七　崩法

假如人用右手上抓喉领、左手下抓阴裆，我即上用左手往后一挂，右手往下一斩，将身一扭，他两手齐开，此为崩法。

第八　搇法

假如人用左手仰抓住我右肘，我即用左手掌往后一削，他手即开，此为搇法。

第九　撑法

假如人用两手对面双管搂住我，我即将身往后一弓，两手十字朝他软窝处一钻，他手即开，此为撑法。

第十　展法

假如人从背后用两手双管搂住我，我即将身往下一存，将左腿往他身后一插，两膀往左右一伸，将身往后一靠，他手即开，此为展法。

五、猿仙通背拳扣法

夫扣者，乃拳技中智巧之法也。当闻拳分两途，一曰智拳，二曰力拳，是故以勇而擒之者力伏也，以巧而取之者智伏也，此为拳法中智力之道也。比如人之力壮不用智巧可以伏人，然人之体弱力劣非智巧之法焉能取胜于敌者乎，特云，擒扣之法乃拳中至要耳，故立款内言其力之四两能伏千金之勇，故将六把总扣分为三十六拿载之于谱。虽全套擒拿略述大概了吾身之学耳，使后学者不可不知其扣法之意也，故之为武师者跌打擒拿之法无不周知，此三者缺一而非为教授之师也。

（一）六把总扣三十六拿总歌

折骨神拿六歌谣，饿虎爬山一捏喉。推手拿腕脑前握，阴阳驼拿鬼神愁。
推肩加肘忙着力，金丝缠腕在后头。四两能伏千斤勇，其中奥妙细搜求。

(二) 第一套外折骨六把歌

> 折骨神拿势甚夸，仙人背剑使颚法。复使双猴去挖井，抓腕怀中抱月佳。
> 回手忙取云中雁，海青勒鹅往下捺。

1. 外折骨

假如人用右手掠耳横打来者，我用左钳扣擒拿住他手返拿至我左肋，下用右八揽步法，上用右手仰托他右肘，用无名指与中指扣其胳膊弯，右手往怀内一收，左手往外一扭。

2. 仙人背剑

我用外折骨拿下他右手至左肋，他用左拳冲面捣来，我将钳扣手往右边一举，将左脚往他身左一插，以肩膀抗住他右胳膊，将身往前一伏，两手往下一搬。

3. 双猴挖井

我用外折骨拿住他右手至左肋进右步，上用右手食指与中指扣其血盆骨，将大拇指返扣他腋肢窝往下一捺。

4. 怀中抱月

我用外折骨拿下他右手，他用左手覆抓住我右手腕，我将左手复加于他左手之上，仍将左手往怀内一抱，右手往外一滚。

5. 云中取雁

我用外折骨去拿他，他将手抽回，我即进八揽步，上用右手托住他下巴颏，左手抓住脑后往怀中一扭。

6. 海青拿鹅

我用外折骨拿下他右手，他用左手忙来洗我两手，我将右手一转覆拿住他左手腕往左肋已领，下进左八揽步，以左手揽住他左肘，以右手揽住他颈项往后一捺。

（三）第二套饿虎爬山六把歌

> 饿虎爬山一捏猴，左擒右腕使压肘。
> 武松独手擒方腊，还把银鱼钩金钩。
> 推手刁拿脑前裹，钩手狮子搬椿头。

1. 饿虎爬山

假如人用右手下抓我阴裆，我以左手搂开他右手，用左八揽小步，上用右手虎口向下返捏住他喉。

2. 压肘

我用右手返捏他喉，他用左手抓住我右手腕，我即进左脚小半步，用左肘照心一怼，以左手擒住他左手，仍将右手往下一压。

3. 独手擒方腊

我用右手正捏他喉，他用右手虎口向上托拿住我右腕，我将右手往自己右腋肢窝一摺挟住他右手，下用右八揽步，以右手转于他右肘之外，往他脑膛上一抹，以左手抹额一捺。

4. 金钩钩银鱼

他见我返手捏他颈项，他将身往我一滚，我将右手一转钩住他下巴颏，以左手虎口向下用中食二指与大拇指掐住他两腰眼肾穴往下一捺，右手往上一钩。

5. 刁指单拿

他见我返手取他咽喉，他用左手推我右手，我即返手拿住他中食二指往上一举。

6. 狮子搬椿

他见我返手取他咽喉，他将左手往上一挂，我将右手抓住他左手大拇指，即进左脚于他身后左边，复加左手虎口向上倒拿住他右手腕，两膀背相合双手往下一搬。

（四）第三套推手拿腕六把歌

> 推手拿腕在脑前，拖肘镯拿把身翻。

对面凭拿千斤力，抓领喜鹊把枝穿。
存孝活捉孟绝海，钟馗抹额解项搬。

1. 推手拿腕

我用返手取他咽喉，他用左手推我右手掌，我即用返手刁拿他中食二指往怀内一牵，以左手覆抓住他左手背上往下一压。

2. 托肘拿腕

我用刁指拿腕于胃前，他用右手托住我右肘，我即变阴阳镯拿拿住他右手腕，下进右脚于自己左脚之后将身一转。

3. 对面凭拿

我用阴阳镯拿拿住他右手腕，进右步于他身右，以右肩头合右肘外之处往下一压。

4. 抓领喜鹊穿枝

我用刁指拿住他左手腕，他用右手抓住我喉领，我用左手仰拿住他右手腕，用右手照他眼睛一插，回手镯拿住他右手腕，将身往下一伏随进步转身过他身后，以肩头压他胳肘。

5. 活捉孟绝海

我用刁指拿腕，他用右手照我脸打一拳，我用左手将他右肘往上一推，下用左插花步往他身后一走，以右手揽于他胃前，以左手返抓住他右大腿往上一跨。

6. 钟馗抹额

我用刁指拿腕，他用右手搬住我颈项，我用左手从他肘外抹至鼻梁处，以右手覆于自己左肘上，以手背垫他右肘往上一垫，左手往下一捺。

(五) 第四套阴阳驼拿六把歌

阴阳驼拿左右分，白鹅拳项是握筋。
猛虎倒坐昆仑顶，那更白兔撕黄鹰。
抓膊须当外揽手，摺背捆法不用绳。

1. 阴阳驼拿

假如人用右拳照腮帮打来，我用上钳扣擒住他右手腕，将左脚从他面前往我背后一旋，上以肩膀驼住他胳膊，将身一变，左钳扣擒住他左手腕，进右脚用右驼拿（阴阳驼拿分左右）。

2. 白鹅拿项

我用右钳扣擒住他右手腕，他将手往后抽一拳打来，我即将他手一握，以左胳肘套住他右肘，两手握住他右手往怀内一收。

3. 虎坐昆仑顶

我用右钳扣拿住他右手往上一举，将右脚从他面前向自己左脚后进一旋步，上用钻风即过复将右手往上一举，以左手大拇指扣其颏、中指扣其目，下以左脚踏住他左脚面，左手往下捺、右手一撒。

4. 白兔撕鹰

我用右钳扣钻风将他右手往上一举，伸左手返钩接住他颈项，右手往前一推，左手往后一撕。

5. 外揽手

我用右手钳扣他右手，他用左手推我右胳膊，我将右手连胳膊往外一揽，揽住他左膀往上一撮，复用左手照脸一捺。

6. 摺背捆手

我用右钳扣拿下他右手，即进右八揽步走于他身后左边，将他右胳膊倒摺于背后，从上往下一扭转滚倒地，如不然加右手从后抹额往后一搬，仰倒在地以脚踏住两手。

（六）第五套推肩加肘六把歌

推背加肘着力压，金丝缠腕用擒法。
金龙合手难脱手，对面捉拿把手撤。
曲肘盘拿须进步，套玉环法是立拿。

1. 推肩加肘

我用镯拿擒住他右手腕，他用左手抵推我右肩前，我用左手抓住他左手，以右肘压住他左手腕往下压。

2. 金丝缠腕

抓住他右手腕即回左手，从他右肘里分取他两小指，以右手仰拿自腕往怀内一收，进右步于左，将身往左一偏。

3. 金龙合口

我用缠腕拿缠然后分取他二指，他即撒手欲回我，我将左右手颠倒合擒住他右手，进右步往他圈里一走，将他右背拳曲往他腋肢窝内一收。

4. 见面捉拿

我用压肘拿他，他用右手抓住我右手腕往上一领提，我即将右手搭住他右手腕，以左手按拿住四指往下一捺。

5. 屈肘盘肘

我用压肘拿他，他用右手抓住我右手腕往上领提，我即进右步于左，以压肘拐他曲肘外挟住右手腕，以左手抓住他手掌，用外折骨往下一拿。

6. 套玉环

我用压肘拿他，他用右手抓住我右手腕往上领提，我将右手往自己丹田一插，往上一扭扭开他，手复拿他手腕再加左手镯拿住他右手腕，进右步于他右脚后，将两手往下一压。

（七）第六套救急巧拿六把歌

背弓驼跨着甚跨，金钟扣体泰山压。
仙人躲影藏背后，覆手抓腰骗马佳。
金蟾脱壳防采须，把把把内有活法。

1. 背弓驼跨

假如人用右手高举劈头打来，我上用关揽手法，下用左插花步走于他身后，上用右手腕揽住他颈项，以左手抓住他右大腿，两背十字相靠将上下手一收，将身往前一伏。

2. 金钟扣体

假如人用底盘跌打进我，我即用此扣法将手脚四下齐抛，将身体覆罩他身之上，如他左翻身我以右身压之，如右翻身我以左身而压之。

3. 仙人躲影

假如人用双手持短刀二把见面刺来，我下用八揽走手，上用走手推他右肘部于他背后，即换右手推扶他右肘，将走手从他背后推扶住他左肘，覆拿住他右手腕，右腕勒住他颈项往后一勒，扯倒在地将他刀夺过。

4. 张飞骗马

假如人用右手覆抓住我前腰，我即用阴阳镯拿拿住他右手腕，我用左脚尖朝他软窝处往前一撑，复以膝盖往里一合，压住他右胳肘往下一压。

5. 金蝉脱壳

假如人左戏将我胡须抓采住，我用左手覆拿住他右手大拇指根，以右手大拇指甲犁他大拇指甲尽处肉眶，他手自松，我用手轻摘取他手亦不伤其须。

6. 隔物钩拿

假如人隔物或铺柜伸手抓打我，我用钳扣之法拿住他手腕往后一拉，往下一压，他胳膊垫于物楞之处，一垫他的胳膊甚痛，他手里如拿有物品自隔物而出。

六、猿仙通背拳六靠十八跌法

夫靠者，是以身相挨用跌之意也。盖谓六靠之法成为诸跌之始，内有推墙倒壁之勇、降龙伏虎之智。师云，拳之六母者为诸技势之根本也，如拳之六靠者为诸擒拿之总统也，予将六靠之中并附一十八跌详注分明列成次第书之于谱，以使后学者同览之意也。

（一）雄靠 附跌歌

> 雄靠近人左双花，右拳劈腕左拳插。
> 他使右手搂颈项，我用顺子投井法。
> 假若左拳照脸打，千金大坠往下拉。
> 右手单将后腰抱，靠山座子着更佳。

雄靠进人者，下用左双插花步法，上用右拳劈腕而入，以左手从他右肘弯处插入他胃前，下用左脚管住他两脚后跟，将身往下沉、往前一冲，名为雄靠。

第一跌　顺子投井跌法

我用雄靠进至他胃前，他用右手搂住颈项者，我即折起右手倒抓拿住他右手腕，将左肘照他心一挑复使落膝，将右肩膀往下一垂，将身一翻他便跌倒，名为顺子投井。

第二跌　千斤坠跌法

我用雄靠进至他胃前，他用左手照我脸捣一拳来者，我将左手返起，以双手拿住他左手腕，败左脚，上右脚于他身体右边，将双手往下一坠，名为千斤坠。

第三跌　靠山座子

我用雄靠进至他胃前，他用右手搂抱我后腰，我用右手倒抓拿住他右手腕，将右臀胯加斜往下一坐，他便跌倒，名为靠山座子。

（二）威靠 附跌歌

> 威靠进人右双花，左拳劈腕使靠法。他若双手擒右腕，霸王上弓使捯法。
> 右手掐喉封衣领，钟馗抹额手倒爬。左那右腕又抓腰，关拦倒挂往后拉。

威靠进人者，下用右双插花步法，上以左拳劈腕而入，上以右手从他左肘弯处插至他右血盆骨处，用右肘靠至左腋肢窝，将身体往前一挺，名为威靠。

第四跌　霸王上弓

我用威靠进他，他用双手擒拿住我右腕，我将右手抓住他右腕往我左肋下一领，下进左脚于他身后，用左手托住他后腰，上用右手抓他面部往前下捺，名为霸王上弓。

第五跌　钟馗抹额

我用威靠进他，他用右手抓住我喉领，我即回右手复拿住他右手，下进右八揽步，上用左手中食二指扣他左眼眶反手往后一捺，名为钟馗抹额。

第六跌　关拦倒挂

我用威靠进他，他用左手抓住我右腕，右手仰抓住我前腰，我用右手揽开他左手，用左手搕开他右手，下进左步于他左脚之后，上用左小膀揽住他颈项，将身一旋，名为关拦倒挂。

（三）裹靠　附跌歌

> 裹靠进人左步双，关揽剪手左肩撞。他将右腿抽回去，搜山骗马走横缰。
> 左拳劈面来打我，苏秦背剑往帝帮。假若摺背劈山打，双推亮槅照胃膛。

裹靠进人者，下用左双插花步、上用左关揽手法，以左肩头抵触他右（心眼）穴处加斜往前一抗，名为裹靠。

第七跌　搜山骗马

我用裹靠进他，他将右腿抽回连身往后一闪，我即进右脚于他左脚之后，往前一钩，上用右手照脸往后返手一爬，名为搜山骗马。

第八跌　苏秦背剑

我用裹靠进他，他将右腿抽回，仍以左手照我脸打一拳，我即用上掐扣擒住左腕，下将右脚向自己左脚边一旋，转身上用肩头抗住他左肘，将身往前一伏，名为苏秦背剑。

第九跌　双推亮槅

我用裹靠进他，他将右脚往他身左一抽，上用左手摺背劈山打来，我将身一存闪过劈山，以两手十字双封照他胃前一推，下随进右脚小半步，名为双推亮槅。

（四）椿靠　附跌歌

> 椿靠进人迎门双，两拳力劈右肩撞。他若两手掐后颈，横推拨马着相当。

双手搬肩往后捞，倒拽走牛世无双。背后双手将腰搂，黄龙转身两分张。

撺靠进人者，下用迎面单插花步，上用两手劈剪他左腕而入，用右肩头抵住他胃膛，名为撺靠。

第十跌　横推拔马倒

我用撺靠进他，他用双手掐住我颈项，我即将右脚开一步，将头从他身里往外一绕，揭开他两手，将身往下一存于他身左，用两手十字双封照他左肋下一推，名为横推拔马倒。

第十一跌　倒拽走牛回

我用撺靠进他，他将左脚往我身后一踏，上用单手搬住我肩头，我即左脚往他身右一插，左膀往前一伸，复将左手从上移下如燕子戏水绕他身后，将右脚向他左脚外一踏，两背相靠将身往外一挺，名为倒拽走牛回。

第十二跌　黄龙三转身

我用撺靠进他，他将身往我背后一闪，用单手抱住我后腰，我即将左脚倒插于身右，用右手抓住他右手腕，用左手倒揽起他身，我将身体往上一翻、往下一压，名为黄龙三转身。

（五）挨靠　附跌歌

挨靠进人右双花，迎门撺颏往下抓。　左手单把后腰搂，猛虎翻身左腕拉。
他使左手搂颈项，秦王竖碑抱肘加。假若双手将头扭，鹞子穿林往后捺。

挨靠进人者，下用右双插花步，用右拳照脸往上一撺，将身往下一存，用右手捉拿住他右脚面、左手捉拿住他右脚后跟，以右肘逼住他右臁骨（小腿迎面骨）之内，连身往外一挨，名为挨靠。

第十三跌　猛虎翻身

我用挨靠进他，他将左手搂住我后腰，我即将左手倒拿住他左手腕，将身往右边一翻，名为猛虎翻身。

第十四跌　秦王倒竖碑

我用挨靠进他，他用左手搂住我颈项，我即将左手摺起倒拿住他左手腕，复用右肘往后一捣，将左膝盖往下一跪，名为秦王倒竖碑。

第十五跌　鹞子穿林

我用挨靠进他,他用双手扭羊头之法,我即将右手返拿住他两膀,以左手自他肚脐下往上一撑,撑至颈项掐住咽喉往后一捺,名为鹞子穿林。

（六）伏靠　附跌歌

> 伏靠进人左双插,劈剪如流脚跟抓。假若两手按脊背,饿虎扑食贴地爬。
> 他将左腿拔回去,抽梁换柱使搬法。若是右手搬颈项,仙人过桥着甚夸。

伏靠进人者,下用左双插花步,上以两拳横劈剪倒地,将双膝盖跪地以左膝盖管住他右脚跟,以左手分裆插入他左脚后,捉住他脚跟,用右手捺住脚面,用左肩抵住他左臁骨内往前一抗,名为伏靠。

第十六跌　饿虎扑食

我用伏靠进他,他用双手掐按住我脊背,我用右手倒拿住他右手腕,将身往右边一滚,左手托住他阴裆往上一掀,名为饿虎扑食。

第十七跌　抽梁换柱

我用伏靠进他,他用右手搬搂住我颈项,我将右手摺起倒拿住他右手腕,以左手托住他阴裆往上一掀,将身往后一坐,埋头跌过,名为仙人过桥。

第十八跌　仙人过桥

我用伏靠进他,他用右手搬搂住我颈项,我将右手摺起倒拿住他右手腕,以右手托住他阴裆往上一掀,将身往后一坐,埋头跌过,名为仙人过桥。

七、猿仙通背拳揽法

夫揽者,乃拳中纵横接拿之法也。盖谓习艺之士,只知前进后退之理,岂知内有揽法捷径之着,是柔能克刚之谓耳,乃短兵长用之法耶。师云,凡诸家技艺各有所长之器,刃亦有所降之,技艺及今之长拳短打之说也,凡我在道之辈知其始末之意味也。予将八揽之着详注谱内,以共后学也已矣。

（一）猿仙通背拳八揽谱

银瓶控水　跨虎离山　左右关揽　左右爬揽　仙人抚琴　吕布挟戟　倒拔铜旗　并头莲生

（二）猿仙通背拳八揽歌

揽法由来横抵直　上中下揽法神秘　左手盖顶往下打　银瓶控水着相宜
迎面汤掌与穿颏　跨虎离山甚出奇　假如跪掌迎门捣　关拦撩颏铁栓疾
乌龙入洞照心杵　左右爬揽不须疑　若是右拳捣肋下　仙人抚琴着可敌
攒掌顶珠对面起　正合吕布戟倒提　迎面冲颏并提掌　推肘法用背拔旗
撺裆掠膝将腰跨　并头生莲法可除　后学参透此中理　吾师言语不负你

（三）猿仙通背拳八揽解释

第一揽　银瓶控水

假如人用右手劈山或盖顶打来，我下用右八揽步法、上用左手揽下他右手，覆进右步于他身后，上以右胳膊管住他脖子，将身体往前一伏、右胳膊往下一勒，名为银瓶控水。

第二揽　跨虎离山

假如人用右手汤掌或穿颏打来，我下用左半步插花、上用左手推起他右肘，复进右步于他身后，以右手扳其胃膛往前一伏，名为跨虎离山。

第三揽　左右关拦

假如人用右手对颏或冲心打来，我下用右八揽步法、上用左手揽下他右手，以右手迎面扇打，他用左手接拿，我用右手揽下他左手，即进右步于他身左，上以左手扇打，名为左右关拦。

第四揽　左右爬揽

假如人用右拳冲心打来，我用右八揽步法，上以左手扶领他右手腕往我右肋下一领，以右手从他左腮掠过，揽住他右肘，仍以左手挫颏，他用左手照心腹打一拳，我即以左手揽他左肘下，进左八揽步法，上以右手按其鼻面往后一爬，此为左右爬揽。

第五揽　仙人抚琴

假如人用右手照右肋打一拳，我下用右八揽步法，以右手搂他右肘，即以左手从他胃前返爬住他血盆骨往左腋下一搬，此为仙人抚琴。

第六揽　吕布挟戟

假如人用右手攒掌或佛顶珠打来，我下用右八揽步法，上用右钳扣扣住他右手腕往上一举，将左脚插于他左脚跟后，即以左手倒揽于他胃前，连他左手腕抓住往后一挟，此为吕布挟戟。

第七揽　倒拔赤铜旗

假如人用右手照脸打一拳，我下进左脚于他身右，上用左手推起他右肘，次进右脚于他裆前，将右手从他背后分裆插下，两手捉拿住他左脚腕，将右肩膀往前一抗，此为倒拔赤铜旗。

第八揽　并头莲

假如人用右手见面冲裆或立犁提进我，我下用右八揽步法，上用右手揽挟住他颈项，将身往后一坐倒地，仍以左手托住他阴裆往上一掀，此为并头莲。

八、猿仙通背拳演重手法

夫臂者，乃拳法中之魂也，手臂有迅速不滞之奇功，臂似藤条，摔手如鞭，拳中不可无也！必朝夕熟练难其善也！上节不通滞在膀中，必使消融，活则松，松则通，通则灵，方能收放自如也！

（一）活肩抖腕

（1）面向正前方，上左步站定，两肩放松，右手前摆左手后摆，双臂如摆钟一般来回摆动，随着摆动幅度不断增加，双臂开始做整圈旋转。初习者腰随双臂转动，双臂须伸直贴着身体旋转。

（2）马步站定，向左转腰，右臂向左后背抡摔，同时，左臂向后腰抡摔。反之，向右转腰，左臂向右后背抡摔，同时，右臂向后腰抡摔。

（3）抖腕：行走立坐，屈臂，两手腕放松，前后抖，左右抖，由缓至急逐渐加速，加力抖动，力达指尖，久练则成。

(二) 摔掌功

摔掌亦称晃手（分左右晃手），又称引手，也称摔鞭。两脚分开大于肩站定，右手立掌45度向前伸出与脸平，左手放在右胸处，拧身腰回旋，手掌由下经口向前上方摔出。身体放松，收时吸气，发时呼气，手腰回旋，根发于左足，行于腰，带动右肩，力达手掌梢节，有弹劲。

(三) 手掌功

夫壮者，乃拳技十段锦之法也，即明拳艺须知练壮行功。明其切磋琢磨之理，即明此理必从其法。如欲演重手法，自立夏之日，静室中置一小盆，每早盛新冷水待用，置一小盆以盛药水待用，再置一沙土布袋待用。其法：先将两手下于药水盆内，洗之至时摔干，即在沙土布袋上摔、拍、捣、抓，待两手发热，即入冷水盆内洗之，待冷定抽出再摔再打。覆入药水盆内洗之，又摔又打。其法持续练至一个月，撤去药水、冷水不再使用。另置一木板（桐木、杨木），厚五厘米，摔打捣抓连用百日之后，其手功夫小成。功成之后，每日摔打不可间断，如遇砖石随意击之，此为得壮行功之道也。

(四) 练手洗药方

象皮一两五钱（熟）、石榴皮一两、白蒺藜一两、何首乌一两、蜂房一两、扁柏叶一两、明矾五钱、穿山甲一两、透骨草一两五钱、天蓬草一两、生半夏一两、商陆根一两、青盐五钱。以上各元素煎水冷定待用。

(五) 口服壮力方

白茯苓二两、芡实一两、山楂肉一两、牛黄适量、肉豆蔻一两、砂仁一两、当归二两、川莲（炒）二两、白扁豆（炒）一两、茯神二两、牛夕一两、陈皮二两、柏子仁一两、杜仲（炒）一两、莲肉一两、菖蒲一两、甜瓜仁一钱、厚朴一两、白蒺藜（去刺）一钱、人参（乳梨）一钱、补骨脂一两、枸杞二两、大朱砂适量、鱼鳔二两、川续断一两、虎颈适量、鹿茸适量。

以上共为细末炼蜜丸三钱重，临行功前盐水送服一丸。

九、猿仙通背拳问法

夫问者，是以论拳通变活法枢机之道也，期间所载皆人世罕问，亦人之所鲜答者也，自宋太祖以来，方有明师傅问百款，一一推详明白，款款注解的确迺百问百答之雄略，有死中救活之奇着也。师云：证拳如种子，问答若滋生。所以理无究竟，其理不明艺无师授，其技不精即此问答。一端推详，诚弘拳之至要也。

问法解明：

昔有一教师请问于老师曰：天下拳祖生而知之者有几人焉？

师曰：生而知之者有三，一曰宋太祖少游关西，老游关东，中年下南唐，拳打世界脚踢乾坤，建都于汴梁，为中原生而知之者第一祖师也！二曰少林寺内出一紧那罗王，拳分三十六式，足打七十二腿，扫荡叛逆诛寇有功，官至极品，为中原生而知之者第二祖师也！三曰通臂猿仙出自明时，拳分三十六路，内有一赇、二进、三走、四成、五开、六靠、七要、八揽、九踮之法，住居山林，为得道猿仙，逈生而知之者第三祖师也！

又问曰：当闻人称到权师者，何也？

师曰：权师者，乃太师也。权字之称，因其变化多端而能作诸般器械成式者也，故以权师相呼。权字与拳字不同，非拳变之拳，乃权术之权也，古之道权师百，凡技艺无不周知方为太师也！

又问曰：当见人撕打者轻弹而死，多有重击而不亡者何也！

师曰：人身气眼有七，须明四时，莫击夫气眼者。一顶额，二心窝，三四两耳门颏眼处，五六两软肋处，七阴囊处，以上七处，击之轻则闭气，重则伤生，如犯四季者轻弹立毙，如不犯四季七穴者则重击而不亡者是也！禁忌四时不打，春不打额，夏不打心，秋不打颏，冬不打阴。

又问曰：假若人从上部不拘左右手法盖顶高打来者，如何敌之？

答曰：用跨步迎踮一连捷之。

又问曰：假若人从下部不拘左右腿法或跧跺打来者，如何敌之？

答曰：用提揽劈山一连捷之。

又问曰：假若人从左部不拘左右手法照我软肋捣来者，如何敌之？

答曰：用击手撩颏一连捷之。

又问曰：假若人从右部不拘左右手法照我软肋捣来者，如何敌之？

答曰：用左靠肘捷踮一连捷之。

又问曰：假若人从中部不拘左右手法照心捣来者，如何敌之？

答曰：用硬踮劈山一连捷之。

又问曰：假若人从前部不拘左右手法照脸捣来者，如何敌之？

答曰：用弹踮翻掌一连捷之。

又问曰：假若人从后部不拘左右手法或盖顶冲心打来者，如何敌之？

答曰：用摺背劈山加揽攒打回以捷之。

又问曰：假若人从背后双管搂住后腰者，如何？

答曰：用存身展法下用黄龙转身跌他。

又问曰：假若人从背后双管搂住后腰抱起来者，如何？

答曰：即将两手摺起抓住他两手指，下用两腿盘住右腿揪在他身上，坠他力尽手松，用刀指拿分取开他两手，往下一扑，用脚钩住他右脚跟，左脚插入阴裆一滚，名为金蟾脱索。

又问曰：假若人从背后用两手搂我后腰者，如何？

答曰：我用手单刁他大拇指拿开他手，用猛虎翻身跌他。

又问曰：假若人从背后用两手掐住我颈项者，如何？

答曰：用横推拔马倒跌他。

又问曰：假若人对面用两手搂住我腰，以头抵住我胸者，如何？

答曰：用两手加锁照他两太阳穴击打，复以两手中食二指扣其二目，以大拇指扣其颏下，往他身后一捺，名为黑眼定身。

又问曰：假若人对面双管搂住我前腰者，如何？

答曰：我用两手照他两软窝往前一撑，下用伏靠跌他。

又问曰：假若人对面双手十字捆封住我手者，如何？

答曰：双开手拳头撩颏打出。

又问曰：假若人从背后用双手抱搂我颈项者，如何？

答曰：上用右手抓拿他右腕，以左肘照他心一捣，左脚往后一插，将头抽回，进右步于他身后，左手合拿住他右腕，往他身后一坠，名为千斤坠。

又问曰：假若人见面用双手搂抱住我颈项者，如何？

答曰：我将两手亦搂住他腰往怀内一收，用领颏骨照他右血盆穴往前一梗，跌他。

又问曰：假若有人击户叫门者，如何？

答曰：如开门之时，不可见门抽栓就开，恐有恶敌小人不睦或风扑走扇之患，将身侧于门旁以防不虞。

又问曰：假若人手拿短棒用右手举起分顶打来者，如何？

答曰：用左掀肘连抹额，右迎肘左靠肘打他。

又问曰：假若人从后用双手举棒分顶打来者，如何？

答曰：用败步左击手、撩颏铁门栓一连打出。

又问曰：假若人双手举棍迎面分顶打来者，如何？

答曰：用迎面伏靠，他棍举起我就进靠。

又问曰：假若人双手举棍迎面照左耳门加斜劈打来者，如何？

答曰：他棍举起我即进左插花步，将身一存用横推拔马倒。

又问曰：假若人两手拿棍扫腿从左边加斜打来者，如何？

答曰：下用右双插花步法，上用靠肘一连打他。

又问曰：假若人用右手持短刀一把照前心扎来者，如何？

答曰：我用迎门分提他右腕将刀提起，仍连翻掌打下，左跪掌、冲心右攒掌连铁门栓打倒。

又问曰：假若人用双手持短刀两把迎面右手先刺来者，如何？

答曰：下用右八揽走手，上以左手推扶他右腕，速以右手揽扶他右肘，仍以左手从他背后推拘他左肘，右手推拘他右肘，后用左手抓拿他右腕，仍用右胳膊揽住他前颈往后一扯拉倒，再将他刀夺取。

又问曰：假如人用右手举短柄斧见面分顶砍来者，如何？

答曰：下用八揽走手以右拳劈剪他右腕，用左靠肘连颏捣去右迎肘连劈山加铁门栓打倒。

又问曰：假如人持腰刀一把见面用右手举刀照我左颈加斜砍来者，如何？

答曰：下用左插花步将身往前一伏，用右手推扶他右肘，再进左步于他身后，以左手抓拘他右屈肘往后一扳将刀夺过，名为仙人躲影。

又问曰：假若人用长枪右手当先平拿枪照我咽喉刺来者，如何？

答曰：下用八揽步法闪过枪尖，以左手擸开枪杆，右手折背劈山一连打进将枪夺过。

又问曰：假若人用长枪右手当先照心刺来者，如何？

答曰：下用八揽左插花步法以左手提开枪杆，复进右步两手十字双封照心一推将枪夺过。

第六章　猿仙通背拳拳械谱

一、猿仙通背拳总目

第一路十八式

金鸡展翅　　　　按手提膝　　拗步拳　　狠脚顶手　　开弓射虎　　埋伏势　　白猿看果　　单鞭势　　斜行势
狠脚銮炮（七星拳）　天王托塔　金鸡独立　把手冲天炮　凤凰展翅　二起脚　　肘底捶　　独立炮　　顺手牵羊

第二路十二式

拉马上靠　　跨虎势　　金鸡撒翅　　青龙出海　　坐马推山　　倒骑龙（佯败势）　　抛架子右横左踩　　旋风脚
伏虎势　　　右箭步靠打　白猿盖顶　　云手劈拳

第三路十二式

单风贯耳　　鸳鸯连环腿　回身靠　　浦地捉雁　　白鸡分窝　　中单鞭　　前贯后撩　　黑虎翻身　　旗鼓势
左箭步靠打　金刚坠　　　摇山六捶

第四路九式

霸王举鼎　　白蛇吐信　　一霎步　　鸡子钻林　　双捶撩阴　　扇通背　　滚手炮　　白猿跳涧　　雁翅势

第五路十五式

见手　　左右骗马　　穿心腿　　悬脚势　　仙人摘茄　　移步踩脚　　朝阳手　　雀地龙按下　　十字披红
对心肘　三换掌　　　二郎担山　　泰山压顶　　通袖腿　　　白猿摘果

第六路二十三式

白鹤亮翅	金丝缠箭	下四平	袖抱头推山	如封似闭	当头炮	十字鞭	左右穿桩腿	金鸡晒膀
降龙势	金鸡跌翅	后肘靠打	前肘靠打	小鬼钻	老君背山	指裆捶	金鸡抖翎	白猿攀枝
白蛇脱皮	探马势	拗拦肘	脑后捶	骏马提铃				

第七路八式

| 小开门 | 十面埋伏 | 青龙舞爪 | 左按右掌 | 中心顶分心掌 | 挑肘推胸 | 正撑猴 | 反手箭狮子大张口 |

第八路十一式

| 双手抱玉瓶 | 合手双架梁 | 四门抖 | 满肚红 | 踩堂腿 | 斜行势 | 玉女穿梭 | 野马分鬃 | 倒撑猴 |
| 搂手拗进 | 珍珠倒卷帘 | | | | | | | |

二、猿仙通背拳启悟歌

第一路启悟歌

金鸡展翅四方行，按手提膝显手能，黑虎掏心拗步打，狠脚顶手在中营，上一步开弓射虎，退一步望月埋伏，白猿看果谁敢偷，单鞭势斜行看手，狠脚銮炮挽七星，天王托塔缠丝封，金鸡独立不留情，把手冲天炮步弓，凤凰展翅上下用，二起飞脚顶门中，肘底捶转身靠打，独立炮打连环行，顺手牵羊泄步走，直来横截势逞雄。

第二路启悟歌

拉马上靠把人跌，跨虎势挪移发脚，金鸡撒翅六合用，青龙出海双耳风，坐马推山倒骑龙，抛架子翻身旋风，伏虎势右箭靠打，上一步白猿盖顶，回身云手摇山冲，英雄跨虎把阵营。

第三路启悟歌

单风贯耳里门走，连环两腿盖顶手，回身靠浦地捉雁，白鸡分窝腹中走，中单鞭连着前贯后撩，黑虎翻身左右倒，旗鼓势左箭靠打，金刚坠势肘连脚，摇山六捶功宜纯，怎敌我以少胜多。

第四路启悟歌

霸王举鼎力在肘，白蛇吐信仰掌攻，一霎步里外能用，鸡子钻林斜靠行，双捶撩阴力宜圆，扇通背左右能开，滚手炮拿中有解，白猿跳涧快如箭，雁翅势转身一蹬，高中低各有其能。

第五路启悟歌

见手出营一步到，左右骗马用挂脚，穿心腿拨雾分云，悬脚势以腿还腿，仙人摘茄非捉雁，移步跺脚劲在臁，朝阳手法连用肘，雀地龙按下来回手，十字披红对心肘，三换掌法倒攻走，二郎担山步中变，泰山压顶用砸拳，通袖腿快打快进，白猿摘果探手连。

第六路启悟歌

白鹤亮翅脚手风，金丝缠箭合手行，下四平守中有攻，袖抱头推山山动，如封似避人难进，当头炮势我逞雄，左闪右进十字鞭，穿桩两腿踢裆中，金鸡晒膀双掌用，降龙势罗汉威风，金鸡跌翅巧用谋，前后肘靠顺打行，小鬼钻英雄打半，急转身老君背山，指裆捶金鸡抖翎，猿猴攀枝空中行，白蛇脱皮化为妙，探马势传太祖高，拗拦肘一拿二进，前打转劈脑后捶，骏马提铃双搂分，不跌倒他也命危。

第七路启悟歌

小开门势守在中，十面埋伏扶汉主，青龙舞爪面部抓，左按右掌巧用拿，中心顶分心掌打进踢推，挑肘推胸贴身依，正撑猴拦中有进，反手箭大张口一打一推。

第八路启悟歌

手抱玉瓶意在拿，合手双架梁，四门斗迎四方，满肚红打招架忙，踩堂腿不伤便倒，斜行靠妙在膀腰，玉女穿梭左右忙，野马分鬃彼有伤，倒撑猴退中设计，搂膝拗步防来腿，珍珠卷帘须认真，左闪右进巧用心。

三、猿仙通背拳推法谱

拔手平心捶	捌手耳扒	金丝缠箭	张飞托瓢	挑肘推胸	拉马上靠	左右缠丝棒	压手盖顶
对心肘	滑闪贴身靠	左右单推掌	晃手压肘中捶撩裆脚	反擒拿	迎门摆脚	摇山劈拳
三打金刚步下忙	上步急三掌三打三盖顶		双峰贯耳	通袖撩裆脚	箭步撩裆脚	踢臁摆脚迎	梅花双掌

移步单跺脚　　泰山压顶千斤捶　　拎手摔掌背手取眼中　　拎手连三捶　　转身二起脚　　挂腿脚　　连环脚
移步双跺脚　　小鬼蹭脚　　　　　左右双晃直入拳

推法谱：

一路

（1）小开门，来回一拳一掌，捯手耳扒打，拔步分心掌。
（2）箭步打，左右缠丝棒，滚身张飞托瓢，两拉顺步决手，反背掌急取面门，通袖撩裆连三脚，紧绷紧按。
（3）狠脚挺身右拳冲，存身挑肘上步推。

二路

（1）拉马上靠，挑肘击胸连三捶，踢脚封。
（2）左右缠丝棒两手不离胸，紧滚手泄步封。
（3）一拳一掌挑肘弓。

三路

（1）箭步打，摆脚封，跌步打盖顶，挑肘肋下捶，捯手耳扒踢脚封。
（2）箭步打盖顶，对心肘来迎，连环两脚把阵冲。
（3）贴身靠不离胸，肋下捶挑肘推。
（4）箭步打，锉闪封，挑肘推怀中。

四路

（1）捶打捯手封，手背取眼中，通袖压手踢脚封，非灵变不成。
（2）跌步打盖顶，切步摆脚封，撩裆一脚把阵冲。
（3）箭步打，捶打迎，切步挑肘用推功。

五路

（1）冲天炮滑闪迎，摇山取肋中，挑肘通袖撩裆脚，三打金刚步下忙。
（2）左右缠丝棒，两手不离胸，上步急三掌，三打三盖顶。

六路

（1）上步推滚翻身。
（2）上步打单耳封，捯手推怀中，摇山坐马桩，栽手炮双耳封，掠手推怀中。
（3）箭步打缠丝封，滚手取肋中，杀手撩裆把阵冲。

七路

（1）箭步撩裆脚、压手封，箭步打盖顶、移步贴身靠，手到脚也到、连环两脚打得妙。
（2）下踢臁、摆脚封，双峰贯耳、踏正中，上步推、提脚封，撩裆一脚把阵冲。
（3）左右晃手封、滚手取肋中，撤手脚、进步封，掠手推怀中。

八路

（1）压手耳扒打、换步捯手、移步单跺，挑肘撤手推。
（2）上步推、滚翻身，阎王箭步要真魂，撩裆脚、进步封，掠手推怀中。
（3）捶打缠丝封，通袖、撩裆一脚把阵冲。
（4）箭步打、挑肘封，分心撤手用推功。

九路

（1）晃手封、滚手取肋中，撤手脚、泄步封。
（2）箭步打、切闪封，连环三锤、踢脚封。
（3）跌步打盖顶、贴身靠转身封。
（4）踢脚打盖顶，三靠摆脚封，移步踢脚把阵冲。
（5）箭步打缠丝封、滚手取肋中，杀手脚泄步封、掠手推怀中。

十路

（1）平来捯手封，连环二脚把阵冲。
（2）左右晃手紧跟步，紧滚手肋下封，撩裆一脚把阵冲。
（3）重双跺移步封，滚手取肋中，杀手脚泄步封。
（4）箭步打盖顶，切步捯手封，摆脚紧连踢脚封。

（5）箭步打缠丝封，滚手取肋中，杀手脚泄步封。

四、猿仙通背剑谱

童子献佛	跨虎势	仙人指路	凤凰点头	穿针引线	力劈华山	三推剑	怀中抱月	哪吒探海
凤凰展翅	怪蟒翻身	霸王举鼎	蜻蜓点水	玉女穿梭	乌龙钻洞	黑虎掏心	腋下藏针	回头望月
白蛇吐信	撩裆势	翻花舞袖						

五、猿仙通背单刀谱

顺水推舟	盘头	晃手	凤凰展翅	顺势蹲推	跨虎	伏虎	败步走手
霸王举鼎	翻花舞袖	坐马	海底取宝	上步劈山	拦腰斩蛇	刺心追魂	白猿献果
翻江搅海	朝天一炷香	白猿跳涧	金鸡独立	缠腰探海	白马剪蹄刀	降龙	怀中抱月

六、猿仙通背单枪谱

| 蛟龙出海 | 滴水枪 | 回头望月 | 正反舞花 | 泰山压顶 | 太公钓鱼 | 劈枪 | 玉女穿梭 | 回马枪 |
| 按枪 | 怪蟒翻身 | 拨草寻蛇 | 缠丝枪 | 四门斗 | 追星赶月 | 横扫千军 | 大火烧天 | 开弓射虎 |

七、猿仙通背棍谱

迎门盖打	右拦膝	弓步戳心	力劈华山	上步刺喉	怀中抱月	正反舞花	翻身劈打
挑把	仙人指路	左右盖打	上步盖打	伏虎	苍龙摆尾	转身横扫	金鸡独立
猿猴看果	提撩舞花	云棍打膝	回头望月	喜鹊过枝	左右插花	单手抡劈	弓步托举
降龙	横扫千军	古树盘根	猿猴攀枝	转身踢腿	回身挑帘		

八、猿仙通背春秋大刀谱

| 指空望月 | 乌龙入洞 | 顺势蹲推 | 关公拖刀 | 关公撩刀 | 转换拖刀 | 撩裆脚 | 怀中抱月 | 顺水推舟 |

猛虎掏心	朝天一炷香	正舞花	反舞花	关公捋胡	白猿盖顶	十字披红	劈山救母	虚实二刀
关公挑袍	猛虎翻身	横扫千军	拦腰一刀	顺风扯旗	令公提刀			

九、猿仙通背绳镖谱

诗曰：

绳镖老君炉中炼，出镖好似一条龙。张牙舞爪显奇能，神出鬼没谁人敌。
远近皆打软里硬，明争暗斗难分明。形如闪电快如风，灵活多变八方行。
迷惑对方不胜防，软硬本能内存刚。便于携带出击快，绳出三丈人难防。
独具优势缠绕功，挤满人群打开场。世间奇人不多见，神鬼见之也胆惊。
吃了春夏秋冬苦，功深莫测天下行。

袖里藏镖	小鬼脱鞋	仙人过桥	浪子踢球	朝天一炷香	黑狗钻裆	双肘缠绕出镖势	拐肘射箭
仙姑纺线	玉女穿梭	喜鹊登枝	声东击西	白蛇吐信	十字披红	回头望月	武松脱铐
仙人脱衣	颈项反正缠绕	玉带缠腰	苏秦背剑				

十、猿仙通背丞相拐破枪谱

（注：生活中使用拐杖者均为年老体衰之人，因此在对练中拿丞相拐者须将老者动作形态的缓慢、灵而不显、沉稳、粘黏随合劲表现出来。）

甲乙两人相距约2米站定，甲右手持拐左右舞花背于背后，小开门势，左脚虚步在前，左手向前推掌，乙舞枪花拧枪，小势，左脚在前虚步枪。

（1）乙上步枪扎甲左腿，甲上右步拐头向左拦挡，同时用拐把击打乙前腿。

（2）乙抽枪拦挡甲拐，同时乙回枪击打甲头部，甲拦挡乙枪的同时顺势向前促步用拐把劈打乙左手，乙急忙后撤，拧枪待发。甲后撤步双手拿拐向前旋转一周，拐立在左脚处，左脚虚步，成小开门小势。

（3）乙上步枪扎甲左腿，甲用拐外侧拦挡，同时向前促步向前合拐劈打乙左手，乙急忙后撤，拧枪待发。甲后撤步双手拿拐向前旋转一周，拐立在左脚处，左脚虚步，成小开门小势。

（4）乙上步枪扎甲左腿，甲用拐内侧拦挡，同时上左步用拐点击乙左脚面，乙左脚向后退一步，同时用枪刺甲左脚面。甲上右步，继续用拐点击乙右脚面，乙右脚向后退一步，同时用枪刺甲右脚面。甲继续上左步用拐点击乙左脚，乙用枪打甲头部，甲用拐挂揽，同时上右步用拐把击打乙。乙回挑甲拐并用枪把拦挡，甲提右腿回身用拐劈打乙头部，乙举枪掤架，甲向前落右步。

（5）乙用枪扎甲左腿，甲左腿向前上步，同时用拐向左拦挡。乙促步继续扎甲右腿，甲右转身用拐向右拦挡，顺势上左步，上右步用拐劈打乙。乙右转身上左360度步埋头枪，左脚在前拧枪待发。甲接着左右舞花退右步将拐背于背后，成左虚步小势。

（6）乙向前跌步用枪刺甲胸部，甲左手接拐上右步双手由上向下用拐劈拦。乙随机抽枪再刺甲脸部，甲急忙双手拿拐向上顶拦，顺势跳起二起脚。乙右转身上左360度步埋头枪，左脚在前拧枪待发。甲接着左右舞花退右步将拐背于背后，成左虚步小势。

（7）乙向前跌步用枪刺甲左胯，甲提左腿向左跨步同时用拐向左顶拦。乙接着刺甲右胯，甲提右腿向右跨步，顺势用拐向右顶拦，同时向前跌步，双手拿拐抡捶乙头部。乙上右步错闪，右手向前刺枪，接着向后跌步换左步在前拧枪待发。甲向后跌步，左手拿拐把，右手拿拐头随身逆时针旋转一周至胸前，成坐马步势。

（8）乙进步枪刺甲右膀，甲上左步右转身，立拐把朝上拦挡，接着右转身360度用拐劈打乙右腿。乙用枪攥拦挡，乙随即抽枪回身跌步用枪刺甲右腿，甲用拐向左拦挡。乙促步继续用枪刺甲右腿，甲向右拦挡。乙抽枪刺甲胸部，甲顺势用拐把向上挑拦，接着向前合劈乙左手臂，乙后撤，拧枪待发。

（9）乙提枪刺甲脸部，甲双手拿拐向上掤拦，然后向前跌步用拐钩挂乙脚脚踝，乙急忙向前跳起。甲随即右转身用拐劈打乙右腿，乙用枪攥拦挡同时回身跌步用枪刺甲右腿，甲随机用拐向左拦挡。乙再刺甲右腿，甲向后退步向右拦挡。乙急抽枪刺甲胸部，甲上右步用拐向左劈打。乙抽枪再刺甲右臂，甲向右劈拦。乙抽枪再刺，甲向前跌步，用拐劈打乙左手臂打掉乙枪。甲顺势向前跌步轮拐劈打乙头部，乙退步左右手各拦一次。甲接着上右步用拐钩住乙颈部，甲往回拉，乙跟步顺势将拐返挂住甲左腿跌步往回拉。甲随机腾出右手击打乙面部，乙丢拐右手掤拦同时上左右手盖顶掌击打甲面部。甲立即上左步用拐搂打乙头部，乙滑闪躲过二起脚右转身成倒骑龙势。甲左转身上右步，右手挂拐左手握拳小虎口朝上至头部，成坐马步势，然后双方并步站立结束。

十一、猿仙通背春秋大刀对枪谱

甲乙两人相距约两米平行站定，甲左转身泄右步右手持大刀，刀头向上立于左脚处左掌推出，左脚虚步在前，成小开门势。乙左转身舞枪花，右转身反舞枪花拧枪，左脚在前虚步，成小势。

（1）乙持枪上步刺甲左腿，甲泄左步刀杆向左拦挡。乙再刺甲右腿，甲提右腿向右拦挡，同时上左步，左手接刀劈乙左胸，乙泄左步用枪攥拦挡。甲顺势用刀劈乙右腿，乙抬右腿躲开。乙随即抽枪上左步刺甲腰部，甲上右步刀身拦挡，乙向前促步，上右步舞花转身、拧枪待发。甲上左步舞花右转身360度并步下蹲，成藏刀势。

（2）乙上左步枪刺甲面部，甲开左步用大刀挑拦，同时用刀劈乙左臂，乙泄左步用枪后把按拦。甲顺势向前跌步刀劈乙右腿，乙跌步跳起抽枪，上左步刺甲左腿，甲泄左步大刀竖着向左拦挡，乙跟步刺甲右腿，甲向左跌步同时大刀后拖刀拦挡。

乙右转身360度埋头枪，拧枪待发。甲右转身上左步左手接刀右转身舞花，泄右步成左拗步势。

（3）甲向前促步舞花，左转身上右步举刀成右弓步。乙向右前上左步正舞花，左转身上右步枪刺甲面部。甲举刀掤枪，顺势上右步用刀劈乙左臂，乙向左拦挡，同时用枪劈打甲头部，甲急忙回刀掤拦同时劈甲右腿。乙跳起换步在前用枪刺甲右腿，甲跳起右转身用大刀杆压拦，同时上右步用刀劈乙左腿，乙枪拦。甲上左步用刀攥打乙面部，乙随即泄左步用枪攥拦挡，甲右转身泄右步360度用刀扫劈乙右腿，乙随即向前跳，甲顺势上右步用刀劈乙头部，乙用枪合拦，甲左转身360度上右步继续劈乙头部，乙上左步右转身360度泄右步用枪合拦。

（4）乙顺势抽枪刺甲右腿，甲用刀向左拦挡。乙抽枪刺甲右膀，甲急忙回身刀向右拦挡，同时向前促步用刀劈乙头部，乙左弓步低头躲过。甲上左步用刀攥击打乙头部，乙泄左步用枪攥拦挡。甲继续上右步用刀劈乙头部，乙泄右步用枪合拦。乙抽枪刺甲右腿，甲左转身提刀左拦挡。乙促步再刺甲右腿，甲向前跌步背刀向右拦挡。

（5）乙右转身180度上左步舞花，泄右步转身180度反舞花拧枪，成左弓步。甲提右腿右转身180度，跌步上左步，左回身成拗步势，右手持刀在前上方，左手持刀把在左下方，定势结束。

十二、猿仙通背二人三口刀对练谱

甲乙两人相距1米站定。甲手持双刀开左步上右步舞花，泄右步下蹲，右手刀向后劈，左手刀在右腋下，成藏刀势。乙开左步，向左跌步跳起双手分刀，提右腿舞刀花跌步右转身180度，左虚步成拉马刀势。

（1）乙箭步上右步用刀劈甲左肩，甲左身左手刀向外摆拦，上右步右手刀刺抹乙头部同时泄右步，乙低头泄右步躲开。

（2）甲上右步右手刀劈乙头部，乙身体向后微倾，左手按甲右手。乙上右步右手刀劈甲头部，甲泄右步左手刀向里拦按，顺势泄左步右手刀劈乙头部。

（3）乙上左步左手按甲右手，同时上右步右手刀劈甲头部，甲泄右步左手刀向里拦按。

（4）甲右转身360度同时双刀劈抹乙头部，乙低头泄右步躲开。甲上右步右手刀劈乙头部，乙左手拦按甲右手，同时上右步右手刀劈甲头部。甲泄右步左手刀向里拦按，同时上右步右手刀劈乙头部。乙泄右步左手拦按甲右手，甲顺势动左步左转身180度左手刀劈乙头部。

（5）乙泄左步右手刀向里劈拦甲左手刀，甲继续上右步右手刀劈乙头部，乙泄右步左手拦按甲右手。

（6）甲继续上左步左手刀劈乙头部，乙泄左步右手刀劈拦甲左手刀，同时右脚踢甲左手腕将刀踢落。

（7）甲上右步右手刀劈乙头部，乙泄右步左手拦按甲右手，同时右手刀劈甲头部，甲上左步左手拦按乙右手。

（8）甲继续上右步右手刀劈乙头部，乙泄右步左手拦按甲右手，同时右手刀劈甲头部，甲上左步左手拦按乙右手。

（9）乙向左转身360度跌步举刀下蹲、右手刀横劈甲双腿，甲跳起右手刀横劈乙头部。

（10）甲落地同时泄右步右转身、右手刀横劈乙双脚，乙跳起右手刀横劈甲头部。

（11）甲上右步右手刀劈乙头部，乙左手拦按甲右手，同时上右步右手刀劈甲头部。

（12）甲泄右步左手拦按乙右手刀，同时右手刀劈乙头部，乙继续上左步拦按甲右手刀。

（13）甲向左转身360度跌步举刀，下蹲右手刀横劈乙双腿，乙跳起右手刀横劈乙头部。

（14）乙落地同时泄右步右转身、右手刀横劈甲双脚，甲跳起右手刀横劈乙头部。

（15）甲、乙双方分别向后跌步，同时右手刀向后旋转两周，身体站定，左脚虚步，右手刀刀尖向上举起，成朝天一炷香势。

（16）甲、乙双方同时箭步而上，乙左弓步在前用刀横劈甲双腿，甲跳起刀劈乙头部。乙顺势右回身泄右步用刀横劈甲头部，甲低头转身泄右步。

（17）甲上右步刀劈乙头部，乙左手拦按甲右手，同时上右步刀劈甲头部，甲泄右步转身、拿住乙右手腕向外翻摔乙刀脱手，甲顺势上右步刀劈乙头部。

（18）乙泄右步左手推甲右手，甲向左跌步向上亮刀左转身360度，下蹲右手刀横劈乙双腿，乙跳起，甲顺势右回身泄右步用刀横劈乙头部，乙低头泄右步右转身躲过。

（19）甲继续上右步刀劈乙头部，乙左手拿住甲右手腕向外翻摔甲刀脱手，同时乙向前促步盖顶掌打甲面部，甲泄右步左手拦按。

（20）甲上步右拳击打乙胸部，乙左手曲臂身体向后切闪，同时上右拳击打甲胸部，甲右手曲臂身体向后切闪。

（21）甲再次上右步右拳击打乙胸部，乙左手屈臂身体向后切闪，同时上右拳击打甲胸部，甲向后撤步委身，上左手托住乙右肘、顺势上右步右手托乙肋部双手发力将乙推出。甲、乙双方同时恨右脚、双手在胸前云手向前推掌，成小开门势收势。

十三、猿仙通背大梢对枪谱

甲右手拿住大梢和链梢，乙右手持枪两人距离约1米站定。甲转身45度，上右步同时左手拿梢把，顺时针舞花左手握梢把夹于右腋下，右手握梢前端向前伸，成右弓步。乙右转身上左步泄右步（360度）舞花下蹲左虚步拧枪，小开门势。

（1）乙提左步拧枪向前跌步刺甲右腿，甲左转身大梢梢头拦挡，乙抽枪继续刺甲右腿，甲左转身上右步180度大梢随身旋转继续用梢头拦挡，乙抽枪继续刺甲右腿，甲左转身上右步180度大梢随身旋转继续用梢头拦挡。

（2）乙抽枪继续刺甲左膀，甲梢把拦挡、上右步展开链梢用大梢抢打乙头部，乙前弓步弯腰低头躲过。

（3）乙抽枪刺甲右腿，甲右腿向左移步大梢向右抢挡，乙抽枪继续刺甲右腿，甲右腿向右移步同时大梢向左盖打。乙又抽枪刺甲右膀，甲右腿向左上步梢头向外拦打，乙后撤步抽枪又刺甲胸部，甲上左步梢把盖打，乙继续后撤步抽枪刺甲左肩，甲右转身360度上右步大梢随身旋转用梢头横扫乙双腿，乙跳起，甲向左回梢横抢乙头部，乙左弓步弯腰低头躲过。

（4）甲顺势回身右弓步大梢横打乙胸部，乙右转身成右弓步拉马枪拦挡。乙向后撤步抽枪刺甲右腿，甲右腿向左移步大梢向右抡挡，乙抽枪继续刺甲右腿，甲右腿向右移步同时大梢向左盖打，乙又抽枪刺甲右膀，甲右腿向左上右步梢头向外拦打，乙上右步下蹲用枪把横打甲双腿，甲向前跳起同时抡大梢横打乙头。

（5）乙右转身跳起转身360度抡枪捶打甲后背，甲左转身泄左步双手大梢抡打乙枪。乙抽枪刺甲右腿，甲提右步大梢向后拦挡，顺势上右步大梢抡打乙头部，乙后撤步向左拨挡。甲上左步继续大梢抡打乙头部，乙继续后撤步向右拨挡，甲跳起上右步大梢抡打乙头部，乙继续后撤步双手举枪拦挡。

（6）乙抽枪促步向前连续刺甲胸部三枪，甲右弓步向后撤步、右手虎口向外握大梢用链梢击打乙枪。乙接着刺甲右膀，甲用大梢向右拦打，乙上右步下蹲用枪把横打甲双腿，甲向前跳起同时抡大梢横打乙头部。

（7）乙右转身跳起转身360度抡枪捶打甲后背，甲左转身泄左步双手大梢抡打乙枪。乙抽枪刺甲右腿，甲右腿向左移步大梢向右抡挡，乙抽枪继续刺甲右腿，甲右腿向右移步同时大梢向左盖打。乙又抽枪刺甲右膀，甲右腿向左上右步梢头向外拦打，乙后撤步抽枪又刺甲胸部，甲上左步梢把盖打，乙继续后撤步抽枪刺甲左肩，甲右转身360度上右步大梢随身旋转用梢头横扫乙双腿，乙跳起，甲向左回梢横抡乙头部，乙左弓步弯腰低头躲过。

（8）甲顺势回身右弓步大梢横打乙胸部，乙右转身成右弓步拉马枪拦挡。甲向右上步45度舞梢花，右弓步将梢背于背后左手向前推掌，成伏虎势。乙右转身上左步泄右步（360度）舞花拧枪成左弓步，甲乙同时并步站定收势。

第七章 猿仙通背拳一百零八式图解

第一路十八式

第一式 金鸡展翅

如人用手向我攻,掤捯连环切手封。

彼若用手再来上,顺势下按推怀中。

1. 两脚并步站立,身正躯直;两手贴于两腿外侧;两眼平视。(图7-1)
2. 两手掌心朝上,两腕交叉于肚脐之上,将左手放在右手上;同时,开右步,与肩同宽。(图7-2)
3. 两手旋转掌心朝下向外平推;头右摆,眼视右掌。注:双掌为柳叶掌。(图7-3)
4. 两手旋转掌心朝上砍向腹前。(图7-4)

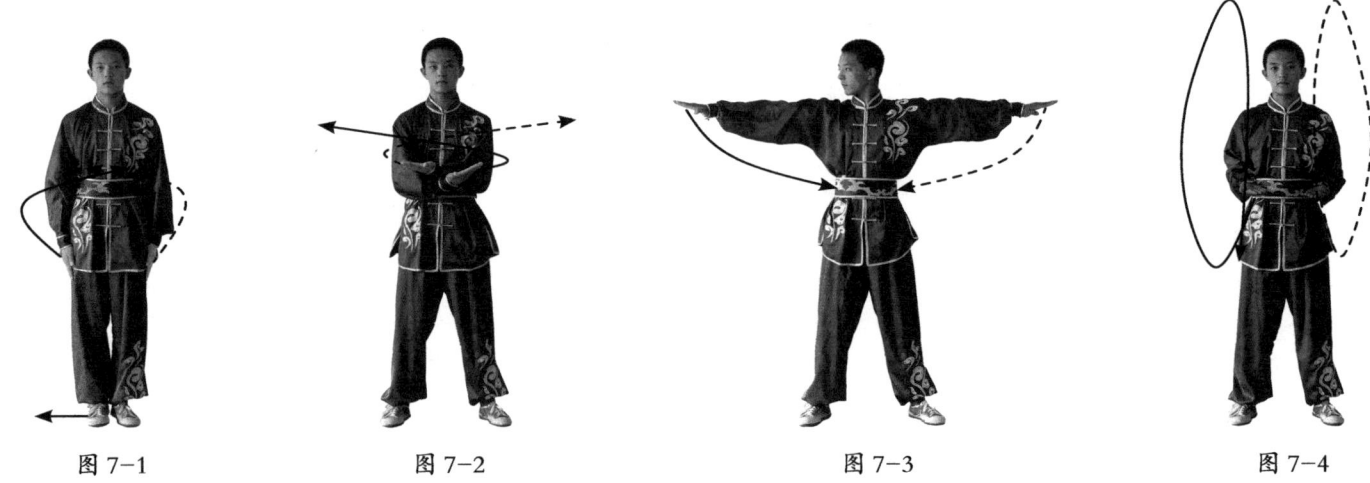

图7-1　　　图7-2　　　图7-3　　　图7-4

5. 两手旋转掌心向下推，在运动的同时，两手掌心相对上提至脸部高度，两掌向下按至两腿外侧。（图7-5）

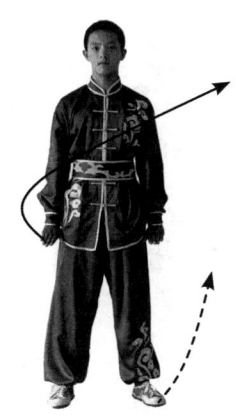

图 7-5

第二式　按手提膝

按手提膝不为齐，他与扎衣名相依。
任凭敌手来击我，随意按提把他击。

1. 以右腿为轴身体左转90度，提左膝脚尖朝下；左手掌心朝里由下向上下按至左膝盖外侧，右手由下向斜上方打出立掌与眼平。（图7-6）

2. 向前落左脚，提右膝脚尖朝下；右掌下按至右膝盖外侧，左手由下向斜上方打出立掌与眼平。（图7-7）

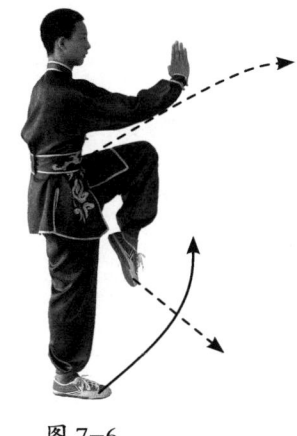

图 7-6

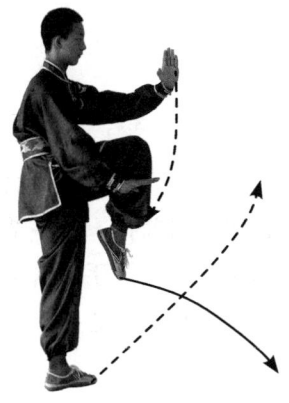

图 7-7

第三式　拗步拳

敌上右手将我击，掤拿缠抓一溜风。
拧身一拳螺旋钻，黑虎掏心彼胸前。

1. 向前落右脚，提左膝脚尖朝下；左手按下至丹田处，右手向下从左手肘下往上掤到头顶掌心朝上。（图7-8）
2. 向前落左脚成弓步；左手向前缠抓，右手变拳收回至腰间。（图7-9）
3. 左拧身90度；左手收回变拳拳心朝上至腰间，右拳立拳冲拳与肩平。（图7-10）

图 7-8　　　　　　　　　图 7-9　　　　　　　　　图 7-10

第四式　狠脚顶手

平心一拳照彼胸，彼忙救护将我封。

我急托肘把敌捉，足下踩镰快如风。

1. 弓步不动；左手掌心朝上向前托，右手掌心朝下向后拉，两手合劲。（图 7-11）
2. 提右膝成左独立步；左手向下按手，右手变拳向上冲拳。（图 7-12）
3. 震右脚，两膝微屈；左手转掌手心向上，右拳砸左掌心。（图 7-13）

图 7-11　　　　　　　　　图 7-12　　　　　　　　　图 7-13

第五式　开弓射虎

敌若上手平心来，右拿左托按相连。

插掌一去项下取，上下弄对是关键。

1. 提左膝成右独立步；同时，右拳变掌至左肘下掌心向外，左掌放在右臂弯处。（图 7-14）
2. 向前落左脚成左弓步；同时，右掌向右旋转手心朝上收回腰间，左掌顺时针向下向上转 360 度掌心朝下，手臂略弯。（图 7-15）
3. 左弓步不变；左掌收回至右腋下，右掌前插与颈相平。注：双掌为柳叶掌。（图 7-16）
4. 左弓步不变；左掌前伸与肩平，掌峰向前，右掌收回与乳平齐，掌心向上；眼视左掌。注：双掌为柳叶掌。（图 7-17）

图 7-14

图 7-15　　　　　　　　　图 7-16　　　　　　　　　图 7-17

第六式　埋伏势

敌若打来后手捌，我用签收肋下截。

下踩上绕脚手并，弯弓射虎不一般。

1. 提左膝成右独立步；同时，左掌向右从右肘下向左上划弧 360 度掌心朝外，右掌旋转掌心朝下向右伸出。（图 7-18）
2. 左脚向后右插步，身体下行，成坐盘势；同时，左掌从右肘外向下向上划弧举至头顶，掌心向上，右掌向下切掌。注：右掌为柳叶掌。（图 7-19）

图 7-18

图 7-19

第七式　白猿看果

比来上手我里捌，左转右拨用臂接。

白猿看果谁敢偷，上打嘴巴下踢裆。

1. 起身向右，开右步略宽于肩，两腿弯曲，重心在左腿；同时，左掌从上向下旋转变拳至腹前，右掌变拳手臂向左旋转微屈收回，两拳拳心向上；眼视右拳。（图 7-20）

2. 提右膝脚尖朝下向外弹踢；同时，出右拳拳心朝里摔出与眼平。（图 7-21）

图 7-20

图 7-21

第八式　单鞭势

彼来上手我捌按，迎面一拳向脸攒。

彼若用手将我挡，滚手向下走胸腕。

1. 落右脚成半弓步；右拳变掌收回向前切掌，收回至腹前，左掌旋转按手。（图7-22）
2. 提左膝脚尖朝下成右独立步；左手收回至腹部掌心朝下，右拳从下经面前打出至眼平，拳心向内。（图7-23）
3. 左转身落左脚成左弓步；同时，左手从右肘外向左拉，右臂滚拳，两臂向外伸出与肩平，拳心朝下；眼视左拳。（图7-24）

图7-22

图7-23

图7-24

第九式　斜行势

斜行拗步一瞬间，专打敌人头和脸。

拧身晃膀腰为轴，足下有根最关键。

1. 身体左转90度，提左膝成右独立步；同时，两拳收回交叉在胸前，右手在里。（图7-25）
2. 身体向左旋转90度，落左脚成半弓步；同时，双拳分别向外劈打与肩平，两立拳拳心向外；眼视右拳。（图7-26）

图 7-25　　　　　　　　图 7-26

第十式　狠脚銮炮（七星拳）

狠脚銮炮人人夸，顾盼七星顺手拉。

连环两拳胸面取，跟步踩脚需偷打。

1. 右转身 90 度，抬右腿震右脚，腿微屈；同时，右拳收至左乳处，左拳虎口朝外向前打出与眼平。（图 7-27）
2. 步法不变；左拳收至右乳处，右拳虎口朝外向前打出与眼平。（图 7-28）
3. 身体右转 45 度，重心移至右腿，提点左脚虚步；左拳打出与腰平，右拳放至左屈肘处。（图 7-29）

图 7-27　　　　　　　图 7-28　　　　　　　图 7-29

第十一式　天王托塔

如人上手将我打，左拦右挑有妙法。

提摆进步右手抓，上盖下肘一起打。

1. 提左膝成右独立步；两手收于胸前，右手在外。（图7-30）

2. 上左步左转身，向右上右脚并于左脚；右手向右旋转阳掌收至右乳处，左手向右旋转至右肩回手向左切打与肩平；眼视右掌。注：双掌为柳叶掌。（图7-31）

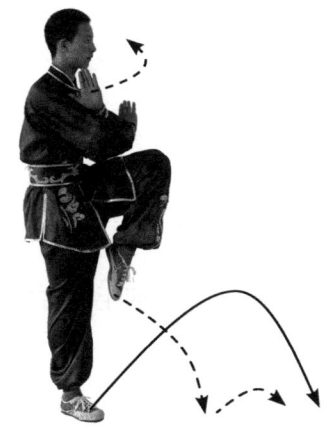

图 7-30

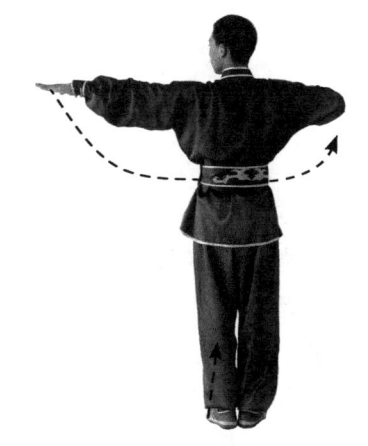

图 7-31

第十二式　金鸡独立

金鸡独立颠起，桩腿横拳相兼。

抢背卧牛双捌，遭者叫苦连天。

1. 身体向右旋转90度，提左膝；左手从右肘掤出。（图7-32）

2. 上左步，踢右脚；同时，左手向左云手掌心朝上收于左乳处，右掌击右脚面。（图7-33）

3. 身体左转90度，屈右膝脚尖朝下；右手从下向上掤举至头顶，左手向左切打与肩平；眼视左手。注：左掌为柳叶掌。（图7-34）

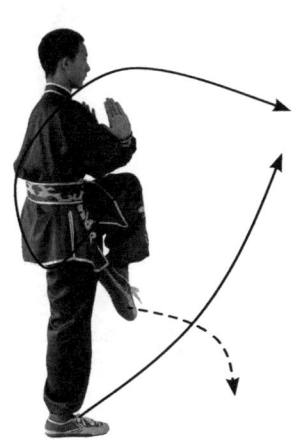

图 7-32

图 7-33

图 7-34

第十三式 把手冲天炮

冲天一炮实可畏，扳按右冲颚下捶。
他若用手将我挡，滚手倒打撩阴捶。

1. 右转身180度，脚落在原位，身体下行成坐盘势；双手随身旋转，左手至头顶，右手向右切打与腰平；眼视右掌。注：右掌为柳叶掌。（图7-35）
2. 起身提左脚向左上步，右脚跟进并步站立；同时，左手向左旋转阳掌收至左乳处，右手向左旋转至左肩回手向右切打与肩平；眼视右掌。注：双掌柳叶掌。（图7-36）
3. 身体向左旋转90度，提右膝；右手从左肘绷出。（图7-37）
4. 上右步，提左膝踢左脚；右云手，左手击打左脚面。（图7-38）

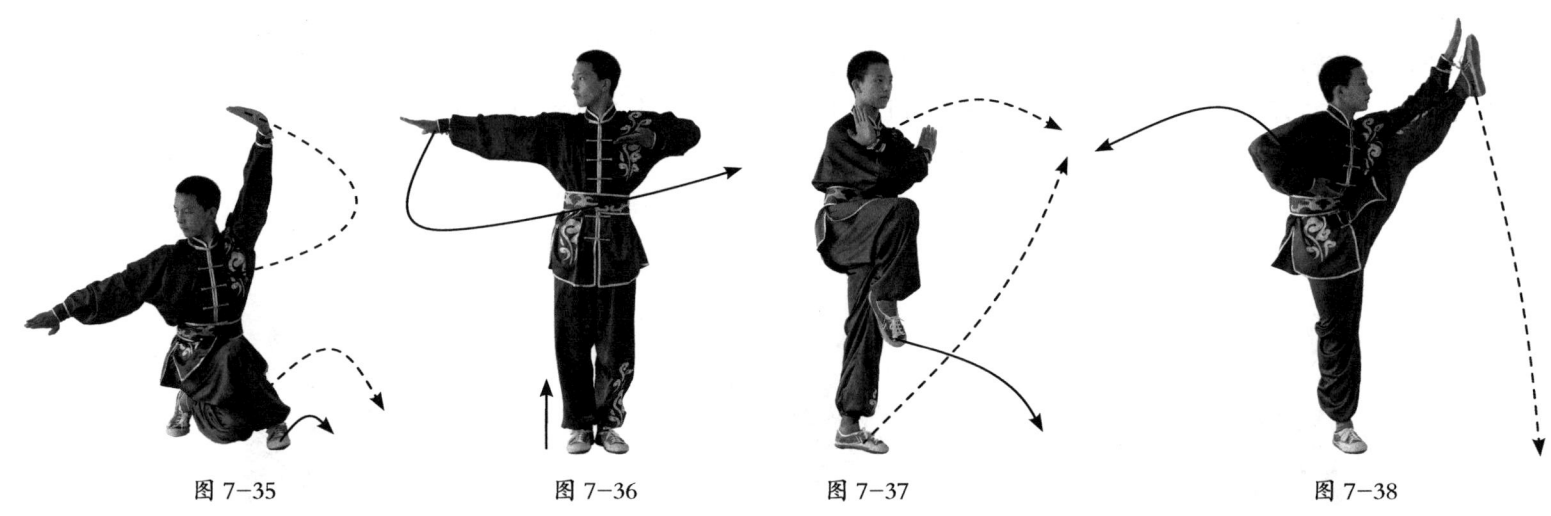

图7-35　　　　　图7-36　　　　　图7-37　　　　　图7-38

5. 落左脚，右转身180度成右弓步；同时，右手随转身捯手，左手盖顶掌打出；眼视左掌。（图7-39）
6. 提右膝踢右脚，左脚跳起；左手收至腰间，右手击打右脚面。（图7-40）
7. 随即身体上领，右转身90度，右手左手先后随身向右云手。（图7-41）
8. 落右脚成右弓步；左手掌下按至丹田处，右拳向斜上方冲拳，拳心朝里；眼视右拳。（图7-42）

| 图 7-39 | 图 7-40 | 图 7-41 | 图 7-42 |

第十四式　凤凰展翅

我与敌人来交战，指上打下要连环。

翻花拳打朝阳地，海底勾蹬更自然。

1. 低头向左滑闪成左弓步；两拳收于头部两侧，同时，两臂滚拳向外撩打与肩平；眼视左拳。（图7-43）
2. 提右膝，双脚向左跳起；同时，两拳变掌经小腹交叉由下向上举起，经头顶交叉下劈。（图7-44）
3. 双脚落下成左扑步；左掌至左脚，右掌高于头部，两臂成一直线。（图7-45）

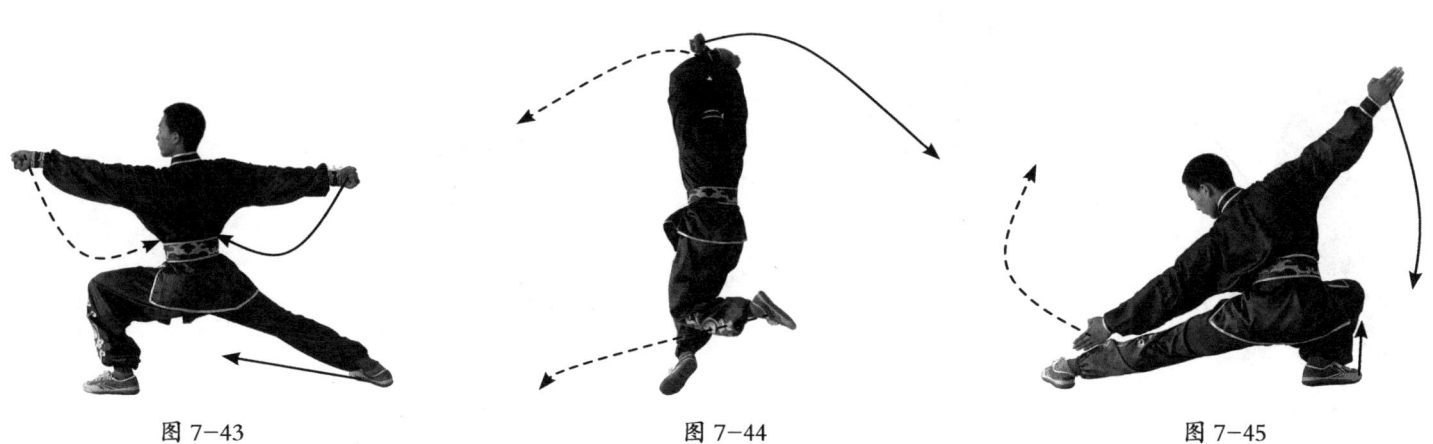

| 图 7-43 | 图 7-44 | 图 7-45 |

第十五式　二起脚

一捌二盖三踩脚，腾空飞踢泰山落。

此势常遇旋摆连，解开妙用有奇才。

1. 起身向左旋转 90 度，右脚后撩；左掌向上云手捅起，右掌击打右脚底。（图 7-46）

2. 右脚向前上步，左脚跳起，踢右脚；左手收至腰间，右手击打右脚面。（图 7-47）

图 7-46

图 7-47

第十六式　肘底捶

彼若用手把头抓，藏头顾面有奇法。

肘底一拳取肋下，紧跟双拳连环发。

1. 落右脚，左转身成骑马步，身体、手臂顺势右摆。（图 7-48）

2. 左脚跳起，身体向左旋转 360 度，右腿随身体里摆；左手击打右脚底。双脚落地成马步；右手向外云手变拳，拳心朝下收至右乳处，左手向里云手变拳，拳心朝下向外打出与肩平；眼视左拳。（图 7-49、图 7-50）

3. 身体右转 90 度，提右膝脚尖朝下；右拳捅起高于头，左拳顺势立拳向右打出；眼视左拳。（图 7-51）

图 7-48

图 7-49

图 7-50

图 7-51

第十七式　独立炮

彼来上手我右扳，提腿滚身出左拳。

如他用手将我挡，回身滚打莫迟缓。

1. 跌步跳起右转身90度，落右脚，提左膝脚尖朝下成独立步；右手随身向右旋转180度，拳心朝里向右摔劈，左拳向右劈砸；眼视右拳。（图7-52）

2. 左转身90度，左脚向左上步成左弓步；落步的同时滚右拳、左拳，向身体两侧打出与肩平，拳心朝下；眼视左拳。（图7-53）

3. 上体左转身90度，左拳收至腰间，右拳向左平心打出。（图7-54）

4. 提右膝脚尖朝下成左独立步；右拳里按，左拳拳心朝里向前斜上方冲拳。（图7-55）

图7-52　　　　　图7-53　　　　　图7-54　　　　　图7-55

第十八式　顺手牵羊

我想彼面摔一掌，敌人趁机肋下闯。

拧身泄步回身打，狠脚杀机内中藏。

1. 右转身90度，右脚向右跨步成右弓步；同时，两拳交叉经胸前小虎口朝外打出与肩平。（图7-56）

2. 身体稍起成半弓步；右拳旋转收回向前摔掌与眼平，同时左拳变掌掌心朝下收至腹前。（图7-57）

3. 提右膝，向右转身180度，震右脚，两膝微屈；右手收回随身旋转向右捯手，左手向前劈掌。（图7-58）

4. 提左膝，向左转身90度，落左脚；左手随身旋转向后捯手，右手向前劈掌。（图7-59）

5. 以左腿为轴，身体向右旋转90度；同时，右手下按，左手里扶立掌至胸前。（图7-60）

6. 右脚向左并步；右手向左双手合掌。（图7-61）

7. 双手顺势下按，手心相对向上举至头顶。（图7-62）

8. 身正躯直；双手向下按贴于两腿外侧；两眼平视。（图7-63）

图7-56　　　　　图7-57　　　　　图7-58　　　　　图7-59

图7-60　　　　　图7-61　　　　　图7-62　　　　　图7-63

第二路十二式

第一式　拉马上靠

上取喉部且手推，阎王弓步要真魂。

右攻左辅上下封，拎拨按推盖步分。

1. 两脚并步站立，身正躯直；两手贴于两腿外侧；两眼平视。（图7-64）
2. 右脚向右跳，左脚跟步，委身成左虚步；双手随身向右拜推（切闪）。（图7-65）
3. 左脚向左上步，左拧身90度；左手随身向后捯手，手心朝下收于左跨处，右手向前盖顶掌打出。（图7-66）
4. 上右步；右手向后捯手，左手向前盖顶掌打出。（图7-67）
5. 左脚跳起，右脚前踢；右手拍击右脚面，左手收至左乳处。（图7-68）

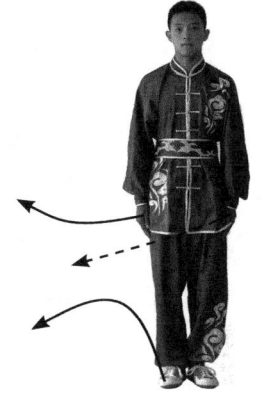

图7-64

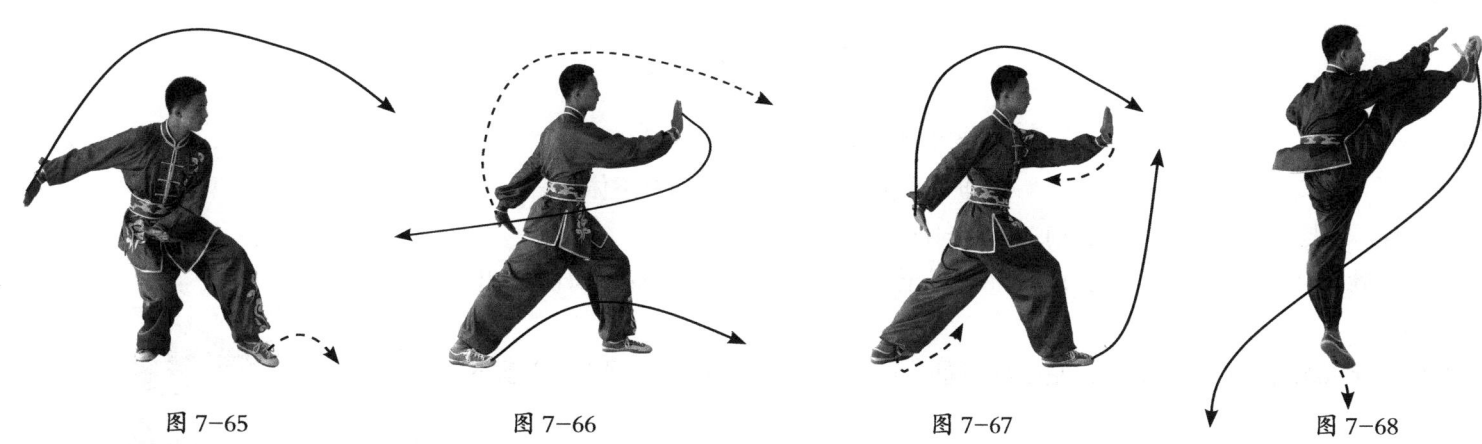

图7-65　　　　图7-66　　　　图7-67　　　　图7-68

6. 右脚向后落步震脚，右拧身，身体下蹲成左虚步；双手向右旋转向左劈掌；眼视左掌。（图7-69）
7. 提左膝成右独立步；双手向右旋转，左手至头顶；眼视右手。（图7-70）
8. 左脚向右腿后插步，身体下坐成坐盘势；同时，左掌向左旋转掤举至头顶，右掌向右旋转切掌与腰平，掌峰向外；眼视右掌。（图7-71）
9. 起身，右脚向右上一步成右弓步；右手向右旋转推出，左手向左旋转收于左乳处。注：双掌为柳叶掌。（图7-72）

图 7-69　　　　图 7-70　　　　图 7-71　　　　图 7-72

第二式　跨虎势

跨虎挪移非一般，左按右贯脚如攒。

护心擒肘皆可用，搅手切打不休闲。

1. 起身，右拧身；右掌收回至腹前，左掌向前按手。（图 7-73）

2. 提左膝脚尖朝下成右独立步；左手收回至右乳部掌心朝下，右拳向前打出。（图 7-74）

3. 左转身 90 度，左脚向左上步成左弓步；同时，两臂滚拳向外伸出与肩平，拳心朝下；眼视左拳。（图 7-75）

4. 提右膝；两手胸前交叉，右手在左肩处，左手掌心朝下收于右腋下；眼视前方。（图 7-76）

5. 右脚向右跨步；右手向右云手至左腋下，左手向左旋转向前砍掌。（图 7-77）

6. 提左膝成右独立步；同时，左手向后捌手，右手掌心朝外向前上方推出；头左摆。（图 7-78）

7. 身体下蹲，左脚在右脚足弓处，重心在左脚掌上。（图 7-79）

图 7-73

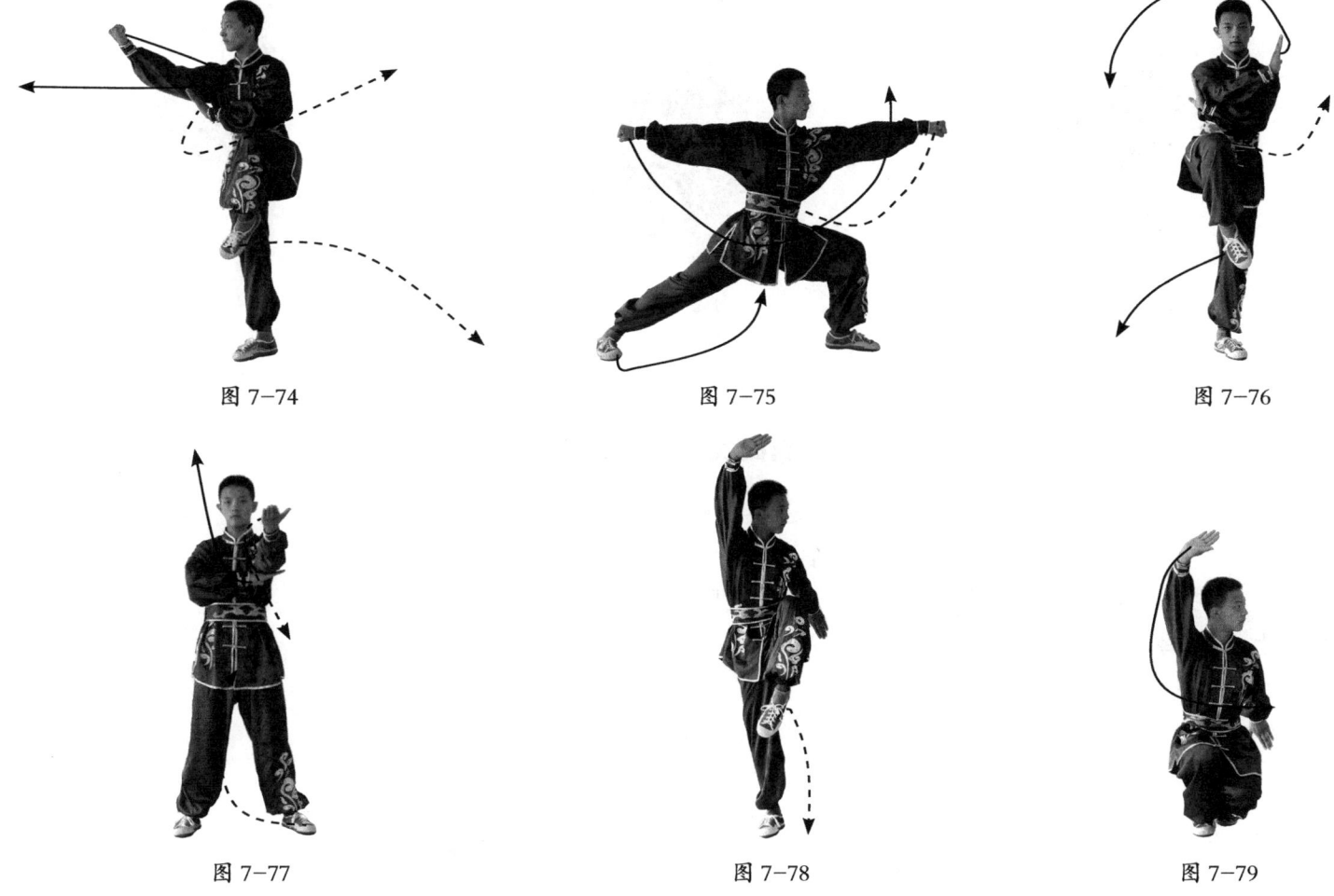

图 7-74　　　　　　　　　图 7-75　　　　　　　　　图 7-76

图 7-77　　　　　　　　　图 7-78　　　　　　　　　图 7-79

第三式　金鸡撒翅

如人上手击我胸，双手惊捌足下行。

虽能避过车马祸，黑虎拦路却不容。

1. 起身左转 90 度，提左膝成右独立步；两手相合，经胸前向左捋手至左腿前上方。（图 7-80）
2. 向前上左步，提右膝成左独立步；两手旋转向右捋手至右腿前上方。（图 7-81）
3. 向前上右步，提左膝成右独立步；两手旋转向左捋手至左腿前上方。（图 7-82）

图 7-80　　　　　　　　图 7-81　　　　　　　　图 7-82

第四式　青龙出海

拨雾分云两手开，双拍贯耳彼有灾。

左右车马皆可用，指上打下一瞬间。

1. 向前上左步，右转身 90 度成坐马步；同时，两手随身掌心朝上向前摔击。（图 7-83）
2. 起身，提右膝成左独立步；两手上提。（图 7-84）

图 7-83　　　　　　　　图 7-84

3. 下蹲，右脚在左足弓处，身体重心移至右脚掌上；同时，两手下按至两腿外侧。（图 7-85）

4. 起身，右脚向右跨步与肩同宽；两手向前拍击。（图 7-86）

5. 提左膝成右独立步；两手向外推掌；眼视左前方。（图 7-87）

图 7-85

图 7-86

图 7-87

第五式　坐马推山

彼上手来左手接，右向肋下腹中截。
回环绕耳连环用，马步推掌将他跌。

1. 左脚向右脚后插步成坐盘势；左手向右云手经右肘向上掤举至头顶，右手向左旋转向右切掌；眼视右掌。注：右掌为柳叶掌。（图 7-88）

2. 起身，右脚向右跨步成马步；同时，左手收回至左乳处，右手向左屈臂经胸前向右推掌；眼视右掌。注：双掌为柳叶掌。（图 7-89）

图 7-88

图 7-89

第六式　倒骑龙（佯败势）

此式多疑难解开，敌人凶猛扑过来。
我用借刀加滑闪，引诱回冲致胜归。

1. 右拧身90度；右手收回向前捌手至腹前，左掌向前按手。（图7-90）
2. 提左膝成右独立步；左掌按至腹部掌心朝下，右拳向上翻打。（图7-91）
3. 左转身90度，左脚向左上步成左弓步；同时，两臂滚拳向外伸出与肩平，拳心朝下；眼视左拳。（图7-92）

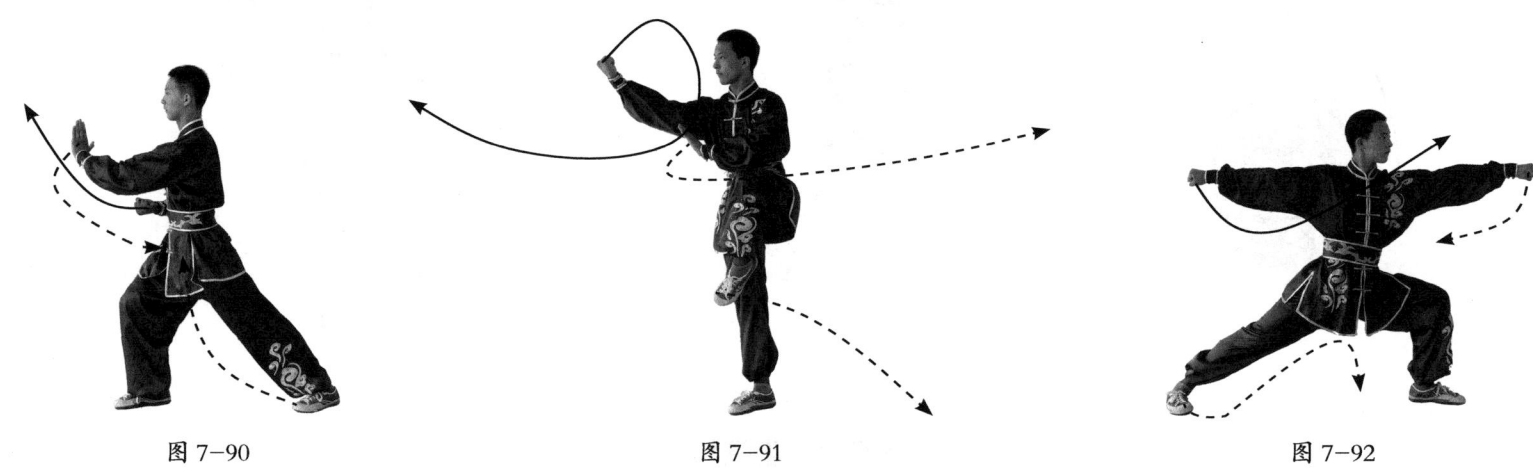

图7-90　　　　　　　　　图7-91　　　　　　　　　图7-92

4. 上右步，震右脚，左转身90度；左拳收至右乳处，右拳小虎口朝外向前打出与眼平。（图7-93）
5. 右拧身45度，重心移至右腿，左脚虚步；左拳小虎口朝外向前打出，右拳收至左屈肘处。（图7-94）
6. 上右步，左转身90度，跟左步两腿并立；同时，右手向右云手掌心朝上收至右乳处，左手向右屈肘经右肩向左推出。（图7-95）
7. 提左膝向左跌步，委身成右虚步，双手随身向左捋按（切闪）。（图7-96）
8. 右脚向右上一步，右拧身90度。同时，右手随身捌手，左手向前打出。（图7-97）
9. 左脚跳起，踢右脚；同时，右手拍击右脚面。（图7-98）
10. 上体左转90度，身体上领，脚向右上步成右弓步；同时，右手云手掤举至头顶，左手向左旋转向左推出；眼视左掌。（图7-99）

图7-93

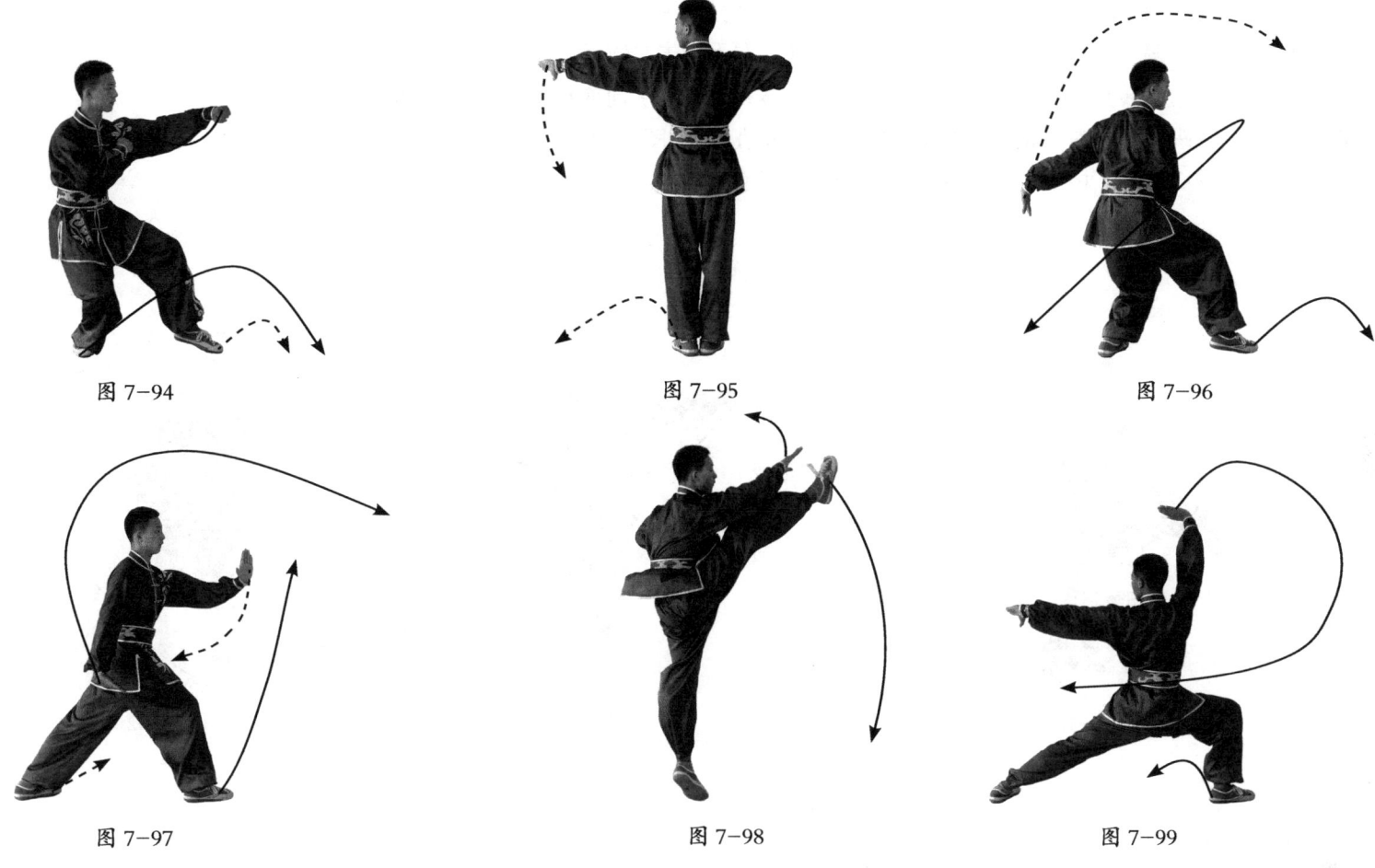

图 7-94　　　　　　　　图 7-95　　　　　　　　图 7-96

图 7-97　　　　　　　　图 7-98　　　　　　　　图 7-99

第七式　抛架子右横左踩

上步右手将他打，彼将他步身后插。

我急右转腿抛外，右横左踩落风花。

1. 身体向右旋转 180 度，右脚落原位成坐盘势；同时，两手随身体旋转，左手举至头顶，右手向右切掌。注：右掌为柳叶掌。（图 7-100）

2. 左脚向左上一步，右脚跟步两腿并立。同时，左手向左云手掌心朝上收至左乳处，右手屈肘经左肩向右推出。注：双掌为柳叶掌。（图 7-101）

3. 身体向左旋转90度，提右膝；双手交叉，右手至左肘处。（图7-102）
4. 向前上右步，踢左脚；同时，右手云手至右乳处，左手拍击左脚面。（图7-103）
5. 左脚落地，向右转身180度；右手随身捌手至身体右侧，左手向前打出。（图7-104）
6. 左脚跳起，踢右脚；右手拍击右脚面，左手收至左乳处。（图7-105）
7. 右脚向后踩成双叉；两手向两边伸出与肩平；眼视前方。（图7-106）

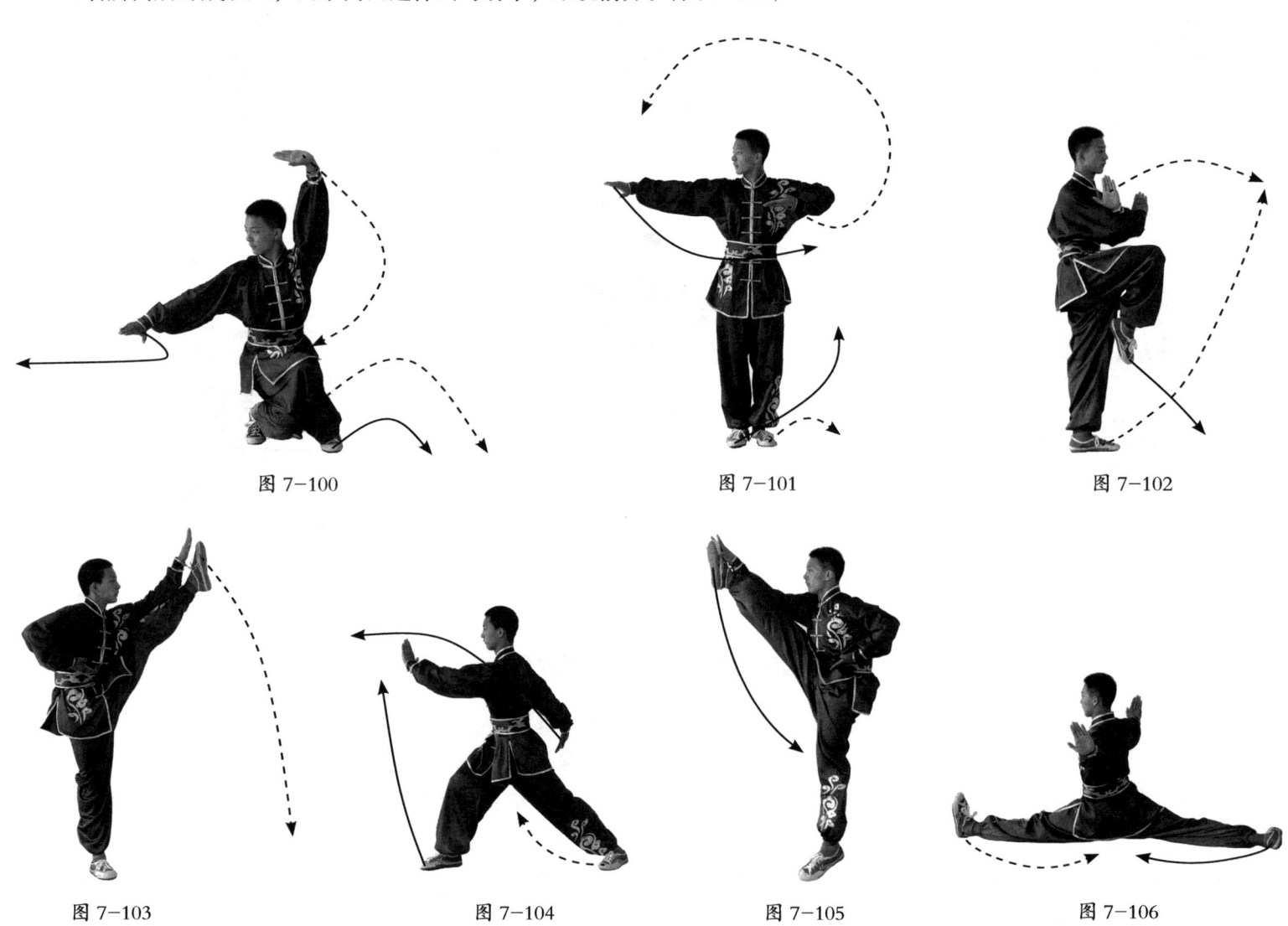

图 7-100　　　　　　　　图 7-101　　　　　　　　图 7-102

图 7-103　　　　　　　　图 7-104　　　　　　　　图 7-105　　　　　　　　图 7-106

第八式　旋风脚

敌上右手我右接，左臂横截肘下压。
彼若变势抽身走，翻身过海不湿脚。

1. 起身，右拧身90度，双脚跳起；两臂交叉向上。（图7-107）
2. 双脚落地，提右膝向右跌步，委身成左虚步；双手随身向右旋摆（切闪）。（图7-108）
3. 左转身90度，向前上左步；左手随身捌手，右手向前打出。（图7-109）
4. 向前上右步；右手捌，左扒手。（图7-110）
5. 左脚跳起，踢右脚；右手拍击右脚面。（图7-111）
6. 落右脚成骑马步；同时，身体、手臂右摆。（图7-112）
7. 左脚跳起，身体由下向上左旋转360度跳跃，右腿随身体里摆；左手击打右脚底。两脚落步与肩同宽；两手自然下垂；眼视前方。（图7-113、图7-114）

图7-108

图7-107

图7-109

图7-110

图7-111

图 7-112

图 7-113

图 7-114

第九式　伏虎势

敌若用手向我来，跨虎右迎把敌牵。

里迎拨剑项边取，踢脚取喉把敌载。

1. 提右膝；两手胸前交叉，右手在左肩处，左手掌心朝下收于右腋下。（图 7-115）
2. 右脚向右跨步；右手向右云手至左腋下，左手向左旋转向前砍掌。（图 7-116）
3. 提左膝成右独立步；同时，左手向后捯手，右手掌心朝外向前上方推出；头左摆。（图 7-117）

图 7-115

图 7-116

图 7-117

4. 身体下蹲，左脚在右脚足弓处，重心在左脚掌上。（图7-118）

5. 起身，提左膝前踢；同时，左手向前云手再向后捯手，右手云手切掌。（图7-119）

第十式　右箭步靠打

此式靠打步要快，左摆右挑马上来。

远手近肘燕子势，抓抹捯打拦腰鞭。

1. 左脚向左上步，左转身180度提右膝，身体上领；右手云手。（图7-120）
2. 向右上右步成右弓步；同时，右手云顶屈肘，左手立掌在右肘处。（图7-121）
3. 右拧身90度，右肩向右靠，两臂平伸拳心朝下与肩平。（图7-122）

图7-118　　　图7-119

图7-120

图7-121

图7-122

第十一式　白猿盖顶

敌人上手我提防，白猿盖顶把他伤。

再用左手面门打，下用蛟龙戏海棠。

1. 提右膝落步，向右拧身90度；两臂交叉经腹前掤举至头顶，两臂向上领起的同时长身。（图7-123）
2. 身体下坐；两臂劈拳收于身体两侧。（图7-124）
3. 起身，提左膝向左弹踢，两拳拳心朝里向外摔出与眼平；眼视左拳。（图7-125）
4. 落左步，左转身90度，提右膝向前踢脚；左手向里按手，右拳变掌向前盖顶打出。（图7-126）

图7-123　　　　图7-124　　　　图7-125　　　　图7-126

第十二式　云手劈拳

左右摇山拳中稀，前冲后打云手飞。

任你左右将我拿，冲天摇山谁敢欺。

1. 右拧身90度，右脚向右跨一步；左手向左云手掌心朝外略高于肩，右手掌心收至腹前。（图7-127）
2. 左脚向右腿后插步；右手向右云手掌心朝外，左手收至腹前；眼视右手。（图7-128）
3. 右脚向右跨一步；左手向左云手，右手收至腹前；眼视左手。（图7-129）
4. 右拧身90度，提左膝成右独立步；左手向右劈掌，右手向右按手翻背拳打出。（图7-130）
5. 左转身90度，左脚向左上步成左弓步；同时，两臂滚拳向外伸出与肩平，拳

图7-127

心朝下；眼视左拳。（图 7-131）

图 7-128　　　　图 7-129　　　　图 7-130　　　　图 7-131

6. 提右膝；两手胸前交叉，右手在左肩处，左手掌心朝下收于右腋下。（图 7-132）
7. 右脚向右跨步；右手向右云手至左腋下，左手向左旋转向前砍掌。（图 7-133）
8. 提左膝成右独立步；同时，左手向后捯手，右手掌心朝外向前上方掤推；头左摆。（图 7-134）
9. 身体下蹲，左脚放在右脚足弓处，身体重心在左脚掌上。（图 7-135）

图 7-132　　　　图 7-133　　　　图 7-134　　　　图 7-135

10. 起身，左脚向左跨一步；同时，右手下按至身体右侧，左手里扶立掌至胸前。（图 7-136）

11. 右脚向左并步；双手合掌。（图 7-137）

12. 双手顺势下按手心相对向上举至头顶。（图 7-138）

13. 身正躯直；双手向下按贴于两腿外侧；两眼平视。（图 7-139）

图 7-136　　　　　　图 7-137　　　　　　图 7-138　　　　　　图 7-139

第三路十二式

第一式　单风贯耳

如人打来左手接，右手从里抹眉拍。

单鞭滚手肋下取，左踩右撩把人跌。

1. 两脚并步站立，身正躯直；两手贴于两腿外侧；两眼平视。（图 7-140）

2. 提右膝成左独立步；同时，双手腹前交叉，左手向右云手掌心朝下收于右肘下，右手向左收至左肩。（图 7-141）

3. 右脚向右跨步；右手向右云手一周收于左腋下，左手向前上方砍出。（图 7-142）

4. 提左脚成右独立步；左手向后捯手指尖朝前，右手向前切掌；头左摆。（图 7-143）

5. 身体下蹲，左脚放在右脚足弓处，重心在左脚掌上。（图 7-144）

6. 起身左拧身，提左膝脚尖朝下；右手向右旋转扇打与脸平，左手向右扶手收至右乳处。（图7-145）

7. 左转身，落左脚成左弓步；双臂滚拳向外伸出与肩平，拳心朝下；眼视左拳。（图7-146）

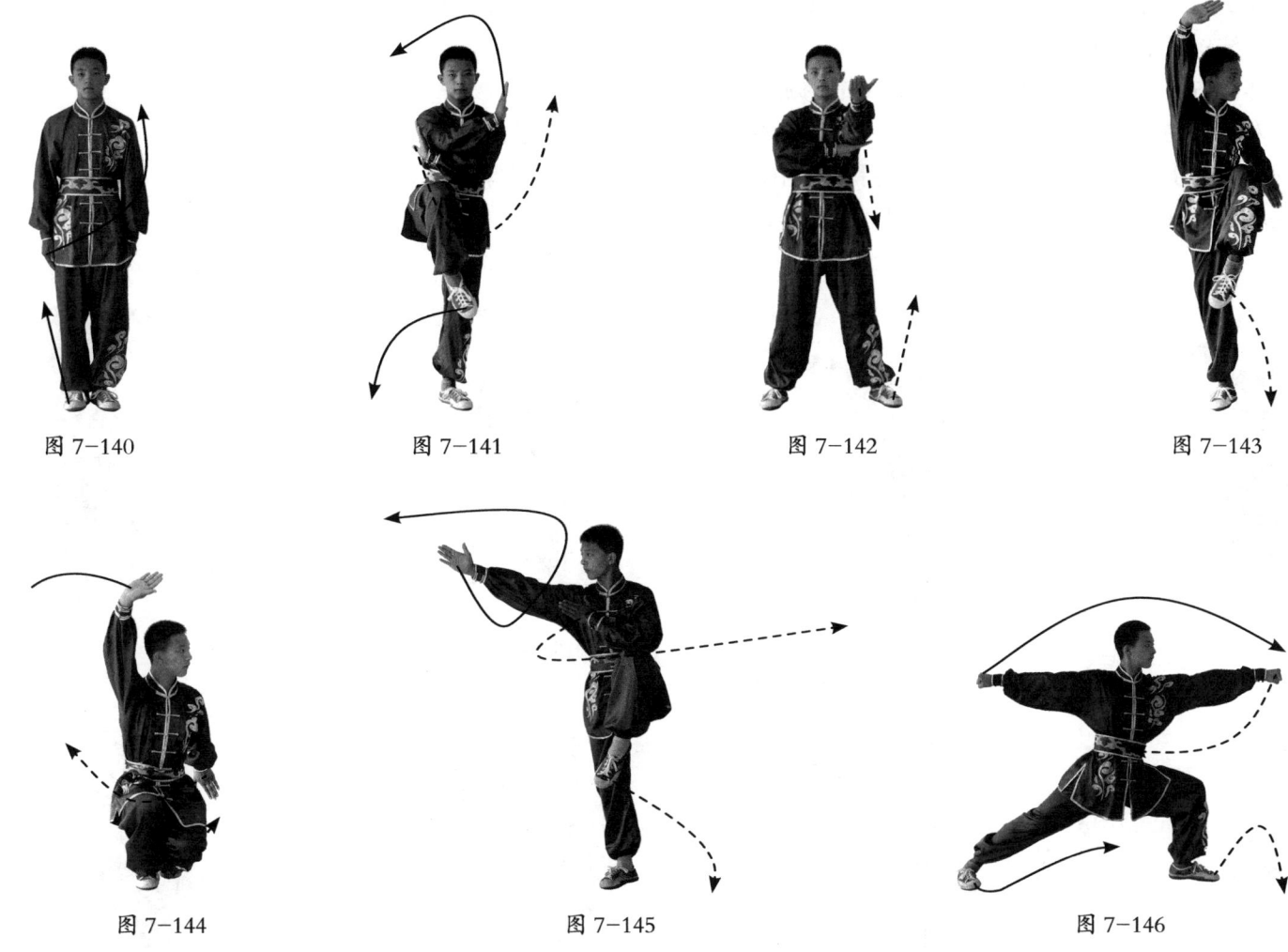

图7-140　　　　　图7-141　　　　　图7-142　　　　　图7-143

图7-144　　　　　图7-145　　　　　图7-146

第二式　鸳鸯连环腿

里迎进肘盖顶块，踩腿攻裆跟步来。

左右盖打同时用，连环两腿鸳鸯飞。

1. 左拧身，上右步震右脚成左虚步；同时，左拳收于腹前，右拳小虎口朝前向前打出与嘴平。（图7-147）

2. 向右拧身，左脚向前微动成左虚步；右拳收于左屈肘弯处，左拳小虎口朝前打出与心平。（图7-148）

3. 提左膝成右独立步；两手收于胸前，右手在外。（图7-149）

4. 上左步左转身，向右上右步，左脚并步；右手向右旋转阳掌收至右乳处，左手向右旋转至右肩，回手向左切打与肩平；眼视右掌。注：双掌为柳叶掌。（图7-150）

5. 身体向右旋转90度，提左膝；左手从右肘掤出。（图7-151）

6. 上左步，踢右脚。同时，左手向左云手，掌心朝上收与左乳处，右掌击右脚面。（图7-152）

7. 向前落右步，左脚跳起，踢右脚；左手向前拍打，同时，右手拍击右脚面。（图7-153）

8. 提右膝长身，同时，两手向上捧拐手。（图7-154）

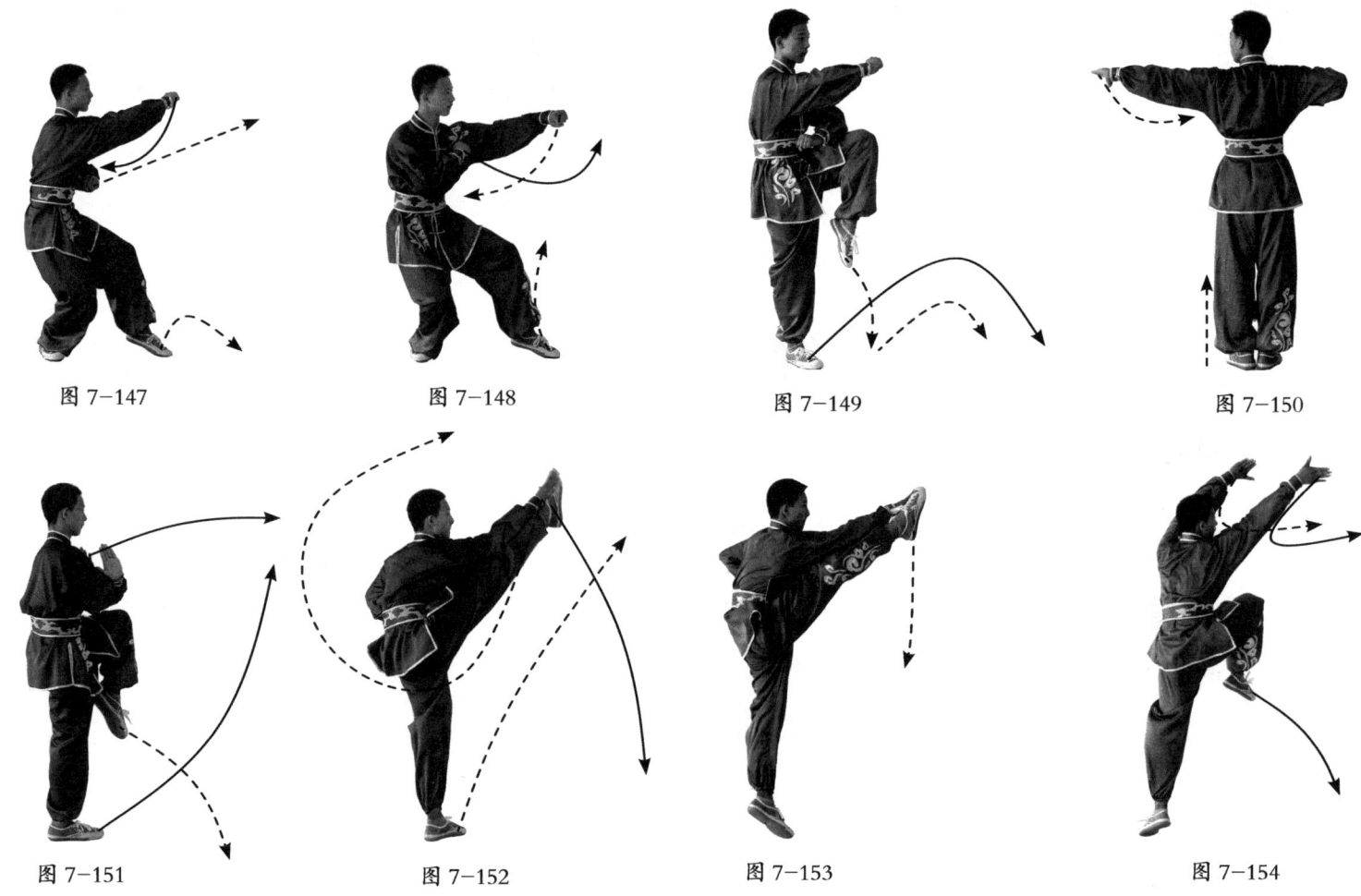

图7-147　　　图7-148　　　图7-149　　　图7-150

图7-151　　　图7-152　　　图7-153　　　图7-154

第三式　回身靠

我面前方未提防，敌从后来将我上。

回身捌摆足下踩，身靠一去他慌忙。

1. 落右脚，成右弓步；左手收于左乳处，右手向前推出。注：双掌为柳叶掌。（图7-155）
2. 回身向左转90度，提右膝成右踩脚；右手掤至头顶，左手按至丹田处。（图7-156）
3. 落右脚，提左膝向前跌步，成马步；同时，左手向左推出，右手向右拉至右乳处。注：右掌为柳叶掌。（图7-157）

图 7-155

图 7-156

图 7-157

第四式　浦地捉雁

彼上右手我献果，搅手跌步再上左。

横拳截他用按手，右手浦地把雁捉。

1. 向右回身成右弓步；同时，左手从右肘外向上掤起。（图7-158）
2. 提右膝踢右脚；同时，左手向左旋转收至左胸，右拳向右摔拳。（图7-159）
3. 右拧身180度，跌步成右独立步；右手劈拳。向前上左步成左弓步；左拳向下劈拳，右拳收于胸前。（图7-160、图7-161）

图 7-158

4. 弓步不变；右掌向斜下方插掌心朝上，左掌收于右腋下掌心朝下。注：双掌为柳叶掌。（图 7-162）

图 7-159　　图 7-160　　图 7-161　　图 7-162

第五式　白鸡分窝

彼人身后将我打，急转右身我有法。
上实下虚用巧计，转身右脚腹中跺。

1. 身体向右转 90 度成右弓步；同时，右手随身掤手至头顶掌心朝上，左掌向左切打；眼视左掌。（图 7-163）

2. 提右膝，身体向右旋转 90 度成左独立步；同时，双手随身体旋转；眼视前方。（图 7-164）

3. 身体继续右转 90 度，落右脚身体下坐成坐盘势；同时，左掌向右旋转至右腋下，右掌向左旋转至左肩处，左手从右肘外向上掤举，右手向右切掌。（图 7-165）

4. 起身，左脚向左上步，身体右转 90 度，提右膝向前；两手经胸前交叉由下至上向外分手与肩平；眼视正前。（图 7-166）

图 7-163　　图 7-164

5. 身体不变，右脚向后踩落步成一字马。（图 7-167）

图 7-165　　　　　　　图 7-166　　　　　　　图 7-167

第六式　中单鞭

敌人上手将我攻，左右用法一般同。
拗劲拦冲面门打，拳肘肋下快如风。

1. 双脚跳起起身；两臂交叉带动身体上提。（图 7-168）

2. 提右膝向右跌步，左脚跟步成左虚步（切闪）；双手随身向右摆手。（图 7-169）

3. 左脚向左上一步，左拧身 90 度；左手随身向后捯手，手心朝下收于左胯处，右手向前盖顶掌打出。（图 7-170）

4. 上右步；右手向后捯手，左手向前盖顶掌打出。（图 7-171）

5. 左脚跳起，踢右脚；右手拍击右脚面，左手收至左乳处。（图 7-172）

图 7-168

图 7-169

6. 落右脚，左转身成骑马步；手臂顺势右摆。（图 7-173）

7. 提左脚，身体由下向上左旋转 360 度跳跃，右腿随身体里摆；左手击打右脚底。落步与肩同宽，开右步成马步；同时，两手变拳由下至上胸前交叉向外劈拳，立拳与肩平；眼视右拳。（图 7-174、图 7-175）

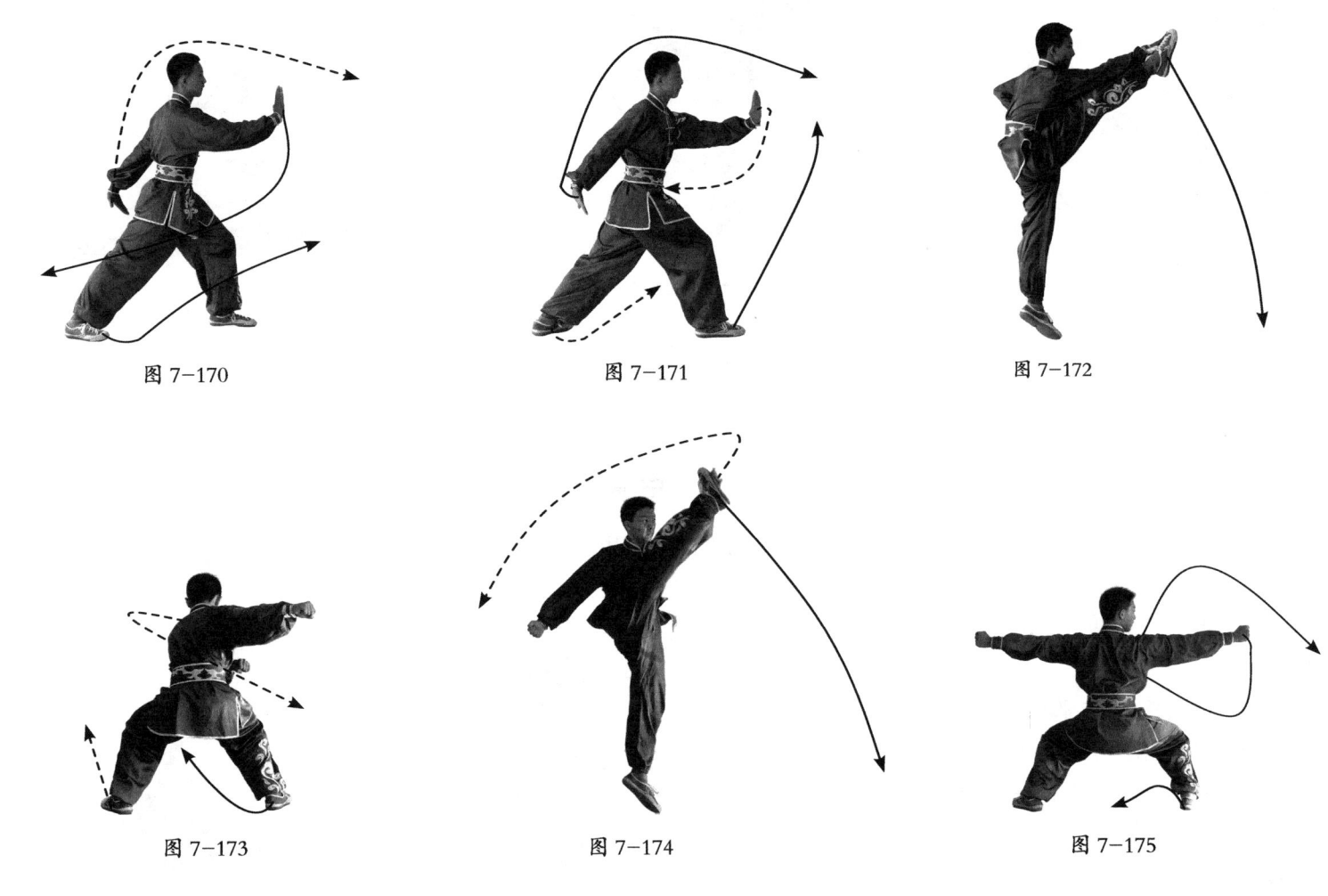

图 7-170　　　　　图 7-171　　　　　图 7-172

图 7-173　　　　　图 7-174　　　　　图 7-175

第七式　前贯后撩

一劈儿砸山入口，贯尔一拳抽身走。

绕手盖顶脚撩尾，勇兵奇将也发愁。

1. 收右脚成虚步；同时，右拳顺时针旋转一周向右劈打；眼视右拳。（图 7-176）
2. 步法不变，右拧身 90 度；左拳向前砸拳。（图 7-177）
3. 右拧身 90 度；两拳拳心朝上向外劈打。（图 7-178）
4. 左拧身 180 度；右拳拳背击打左手心。（图 7-179）
5. 右脚跳起，左拧身，左脚向后撩脚；同时，右拳变掌拍击左脚底，左掌向上掤起。（图 7-180）

图 7-176

图 7-177

图 7-178

图 7-179

图 7-180

第八式　黑虎翻身

提步向前左拦手，前撩后切上右步。

翻身腾空悬摆脚，只是左右不相同。

1. 向前落左脚，右脚向前垫步；左手向前摔出；眼视左手。（图 7-181）
2. 上右脚成骑马步，同时，身体手臂向右摆。（图 7-182）
3. 身体由下向上左旋转 360 度，右腿随身体里摆；左手击打右脚底。两脚落步与肩同宽；两手自然下垂；眼视前方。（图 7-183、图 7-184）

   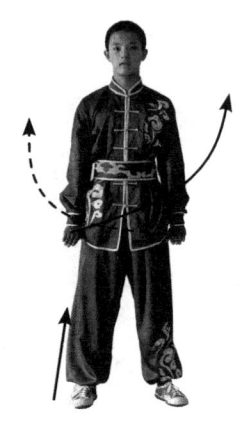

图 7-181　　　　　图 7-182　　　　　图 7-183　　　　　图 7-184

第九式　旗鼓势

将军降龙又伏虎，此中有勇还有谋。
掤挑腰中须冲拳，左右车马走旗鼓。

1. 提右膝；两手胸前交叉，右手在左肩前，左手掌心朝下收于右腋下。（图 7-185）
2. 右脚向右落步；右手向右云手收于左腋下，左手向前上方砍出。（图 7-186）
3. 提左膝；左手向后捯手指尖朝前，右手向前切掌；头左摆。（图 7-187）
4. 左脚下落并步于右脚足弓处，身体下蹲，重心在左脚掌上。（图 7-188）

图 7-185　　　　　图 7-186　　　　　图 7-187　　　　　图 7-188

5. 起身，提左膝踢左脚；右手顺时针旋转180度，左手向前旋转180度至左肩前方，同时，左手向后捯手，右手向前切掌。（图7-189）
6. 左脚向左上步，左转身180度，提右膝，身体上领；右手云手。（图7-190）
7. 右脚向右上步成右弓步；右肩向右靠，右肘顺势靠出，左手立掌于右前臂处。（图7-191）
8. 右肩向右靠的同时，两臂平伸拳心朝下。（图7-192）
9. 左转身90度，提左膝成右独立步；左拳收于腰部，右拳立拳打出与肩平；眼视右拳。（图7-193）
10. 落左脚，震右脚成半蹲步；左手从右肘掤出云手至腹前，右臂向后旋转一周，从上向下用右肘下击左手心。（图7-194）

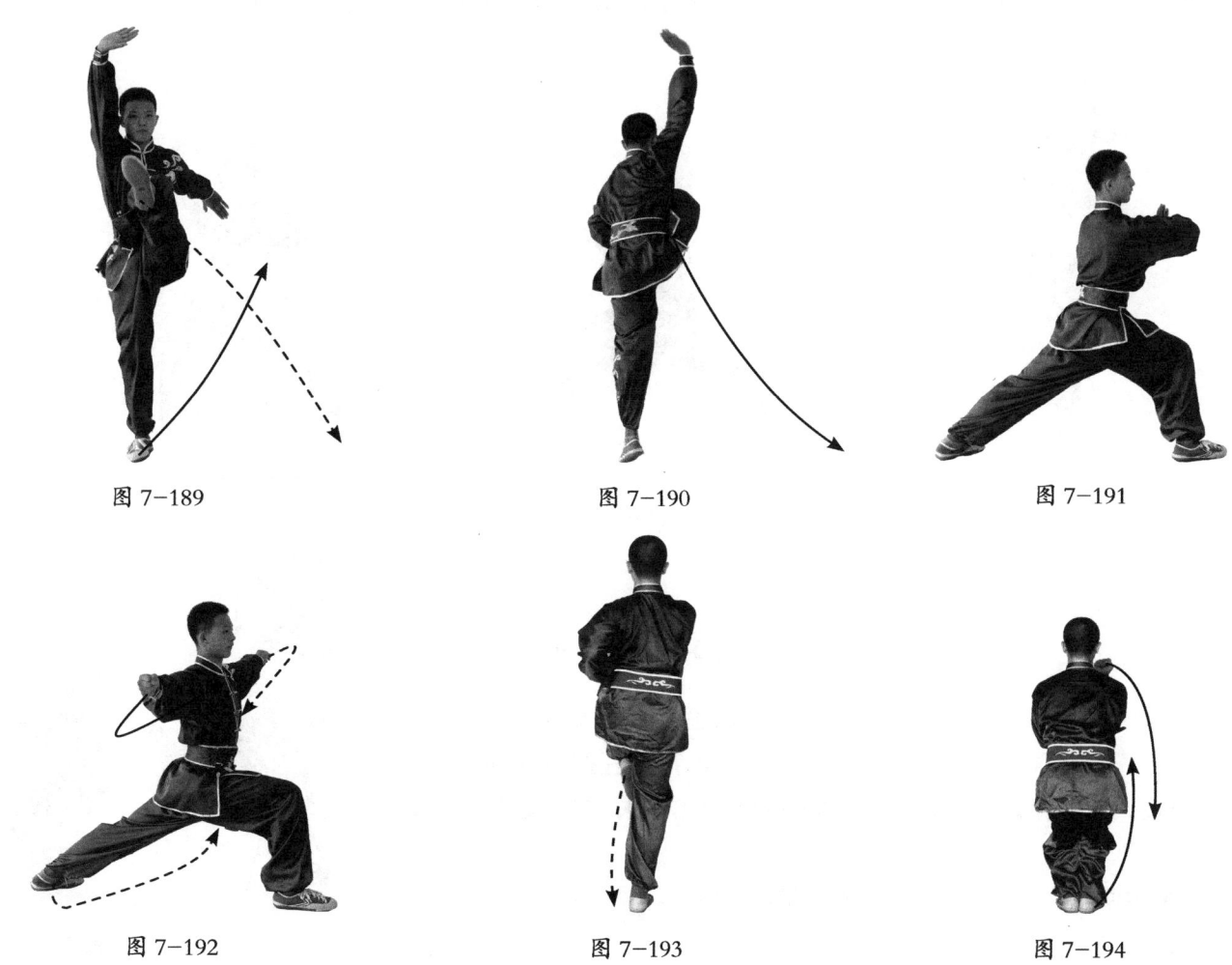

图7-189　　　　　　图7-190　　　　　　图7-191

图7-192　　　　　　图7-193　　　　　　图7-194

第十式　左箭步靠打

彼上右手将我抓，右捌左挑上跨马。

左搅用肘击肋下，远用摔鞭再跟打。

1. 起身，提右膝踢右脚；同时，左手向前切掌，右手向后捌手。（图7-195）
2. 右转身180度，右脚向右上步成左弓步，同时，左回身；左肩向左靠，左肘顺势靠出，右手立掌于左前臂处。（图7-196）
3. 步法不变，向左拧身90度；同时，左肩向左靠，两臂平伸拳心朝下与肩平。（图7-197）

图7-195

图7-196

图7-197

第十一式　金刚坠

金刚坠势用法稀，多人不识此中谜。

他人用掌来击我，托按冲撩四合一。

1. 右转身90度，提右膝脚尖朝下；左手收回按至右腿内侧，右手变拳抬至头部。（图7-198）
2. 震右脚，两膝微屈；左手掌心上托，右拳砸向左掌心。（图7-199）

图7-198

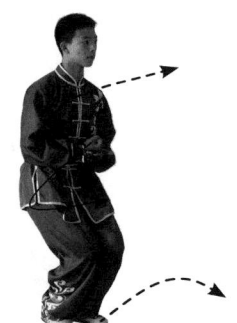
图7-199

第十二式　摇山六捶

我被敌人四面围，急用摇山六合锤。

左右滑闪人难进，滚脱劈摆扫千军。

1. 左脚向左跨步成左弓步；同时，右拳逆时针收于胸前，左手顺时针向外云手。（图7-200）
2. 提右膝落右脚向右滑闪；右拳逆时针向右用反背拳缠打，左拳顺时针收于腹前。（图7-201）
3. 提左膝落左脚向左滑闪；左拳顺时针向左用反背拳缠打，右拳逆时针收于腹前。（图7-202）
4. 左脚向右跳起；同时，右拳逆时针向右用反背拳缠打，左拳顺时针收于腹前。（图7-203）
5. 落左步；同时，左拳顺时针向左反背拳缠打，右拳逆时针收于腹前。（图7-204）

图 7-200

图 7-201　　　　　图 7-202　　　　　图 7-203　　　　　图 7-204

6. 落右步成右弓步，身体顺势向右；右拳逆时针向右反背拳缠打，左拳顺时针收于腹前。（图7-205）
7. 右拧身；同时，右拳收回，左拳拗步打出。（图7-206）
8. 上右步右转身，右脚跳起360度外摆；双手向里合击脚面。（图7-207）
9. 落步，两脚与肩同宽；两手自然下垂；眼视前方。（图7-208）
10. 提右膝；两手胸前交叉，右手在左肩上，左手掌心朝下收于右腋下。（图7-209）
11. 右脚向右跨步；左手向前上方砍出，右手向右云手收于左腋下。（图7-210）

12. 提左膝成右独立步；同时，左手向后捌手，右手掌心朝外向前上方推出；头左摆。（图7-211）
13. 左脚下落并步于右脚足弓处，身体下蹲，重心在左脚掌上。（图7-212）

图7-205　　　　图7-206　　　　图7-207　　　　图7-208

图7-209　　　　图7-210　　　　图7-211　　　　图7-212

14. 身体以右腿为轴向右旋转90度；两手随身体旋转的同时，右手下按，左手里扶立掌至胸前。（图7-213）
15. 右脚向左并步；右手向左，双手合掌。（图7-214）

16. 双手顺势下按，手心相对向上举至头顶。（图7-215）

17. 身正躯直；双手向下按贴于两腿外侧；两眼平视。（图7-216）

图7-213　　　　　图7-214　　　　　图7-215　　　　　图7-216

第四路九式

第一式　霸王举鼎

任你力大向我冲，一拿二举把他封。
提膝跨步看足下，弓步推山腹下攻。

1. 两脚并步站立，身正躯直；两手贴于两腿外侧；两眼平视。（图7-217）
2. 双手从身体两侧手心相对上举至头顶。（图7-218）
3. 双手向下按至身体两侧。（图7-219）
4. 右拧身45度，提右膝成左独立步；同时，左手向右扶手于右肘处，右手向上托举，两手合力；眼视右手。（图7-220）
5. 右脚向右上步成右弓步；同时，右手变横掌，左手立掌向右推出。（图7-221）

图7-217　　　图7-218

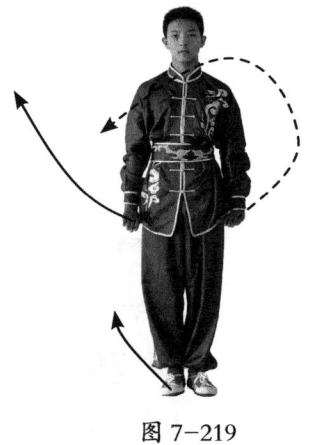
图 7-219

图 7-220

图 7-221

第二式　白蛇吐信

白蛇吐信名不差，晃手插掌拗步扎。

攻守左右来回手，反背切掌皆可打。

1. 左转身180度，提左膝；向前摔左掌与眼平，同时，右手掌心朝上收于右肋下。（图7-222）

2. 左脚向前落步，向左拧身成左拗步；同时，左掌掌心朝下收于右腋下，右掌掌心朝上向前插出与颈平。注：双掌为柳叶掌。（图7-223）

3. 右拧身成半弓步；右捌手掤举至头顶，左手向前推掌。（图7-224）

图 7-222

图 7-223

图 7-224

第三式　一霎步

他人上手将我击，风摆垂柳顺他力。
搅挦回环一霎步，马步推切不离身。

1. 提左膝；捧左掌与脸平，右手掌心朝上收于右肋下。（图7-225）

2. 向前上左脚，左拧身成拗步；同时，左手掌收于左肋处，右掌向前盖顶打出。（图7-226）

3. 向前上右脚成右拗步；同时，右手收于右肋处，左掌立掌向前盖顶打出。（图7-227）

4. 向前上左脚成拗步；同时，左手收于左胸处，右掌盖顶向前打出与脸平。（图7-228）

5. 提右膝向前踢右脚；同时，左手向前切掌打出与眼平，右手向后捯手。（图7-229）

6. 向后落右脚，左脚向后一步，右腿后扫成左弓步；同时，双手随身后挦，左手向左捯手，收回放于左肋处，右手向前切掌。（图7-230）

7. 左脚向后插步，同时，双手向右后方接手；眼视右手。（图7-231）

8. 右脚向右上步成坐马步；同时，双手逆时针挦手，左手收至左乳处，右手向右推出；眼视右掌。（图7-232）

图7-225

图7-226

图7-227

图7-228

图7-229

图 7-230　　　　　　　　　　　　图 7-231　　　　　　　　　　　　图 7-232

第四式　鸡子钻林

他人上手击我胸，左按右掌推怀中。

若彼用手将我挡，缠拿踩推拗步攻。

1. 右拧身成 90 度；右手捯手收回至腹前，左掌向前旋转按手。（图 7-233）
2. 提左膝脚尖朝下成右独立步；左掌收回至腹部掌心朝下，右拳从下经面前打出至眼平，拳心向内。（图 7-234）
3. 左转身，落左脚成左弓步；左手从右肘外向左拉，右臂滚拳，两臂向外伸出与肩平，拳心朝下；眼视左拳。（图 7-235）
4. 上右步震右脚，腿微屈；同时，右拳收至左乳处，左拳回收，虎口朝外向前打出与眼平。（图 7-236）

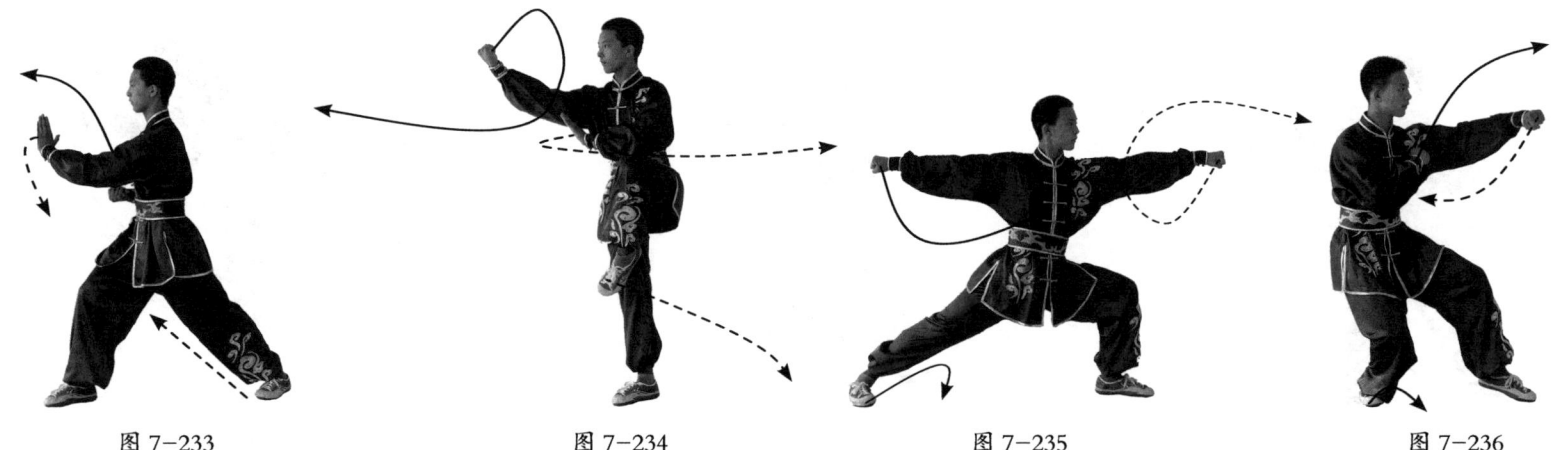

图 7-233　　　　　　图 7-234　　　　　　图 7-235　　　　　　图 7-236

5. 步法不变，左拧身90度；左拳收至右乳处，右拳虎口朝外向前打出与眼平。（图7-237）

6. 身体右转45度，重心移至右腿，左脚虚步；左拳打出与腰平，右拳放至左屈肘处。（图7-238）

7. 提左膝成右独立步；两拳变掌逆时针旋转，右手在上，左手在下。（图7-239）

8. 向前上左步，身体左转，上右步，左脚跟步，双脚并步站立；同时，右手向前云手，掌心朝上收至右乳处，左手向左旋转180度至右肩向左切掌。注：双掌为柳叶掌。（图7-240）

9. 左脚向左跌步，身体委身向下（左切闪）；双手顺势向左将手。（图7-241）

10. 上右步，右拧身90度；右手随身捌手至右跨处，左手向前方劈打。（图7-242）

11. 左脚跳起，右脚上踢，向上长身；右手拍击右脚面。（图7-243）

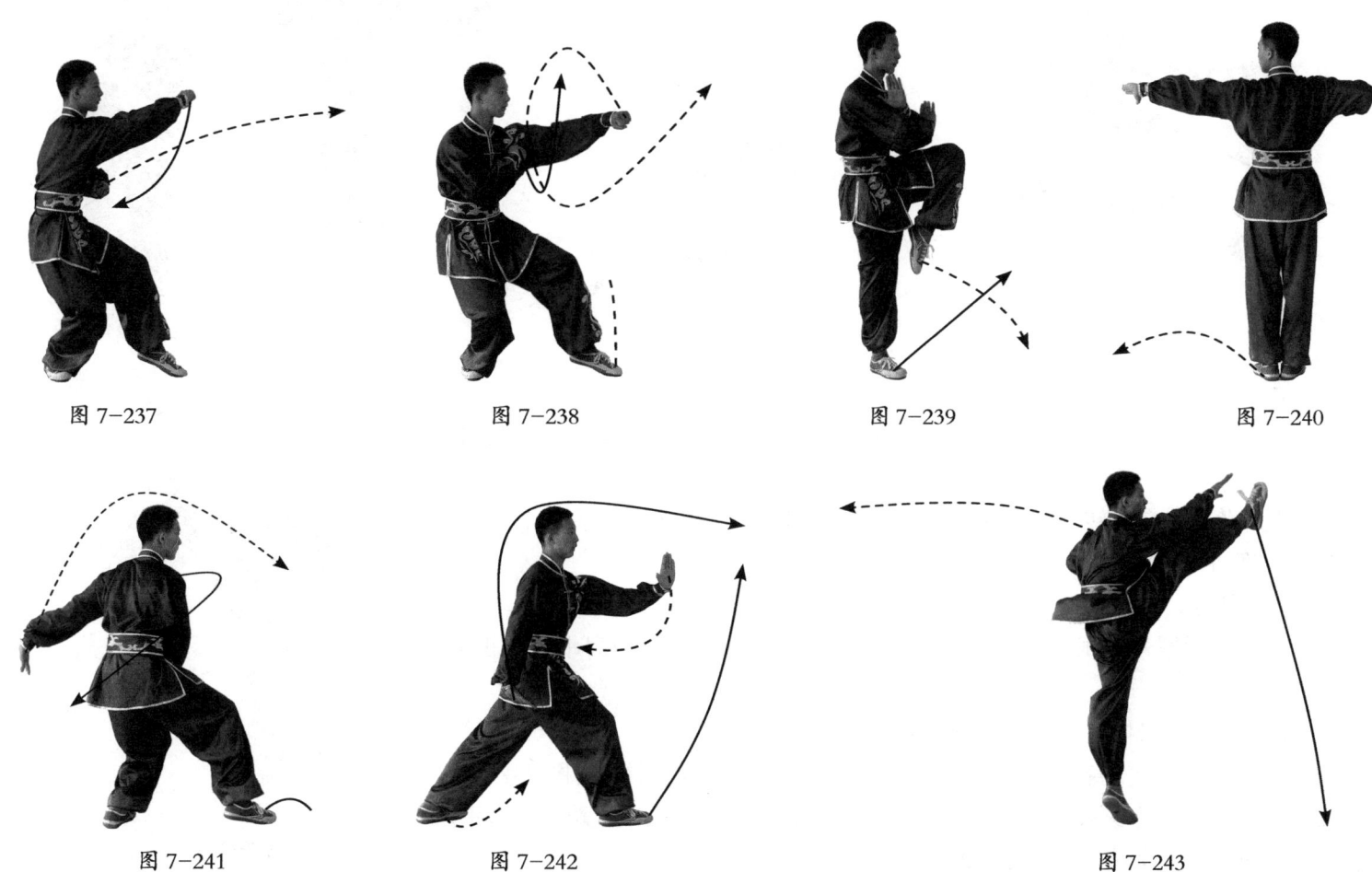

图7-237　　　　图7-238　　　　图7-239　　　　图7-240

图7-241　　　　图7-242　　　　图7-243

12. 落右脚，左拧身90度，两手顺时针左云手360度，右手至头顶，左手向左推掌与肩平；眼视左掌。（图7-244）

13. 提右膝，右转身180度，右脚落回原处成坐盘势；同时，左掌向右从右肘外侧云手掤至头顶，右手随身云手至身体右侧。注：右掌为柳叶掌。（图7-245）

14. 起身，左脚向左上一步，右脚向左跟步，双脚并步站立；同时，左手向左捯手，掌心朝上经右肘收至左乳处，右手屈肘经左肩向右推出；眼视右掌。（图7-246）

15. 身体向左旋转90度，提右膝，右手从左肘掤至左肩；眼视前方。（图7-247）

图7-244　　　　图7-245　　　　图7-246　　　　图7-247

16. 上右步，踢左脚；同时，右手向右云手，掌心朝上收于右乳处，左掌击左脚面。（图7-248）

17. 左脚落地，向右转身180度成右半弓步；右掌由上向下捯手于身体右侧，左掌向右打出与眼平。（图7-249）

18. 左脚跳起，踢右脚；右手击打右脚面，左手收至左乳处。（图7-250）

19. 右脚向后踩落地成一字马；两手经胸前交叉向两边伸出与肩平；眼视前方。（图7-251）

20. 两臂交叉，身体上提起身。（图7-252）

21. 右脚向右跌步，身体委身向下（右切步）；双手顺势向右捋按。（图7-253）

22. 上左步，左转身90度；左手由上向下捯手，手心朝下收于左跨处，右手向左前方打出与眼平；掌心朝前。（图7-254）

图7-248

23. 上右步；右手回捯至右跨处掌心朝下，左手向前方打出。（图 7-255）

图 7-249　　　　　图 7-250　　　　　图 7-251

图 7-252　　图 7-253　　　　图 7-254　　　　图 7-255

24. 左脚跳起，踢右脚；右手拍击右脚面。（图 7-256）
25. 落右脚成骑马步；手臂向右摆。（图 7-257）

26. 左脚起跳，身体由下向上左旋 360 度，右腿随身里摆；左手击打右脚底。双脚落地与肩同宽，自然站立。（图 7-258、图 7-259）

图 7-256　　　　图 7-257　　　　图 7-258　　　　图 7-259

27. 提右膝成左独立步；两手胸前交叉，右手在左肩上，左手掌心朝下收于右腋下。（图 7-260）

28. 右脚向右跨步；右手向右云手收于左腋下，左手向前上方砍掌。（图 7-261）

29. 提左膝成右独立步；同时，左手向后捌手，右手掌心朝外向前上方推出；头左摆。（图 7-262）

图 7-260　　　　图 7-261　　　　图 7-262

30. 身体下蹲，双脚并步，左脚放在右脚足弓处，重心在左脚掌上。（图7-263）

31. 起身提左膝；同时，左手向里按手至裆部。（图7-264）

32. 上左步，左拧身180度成左拗步；左手转腕接手向后捯手，右手前推掌。（图7-265）

图 7-263

图 7-264

图 7-265

第五式　双捶撩阴

敌上左手将我攻，拧身拗打面部捶。
滚肘肋间撩阴打，刘海捕蝉在后追。

1. 右拧身90度，上右步，双手向前将手。（图7-266）

2. 左拧身90度，上左步成左拗步；左手转腕接手向后捯手，右手经胸前推出。（图7-267）

3. 身法、步法不变；双手变拳由上向下栽拳至左腿外侧，两拳向外撩打；眼视右拳。（图7-268）

4. 提右膝踢右脚；同时，两拳拳心朝里向外摔出；眼视右拳。（图7-269）

图 7-266

图 7-267　　　　　　　　　图 7-268　　　　　　　　　图 7-269

第六式　扇通背

敌人上手将我侵，捌拿提膝扇通背。

他若用手将我挡，我用拗步平心捶。

1. 落右脚，右转身 180 度，向上长身；两臂经腹前交叉。（图 7-270）
2. 步法不变，身体下坐成坐盘势；两臂自然下垂，拳心朝里。（图 7-271）
3. 起身，提左膝踢左脚；同时，两拳拳心朝里向外摔出；眼视左拳。（图 7-272）

图 7-270　　　　　　　　　图 7-271　　　　　　　　　图 7-272

第七式　滚手炮

我若出手将他打，反被敌人将我拿。

滚手一去向肋下，项下提手踢脚打。

1. 向左上左步，左拧身90度；左手变拳收于左肋下，右拳向前打出。（图7-273）
2. 向右转身，提左膝，长身；同时，双手随身向右云手，左手向上举至头顶，右手旋转向右切掌。（图7-274）
3. 左脚向右后插步，身体下行成坐盘势；同时，左掌向右从右肘外向下向上划弧举至头顶，掌心向上，右掌从右向左上方划弧360度与腰平，掌峰向外。（图7-275）
4. 起身，提右膝踢右脚；左手拳心朝上收于左腹前，右手收回变拳向右翻打。（图7-276）
5. 右腿回收成左独立步；同时，屈右臂。（图7-277）

图7-273

图7-274　　　　图7-275　　　　图7-276　　　　图7-277

第八式　白猿跳涧

他人上手将我攻，右搅左护进步掤。

偷脚一去腹下点，白猿跳涧足生风。

1. 向前上右脚成右弓步；右拳向前滚出，两臂与肩平；眼视右拳。（图7-278）

2. 收右脚脚尖着地并于左脚；双手掌心朝上收于腰间。（图 7-279）
3. 提右膝脚尖朝下；双手掌心相对上举至头顶。（图 7-280）
4. 步法不变，身体下蹲；双手下按。（图 7-281）
5. 起身右转 90 度，上右步；右手掤手。（图 7-282）
6. 左脚向前跳起；同时，右手云手，左手拨手。（图 7-283）

图 7-278

图 7-279

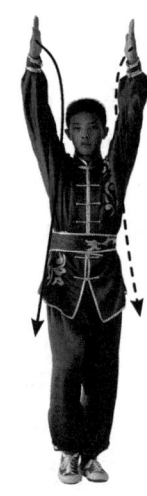

图 7-280

图 7-281

图 7-282

图 7-283

第九式　雁翅势

别人用刀向我砍，赤手空拳没遮拦。
委身下势朝天蹬，跨步跟打用单鞭。

1. 上右步；右手掤手；眼视前方。（图7-284）
2. 提左膝踢左脚。（图7-285）
3. 上左步，右转身180度，提右膝；同时，双手随身云手，左手至头顶；眼视右手。（图7-286）
4. 向右落右脚，右转身180度，身体下行成坐盘势；同时，双手随身云手，左手掤至头顶掌心向上，右手向右切掌。注：右手掌为柳叶掌。（图7-287）

图7-284　　　　图7-285　　　　图7-286　　　　图7-287

5. 起身，左脚向左上步，右脚侧踹，身体左倾；双手交叉，左手在外经胸前向左捌手，右手向右推掌。（图7-288）
6. 上右步，提左膝；回右手向前捌手，缠丝向前劈打，左手按手变拳收至胸前。（图7-289）
7. 左转身180度，左脚向左跨步成左弓步；同时，两臂滚拳向外伸出与肩平，拳心朝下；眼视左拳。（图7-290）
8. 提右膝；两手胸前交叉，右手在左肩上，左手掌心朝下收于右腋下。（图7-291）
9. 右脚向右跨步；右手向右云手收于左腋下，左手向前上方砍出。（图7-292）
10. 提左膝成右独立步；同时，左手向后捌手，右手掌心朝外向前上方推出；头左摆。（图7-293）
11. 身体下蹲，双脚并步，左脚放在右脚足弓处，重心在左脚掌上。（图7-294）

12. 以右腿为轴身体向右旋转 90 度；两手随身体旋转的同时，右手下按，左手里扶立掌至胸前。（图 7-295）
13. 右脚向左并步；右手向左，双手合掌。（图 7-296）
14. 双手顺势下按，手心相对向上举至头顶。（图 7-297）
15. 身正躯直；双手向下按贴于两腿外侧；两眼平视。（图 7-298）

图 7-288　　　　　　　　图 7-289　　　　　　　　图 7-290

图 7-291　　　　图 7-292　　　　图 7-293　　　　图 7-294

图 7-295　　　　　图 7-296　　　　　图 7-297　　　　　图 7-298

第五路十五式

第一式　见手

见手一式明不先，二人对持顾三前。
手脚并用随机变，踢斩切打脚手连。

1. 两脚并步站立，身正躯直；两手贴于两腿外侧；两眼平视。（图 7-299）

2. 左转身 90 度，左脚向左上一小步成虚步，身体下蹲；双手向右旋转向左劈掌，左手在前与肩平，右手至左屈肘处。（图 7-300）

3. 左脚向前上一步成左弓步；同时，左手向右旋转 720 度向前切掌，右手向右旋转 360 度向后捯手。（图 7-301）

图 7-299　　　　　图 7-300　　　　　图 7-301

第二式　左右骗马

左接右上脚手并，十字搅手上下应。
捌提斩切上骗马，不与跨虎用法同。

1. 身体向右滑闪成右弓步；右手向右云手掤出，左手顺势向右下拍打。（图7-302）

2. 身体向左滑闪；双手转掌掌心朝外向左捋手。（图7-303）

3. 身体重心左移成左弓步；左手向左接手；眼视左手。（图7-304）

4. 左拧身；右手向右切掌，左手收于右腋下。（图7-305）

5. 左拧身90度，提右膝成挂脚侧踹姿势；左手向左上捌手，右手向右推掌。（图7-306）

6. 右脚向右上一步，左转身90度；双手交叉收于胸前。（图7-307）

7. 右手顺时针向右旋转至左腋下，左手向前切掌。提左膝成右独立步；同时，右手向前切掌，左手向后捌手。（图7-308）

8. 向左拧身90度，提左膝；右手向前推掌，左手向后捌手。（图7-309）

图 7-302

图 7-303

图 7-304

图 7-305

图 7-306

图 7-307

图 7-308

图 7-309

第三式　穿心腿

彼上双手向我攻，拨雾分云双手迎。

迎面使起穿心腿，落步蹲身不留情。

1. 左脚落步，左拧身的同时身体下蹲；旋转手臂于身体两侧，双手掌心向外；眼视前方。（图 7-310）
2. 起身，提右膝踢右脚；双手经胸前捧举向两侧分开。（图 7-311）

图 7-310

图 7-311

第四式　悬脚势

敌用脚踢我手抬，侧身仍用踢脚还。

反手盖顶打在上，需防敌人跟上来。

1. 右脚向前落步，右拧身90度；双手胸前交叉，右手在外。（图7-312）
2. 步法不变，身体下坐成坐盘势；同时，双手向上分开自然下垂。（图7-313）
3. 起身，提左膝向左踢左脚；同时，双手经胸前掌心朝外向两侧盖打。（图7-314）

图7-312

图7-313

图7-314

第五式　仙人摘茄

敌从身后向我来，急掤拧身进敌怀。

摘茄一式敌难御，抱虎归山能相连。

1. 提左膝向上长身，左转身90度；左手掤至头顶，右手至腹部。（图7-315）
2. 左转身90度，同时，落左脚成左弓步；双手随身云手360度，左手掤手，右手向左下抓打。（图7-316）

图7-315

图7-316

第六式 移步跺脚

我出右拳诱敌来，提膝跺脚左右连。

十面埋伏截手打，述出雄兵开工见。

向右滑闪，回身提右膝（侧踹势）成左独立步；同时，左手云手手心朝外至头部左侧，右手回按至裆部。（图7-317）

第七式 朝阳手

彼手攻打我胸前，左拦右插要道关。

若他用手将我挡，左护右足他难拦。

1. 步法不变；向右摔右掌与面平，左手至胸前；眼视右掌。（图7-318）
2. 独立步不变；右手手心朝外收于左肩，左手至右腋下。（图7-319）
3. 左脚跳起，右转身180度，落右脚提左膝成右独立步；右手随身下劈掌，同时，左手向前切掌。（图7-320）

图7-317

图7-318

图7-319

图7-320

4. 向左上步，左拧身90度；右手向前盖顶掌打出，左手收于右腋下。（图7-321）
5. 右拧身成左弓步；左手向左切掌，右手向右捌手。（图7-322）
6. 提右膝踢右脚；右手向左上插掌，左手掌心朝下收于右腋下。（图7-323）

图 7-321　　　　　　　　图 7-322　　　　　　　　图 7-323

第八式　雀地龙按下

莫怕敌人气如牛，随高就低有奇谋。
上引下击步要进，摆莲横扫敌人愁。

1. 右脚向右跨一步，同时，右转身 180 度；双手随身云捋。（图 7-324）
2. 左回身重心向左移动；双手随身转动。（图 7-325）
3. 身体下移向右回身，向前跌步成右弓步；右手转 360 度向前穿掌。（图 7-326）

图 7-324　　　　　　　　图 7-325　　　　　　　　图 7-326

第九式　十字披红

敌来攻我快如风，身转手随捌切封。
提落侧身进左步，力劈华山有威名。

1. 左脚跳起，向右转身180度；双手由上向斜下里合击打右脚面（外摆脚）。（图7-327）

2. 左脚落地成左独立步；向右摔右掌；眼视右掌。（图7-328）

3. 左独立步不变；右手手心朝外收于左肩。（图7-329）

4. 左脚跳起，转身180度，落右脚，提左膝成右独立步；右手随身下劈掌，同时，左手向前切掌。（图7-330）

5. 向左落左脚；左手收于胸前。（图7-331）

6. 身体左转90度成拗步；左手随身捌手，右手向前劈掌。（图7-332）

图7-327　　　　图7-328

图7-329　　　　图7-330

图7-331　　　　图7-332

第十式　对心肘

敌出猛拳击我胸，双峰贯耳出奇兵。

脚踩肘顶将彼打，扇通背下难逃生。

1. 右转身90度，提右膝成左独立步；左手随身向右里扶手，右手向左至左肩处。（图7-333）
2. 右脚向右落步下蹲；两肘向外击打；眼视右肘。（图7-334）

图7-333　　　图7-334

第十一式　三换掌

此式用法世间稀，进退皆可两相宜。

左右交错力拗合，如此插换步相随。

1. 提左膝，右转身90度向上长身，左脚向后撤步成右拗步；双手交叉向上掤起。（图7-335）
2. 步法不变；双手掌向外分手，左掌向前插掌，右掌收于右乳处。（图7-336）
3. 右脚向后撤步成左拗步；同时，左掌转腕捯手收于左乳处，右掌向前插掌。（图7-337）
4. 左脚向后撤步成右拗步；同时，右掌转腕捯手收于右乳处，左掌向前插掌。（图7-338）

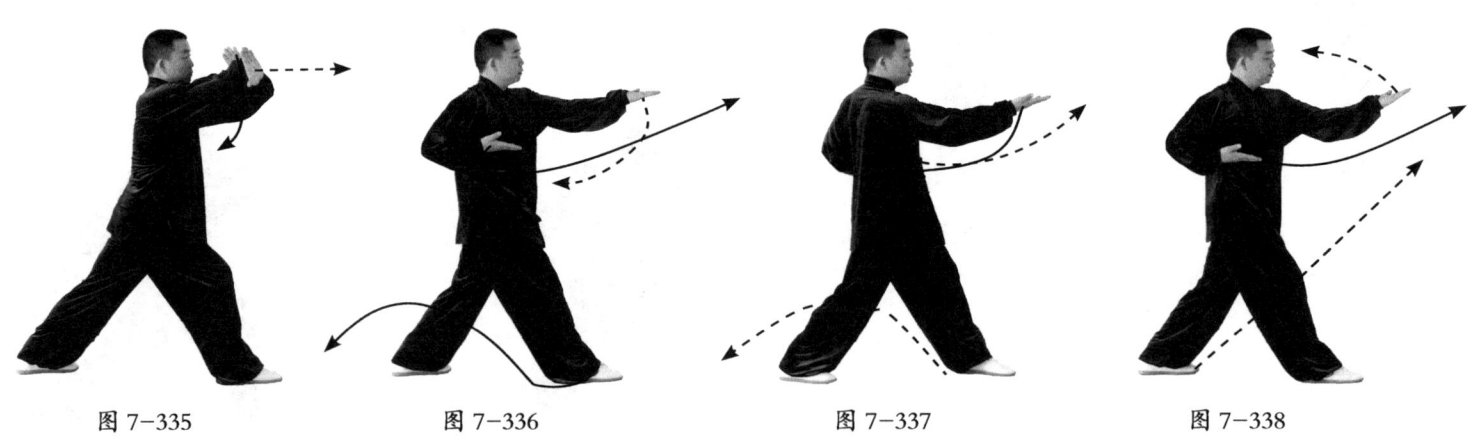

图7-335　　　图7-336　　　图7-337　　　图7-338

第十二式　二郎担山

彼来上手从里迎，一阴一阳左右行。

缠丝滚打上下应，担山过海一溜风。

1. 提左膝，左拧身踢左脚；同时，右掌向前插掌，左掌向后插掌。（图 7-339）
2. 左脚向前上步，右拧身，提右膝踢右脚；同时，左掌向前插掌，右掌向后插掌。（图 7-340）
3. 向前上右脚促步；同时，两臂屈肘，由掌变拳，由拳心朝下向前滚打与肩平。（图 7-341）
4. 双脚向后滑步；同时，两前臂向外翻打拳心朝上。（图 7-342）

图 7-339

图 7-340

图 7-341

图 7-342

第十三式　泰山压顶

此式又名千斤捶，十字搅手护我身。

拨捌横砸提膝战，迎面落下泰山捶。

1. 左转身 180 度，左拳收于小腹处，右拳随身由上向下交叉放于左前臂上。跳起向右踢右脚，同时，双拳向两侧摔出。（图 7-343）

2. 右脚回收成左独立步；向右摔右掌；眼视右掌。（图 7-344）
3. 左独立步不变；右手手心朝外收于左肩。（图 7-345）
4. 左脚跳起，右转身 180 度，落右脚，提左膝成右独立步；右手随身下劈掌，同时，左手向前切掌。（图 7-346）
5. 向左落左脚；左手收于胸前。（图 7-347）
6. 向左拧身 90 度成拗步；同时，左手掌心朝外由下向上接手后捯手变拳，右手向前方砸拳。（图 7-348）

图 7-343　　　　　　图 7-344　　　　　　图 7-345

图 7-346　　　　　　图 7-347　　　　　　图 7-348

第十四式 通袖腿

翻花一拳我主攻，跟步劈打不放松。

通袖踩腿攻裆快，二起面门彼难封。

1. 左脚向右腿后插步，右拧身90度成坐盘势；同时，右拳随身向下砸拳，左拳随身转至头顶。（图7-349）

2. 右脚向右上一步；收右臂，右拳向外翻拳打出，左拳向左旋转，拳心朝上收至腹前。（图7-350）

3. 左脚向右跳；同时，右拳收于腹前，左拳向左翻拳打出。（图7-351）

4. 身体重心右移；右拳向右翻拳打出，左拳收于腹前。（图7-352）

5. 右拧身90度；收右拳，左拳翻拳向前打出。（图7-353）

6. 左脚向前跳起，左拧身90度，提右膝踢右脚；同时，两拳拳心朝里由内向外翻打。（图7-354）

图7-349

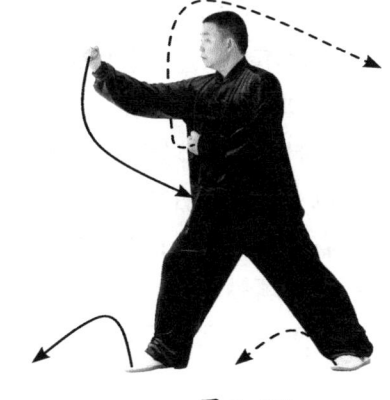

图7-350

图7-351　　　　图7-352　　　　图7-353　　　　图7-354

第十五式 白猿摘果

献果摘果意不同，一个送果一个收。

摘果上树需防腿，童子收果去拜佛。

1. 双脚落地；右手向前劈掌，左手向前按手，同时，右手向前摔掌；眼视右掌。（图7-355）

2. 提左膝；向左摔左掌，同时，右手收于腹前。（图 7-356）
3. 步法不变；左手收回，右手向前扶手，同时，左手向外绕掌向前拍掌，右手手心朝里收于左胸处。（图 7-357）
4. 左脚向左上步成左弓步；同时，左臂微屈，左掌掌心朝外向前推出，右手立掌向前推出放于左前臂处。（图 7-358）
5. 右脚向左上步震脚，左脚向前开半步成左虚步；双手向右旋转向前劈掌，掌心相对，右掌至左屈肘处。（图 7-359）
6. 以右腿为轴右转 90 度；两手随身旋转的同时右手下按，左手里扶立掌至胸前。（图 7-360）
7. 右脚向左并步；右手向左，双手合掌。（图 7-361）
8. 双手顺势下按，手心相对向上举至头部。（图 7-362）
9. 身正躯直；双手向下按，贴于两腿外侧；两眼平视。（图 7-363）

图 7-355

图 7-356

图 7-357

图 7-358

图 7-359

图 7-360

图 7-361　　　　　　　　图 7-362　　　　　　　　图 7-363

第六路二十三式

第一式　白鹤亮翅

彼若手来从里迎，反背一掌面门行。

提膝攻裆不怠慢，阴阳按手不露行。

1. 两脚并步站立，身正躯直；两手贴于两腿外侧；两眼平视。（图 7-364）
2. 身体不动；两手手心相对向上举起。（图 7-365）
3. 身体不动，双手向下按至身体两侧。（图 7-366）
4. 提右膝成左独立步；双手向上掌心朝外交叉于胸前，右手在里。（图 7-367）
5. 右脚向右外摆落步成马步；同时，左手向左捯手，右手向右推掌；眼视右掌。（图 7-368）
6. 提左膝成右独立步；双手向上掌心朝外交叉于胸前，左手在里。（图 7-369）
7. 左脚向左外摆落步成马步；同时，右手向右捯手，左手向左推掌；眼视左掌。（图 7-370）
8. 步法不变；两手掌心朝里经腹前交叉，右手在外，两手向外摔掌略高于肩；眼视右掌。（图 7-371）

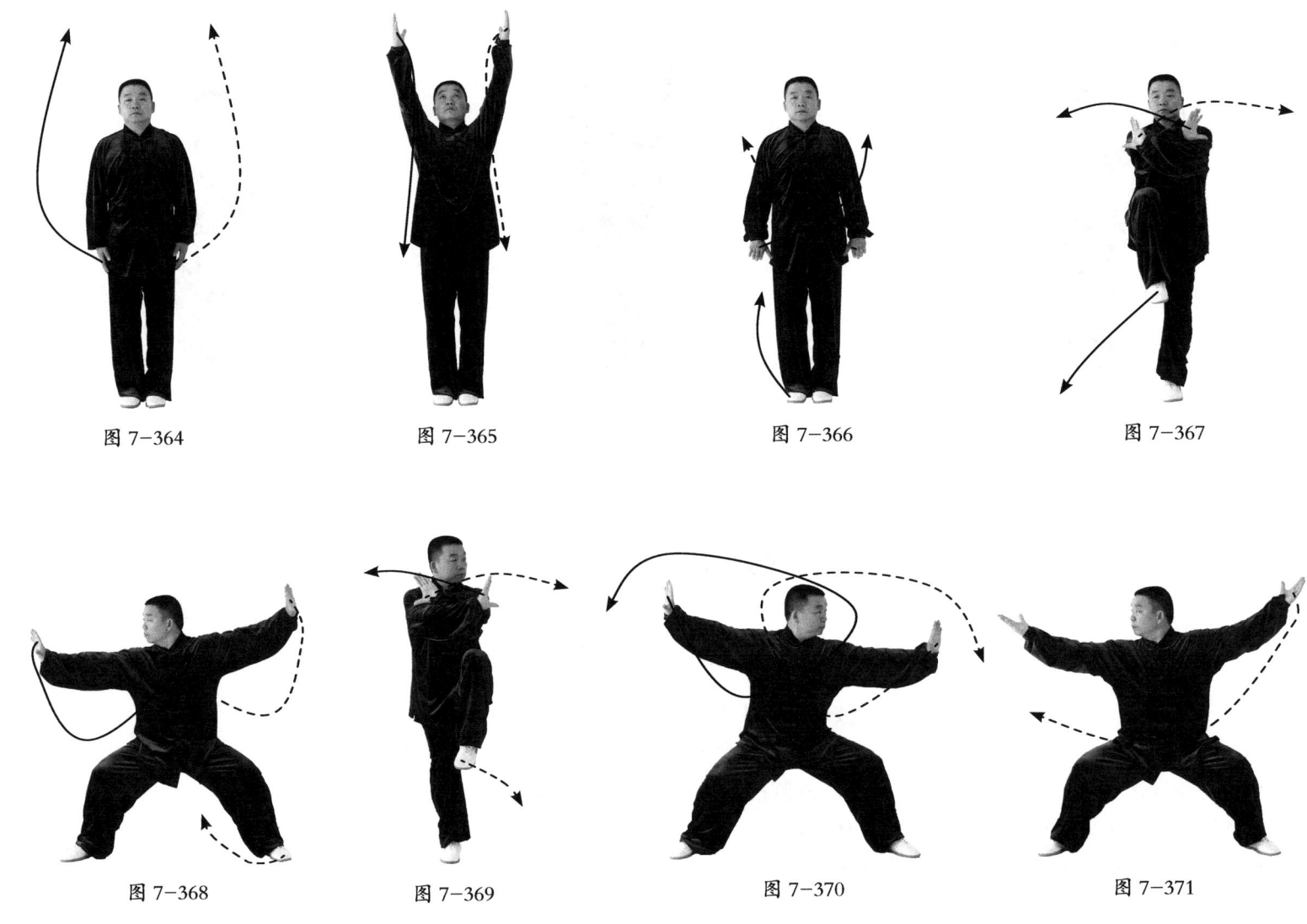

图 7-364　　　　图 7-365　　　　图 7-366　　　　图 7-367

图 7-368　　　　图 7-369　　　　图 7-370　　　　图 7-371

第二式　金丝缠箭

彼若上手将我攻，金丝缠箭把他封。

他若用手将我化，顺力摔踩上下功。

1. 身体重心右移；左臂屈肘掌心朝外。（图 7-372）

2. 提左脚向左转身90度，身体下坐成左虚步；同时，左手向左接手掌心朝上收于腹前，右手向前按手，两手掌心相对。（图7-373）

第三式　下四平

四平之式马步见，但看双手不离怀。

硬功进步腿要快，双手逼他单手来。

1. 身体含胸向上引领；两手掌心朝外，由内向前旋转。（图7-374）
2. 提左膝向前，含胸收腹；双手向前旋转一周，掌心朝外。（图7-375）
3. 左脚向前跌步跳起；同时，双手在身体右侧旋转一周，向前上方摔出。（图7-376）
4. 向前上左脚，身体右转90度右拧身成马步；双手掌心相对由后向前劈出，右手放至左屈肘处；眼视左掌。（图7-377）

图7-372　　　图7-373

图7-374　　　图7-375　　　图7-376　　　图7-377

第四式　袖抱头推山

柔筋采气软如棉，迎踩呐吐气丹田。

内状八法能妙用，缠拿挤推一瞬间。

1. 身体右转90度，重心右移成右弓步；同时，双手抱于头部两侧。（图7-378）
2. 身体左转180度，重心左移成左弓步；同时，两手随身掌心朝外推出，左臂微屈，右手立掌。（图7-379）

3. 身体右转 90 度，重心右移成右弓步；同时，双手抱于头部两侧。（图 7-380）
4. 身体左转 180 度，重心左移成左弓步；同时，两手随身掌心朝外推出，左臂微屈，右手立掌。（图 7-381）
5. 身体右转 90 度，重心右移成右弓步；同时，双手抱于头部两侧。（图 7-382）
6. 身体左转 180 度，重心左移成左弓步；同时，两手随身掌心朝外推出，左臂微屈，右手立掌。（图 7-383）

图 7-378　　　　　　　图 7-379　　　　　　　图 7-380

图 7-381　　　　　　　图 7-382　　　　　　　图 7-383

第五式　如封似闭

云手倒步势法仙，高掤低按彼胸前。
委身靠打敌难进，双手按挤法无边。

1. 身体右转 90 度成马步；右手转腕掌心朝前；眼视右掌。（图 7-384）
2. 身体重心左移；左手掌心朝前向左云手，右手掌心朝上云手至腹前；眼视左掌。（图 7-385）
3. 右转身，左脚向右腿后方插步；同时，右云手；眼视右掌。（图 7-386）
4. 右脚向右上步，身体重心左移；左手掌心朝外向左云手，右手掌心朝上云手至腹前；眼视左掌。（图 7-387）
5. 身体右转 90 度；右手掌心朝外向右云手，左手掌心朝上云手至腹前；眼视右掌。（图 7-388）
6. 左脚上至右脚后，脚尖着地；双手下按里合。（图 7-389）
7. 身体下蹲，重心在左脚掌；双手向前按推掌。（图 7-390）

图 7-384　　　图 7-385　　　图 7-386　　　图 7-387

图 7-388　　　图 7-389　　　图 7-390

第六式　当头炮

当头炮式冲人怕，进步虎直串两拳。

他退闪我腿两颠，不跌倒他也茫然。

1. 起身向左转身180度，提左膝成右独立步；同时，左手随身向左接手变拳收于腰间，右拳立拳向前打出。（图7-391）
2. 向前上左脚；左拳向前，右拳收回。（图7-392）
3. 向前上右脚至左脚掌处，震右脚下蹲；同时，左拳领拦收于腰间，右拳向前打出；眼视右拳。（图7-393）

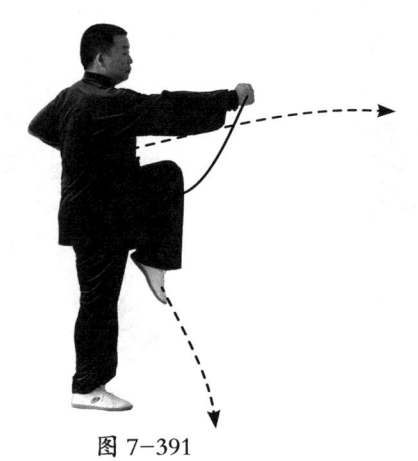
图7-391

图7-392

图7-393

第七式　十字鞭

状元披红十字花，左闪右进搅手打。

上盖下踩侧身进，单鞭横打意在下。

1. 起身，左脚向左前45度上步，右脚跟步；同时，右掌随身掌心朝外收于左肘处；眼视前方。（图7-394）
2. 右脚向右前45度上一步；同时，右手随身向前劈掌。（图7-395）
3. 右转身90度，向前上左脚；劈左掌。（图7-396）
4. 上右脚震脚，并步下蹲；同时，收左手，掌心朝外向前接手，右掌向前打出，

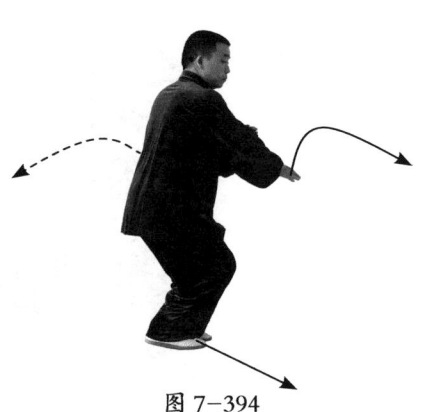
图7-394

左掌收于右腋下；眼视右掌。（图 7-397）

5. 向右拧身 90 度，下蹲成右虚步；双掌变拳，虎口朝外向外撩打。（图 7-398）

图 7-395　　　　图 7-396　　　　图 7-397　　　　图 7-398

第八式　左右穿桩腿

左右穿桩最为高，近膝远足逗英豪。
一摔儿砸三桩腿，封闭能打也能跌。

1. 起身，右脚向右撤步；同时，两臂腹前交叉向外切掌，右掌略高；眼视左掌。（图 7-399）

2. 提左膝；摔左掌；眼视左掌。（图 7-400）

3. 左脚向前上一步，左转身 180 度，提右膝踢右脚；左手向前接手顺时针举至头顶，右手按于腹前。（图 7-401）

4. 提右膝；摔右掌；眼视右掌。（图 7-402）

5. 右脚向前上一步，右转身 180 度，提左膝踢左脚；右手向前接手顺时针举至头顶，左手按于腹前。（图 7-403）

图 7-399

图 7-400　　　　　图 7-401　　　　　图 7-402　　　　　图 7-403

第九式　金鸡晒膀

金鸡晒膀使人惊，侧身进步按轻灵。

掤捋托按一气成，艺精方显抖暗功。

1. 向左落左步；同时，双手向右捋手。（图 7-404）

2. 右脚跟步成半蹲势；同时，双手向里旋转顺时针向左按推。（图 7-405）

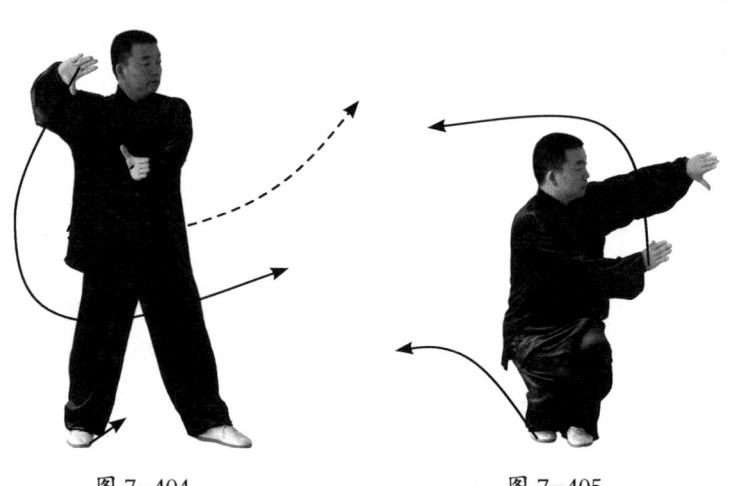

图 7-404　　　　　图 7-405

第十式　降龙势

彼上右手我右接，拗步左劈他遮拦。

我用左足踩他腿，左掌后拉右掌出。

1. 右脚向右上一步；右手向右接手。（图 7-406）

2. 右拧身90度；左掌向右盖顶掌打出，右手收于左腋下。（图 7-407）

3. 提左膝；右手向右接手，左掌向右打出。（图 7-408）

图 7-406

图 7-407

图 7-408

第十一式 金鸡跌翅

彼若上手我右接，踩脚提手项下颠。
前踢后撩尘扬起，按掌推胸将他跌。

1. 步法不变；双手转掌，手心相对向上托举。（图 7-409）

2. 身体下蹲，左脚成虚步；同时，双手向下按至身体两侧。（图 7-410）

3. 起身，左脚尖向后刨地抬起；同时，双手上举下按，两臂外伸，掌心朝下向上提手略高于肩；眼视右手。（图 7-411）

4. 左脚向右上步，身体下蹲；双手向里合掌于胸前。（图 7-412）

5. 起身，右脚尖向后刨地抬起；同时，两臂外伸，掌心朝下向上提手略高于肩；眼视右手。（图 7-413）

6. 右脚向前上步，身体下蹲；双手向里合掌于胸前。（图 7-414）

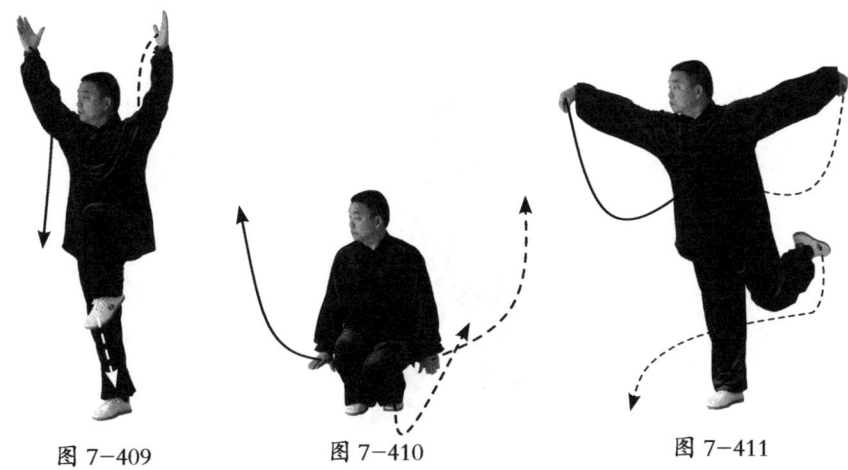

图 7-409　　图 7-410　　图 7-411

7. 起身，左脚尖向后刨地抬起；同时，两臂外伸，掌心朝下向上提手略高于肩；眼视右手。（图 7-415）

图 7-412　　　　图 7-413　　　　图 7-414　　　　图 7-415

第十二式　后肘靠打

彼人身后将我击，急忙转身用手捋。
左捌右摆脚提起，落步马靠肘对心。

1. 左脚向前上一步，身体向右旋转 90 度；左手随身转至右肘处。（图 7-416）
2. 右脚向右上步成坐马步；同时，左手从右肘外变拳掤于头顶，右手屈肘向右顶出。（图 7-417）

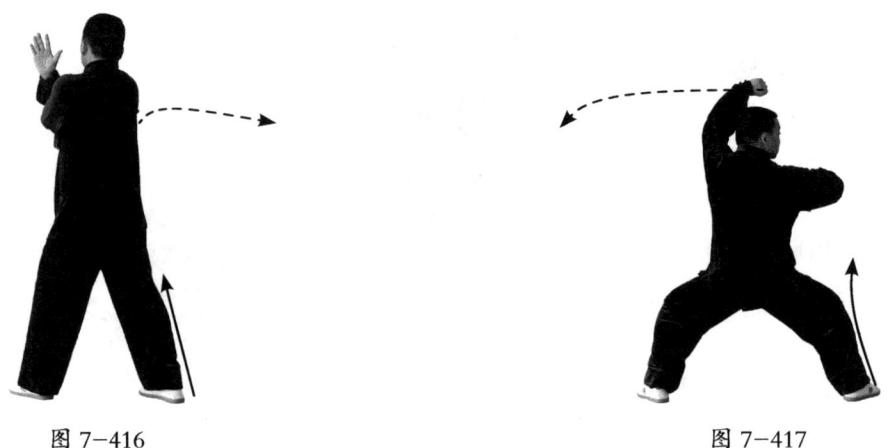

图 7-416　　　　　　　图 7-417

第十三式　前肘靠打

　　彼手打来我左扳，项下一拳把脸翻。
　　左拳再向腮帮打，撩阴耳扒肘靠山。

1. 提右膝成左独立步；眼视右拳。（图7-418）
2. 右脚向前上一步右拧身90度；同时，右手右劈拳，左拳向前砸拳。（图7-419）
3. 右拧身90度，提左膝；双手合手，左手在右肘外侧。（图7-420）
4. 左脚向前上步，右回身重心转移成左弓步；同时，右手从左肘外接手，左肘屈肘向左外顶出。（图7-421）

图7-418　　　　　图7-419　　　　　图7-420　　　　　图7-421

第十四式　小鬼钻

　　精习熟练小鬼钻，天下英雄打一半。
　　摔引能攻亦能守，急三捶下彼难走。

1. 右回身成右弓步；同时，摔右掌，左手掌心朝下收于左腹处；眼视右掌。（图7-422）
2. 右脚后撤一步，右拧身180度成左弓步；同时，右手随身向前接手收于左腋下，左掌随身向前盖顶掌打出；眼视左掌。（图7-423）
3. 提左膝成右独立步；同时，左掌收至右肘外，右掌不变。（图7-424）
4. 步法不变；左手掤至头顶，右手向右打开。（图7-425）

5. 左脚向右腿后右插步，身体下行成坐盘势；同时，左掌从右肘外向上划弧举至头顶掌心向上，右掌向右切掌与腰平，掌心向外。（图7-426）

6. 起身，右脚向右上步；双手逆时针旋转一周，向右推掌；眼视右掌。（图7-427）

7. 身体重心左移；双手捋手。（图7-428）

8. 身体向右回身90度成右弓步；同时，双掌向右按掌推出；眼视右掌。（图7-429）

9. 身体重心向左移回身；同时，双手捋手；眼视右手。（图7-430）

10. 身体向右回身90度成右弓步；同时，双掌向右按掌推出；眼视右掌。（图7-431）

图7-422　　　　　　　图7-423　　　　　　　图7-424

图7-425　　　　　　　图7-426　　　　　　　图7-427

| 图 7-428 | 图 7-429 | 图 7-430 | 图 7-431 |

第十五式　老君背山

拳中此式非等闲，阴阳相合为自然。

全在拧身用抛劲，引他落空我安然。

1. 身体向左滑闪；双手向左云手。（图 7-432）
2. 提右膝成左独立步；向右摔右掌，左手收至胸前；眼视右掌。（图 7-433）
3. 步法不变；右手手心朝外收至左肩处。（图 7-434）
4. 左脚跳起，转身180度，落右脚提左膝成右独立步；右手随身向下劈掌，同时，左手向前切掌。（图 7-435）

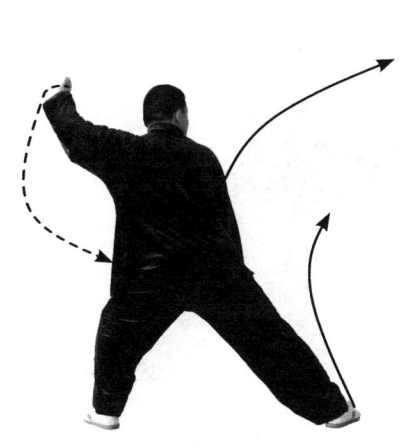   

| 图 7-432 | 图 7-433 | 图 7-434 | 图 7-435 |

5. 左脚向前落步，重心后移至右腿；同时，左领手变拳，右手变拳收至胸部。（图7-436）

6. 向前促步；急出左拳向前打出；眼视左拳。（图7-437）

7. 急出右拳向前打出，左拳收回至腰间。（图7-438）

8. 急出左拳向前打出；眼视左拳。（图7-439）

9. 步法不变；右手从右肘外接手。（图7-440）

10. 右转身180度成右弓步；左手接手，双手变拳随身向右抛摔。（图7-441）

图7-436　　　　　　　图7-437　　　　　　　图7-438

图7-439　　　　　　　图7-440　　　　　　　图7-441

第十六式　指裆捶

他用右手击我胸，左拦右拗面门冲。

他若用手将我挡，蹲身下势指裆攻。

1. 提右膝成左独立步；同时，左拳领拦收至左胸处，右拳向前打出。（图7-442）
2. 右脚向后退一步；左拳向前领拦，右拳收至右胸处。（图7-443）
3. 左脚向后退步至右脚掌处，并步下蹲；同时，右拳向前打出，左拳收至左胸处。（图7-444）

图 7-442

图 7-443

图 7-444

第十七式　金鸡抖翎

彼上右手将我攻，左闪上步横截打。

右盖迎面并步打，金鸡抖翎快似风。

1. 起身，左脚向左前45度上步，右脚跟步；同时，双拳变掌，右掌随身掌心朝外收至左肘处；眼视前方。（图7-445）
2. 右脚向右前45度上步；同时，右掌随身劈掌。（图7-446）
3. 右劈掌的同时迅速上左步，右转身180度；左掌随身向前劈掌。（图7-447）
4. 右脚向前上步并步震脚，左拧身90度；同时，右掌向前盖顶打出，左手收至右腋下。

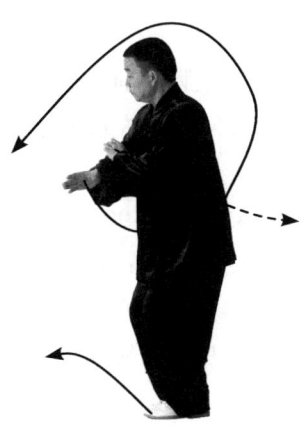

图 7-445

（图7-448）

5. 右转身，右脚向右退步，提左膝成独立步；右手向后捯手，左手向前推掌。（图7-449）

图7-446　　　　图7-447　　　　图7-448　　　　图7-449

第十八式　白猿攀枝

此式好比追敌战，下护其阴上护面。

箭步一丈不为愁，脚起撩阴手锁喉。

1. 左脚向前上步；左手收回。（图7-450）
2. 双脚向左前跳起；同时，左手向左摔掌与眼平。（图7-451）
3. 落地后上左脚，左拧身90度；右掌向左劈掌。（图7-452）
4. 左拧身90度，上右步，提右膝；右掌向右摔掌；眼视右掌。（图7-453）
5. 上右步；右手收至胸前，双手交叉。（图7-454）
6. 步法不变；右手向右接手。（图7-455）
7. 身体右转90度，上左步提左膝；右手收至左腋下，左手向前攀抓。（图7-456）

图7-450

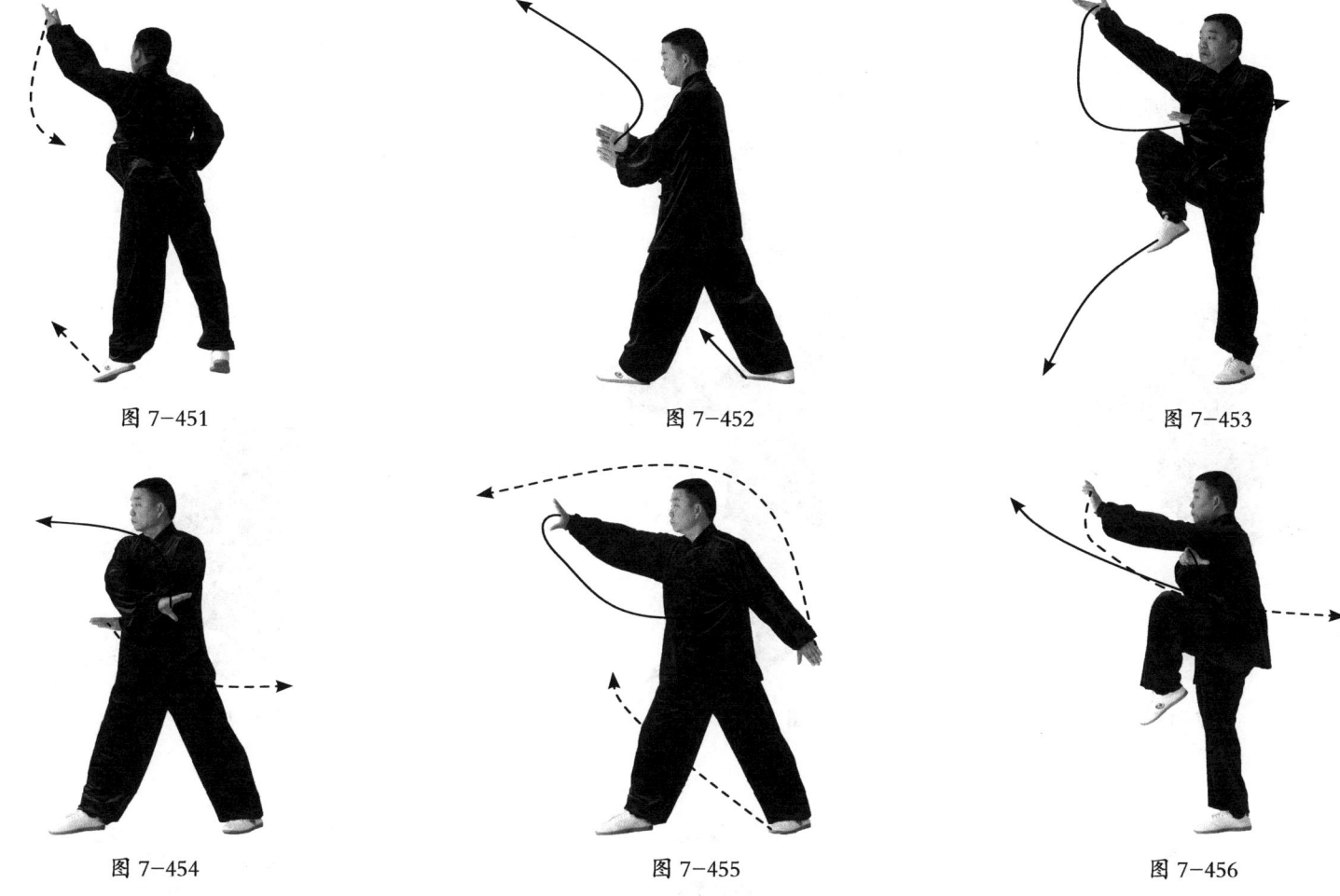

图 7-451　　　　　图 7-452　　　　　图 7-453

图 7-454　　　　　图 7-455　　　　　图 7-456

第十九式　白蛇脱皮

左右二人将我拿，白蛇脱皮有妙法。
顺力而缠随他去，攻前打后不容他。

1. 步法不变；左手向后捌手，右手向前切掌打出。（图 7-457）
2. 身体向上领，右拧身 90 度；双手向右云手，左手至头顶。（图 7-458）

3. 左脚向右腿后插步成坐盘势；同时，左掌向右从右肘外向左云手360度至头顶，右掌旋转一周掌心朝下向右切掌。（图 7-459）

4. 起身，左脚向左上步成右弓步；双手变拳滚两臂向两侧伸出。（图 7-460）

5. 右拧身，左脚向前跌步，同时右拧身左转身。（图 7-461）

6. 跳起，落步成右弓步；同时，左臂顺时针、右臂逆时针经胸前分别滚臂两周滚出，两臂与肩平；眼视右拳。（图 7-462）

图 7-457　　　　　图 7-458　　　　　图 7-459

图 7-460　　　　　图 7-461　　　　　图 7-462

第二十式　探马势

探马一势太祖传，诸势变化皆自然。

进攻退闪若生强，如弓难逃他遭殃。

左转身90度，右脚向前上步至左脚掌处震脚下蹲；同时，左拳收于腰间，右拳顺势向前打出与眼平；眼视右拳。（图7-463）

图7-463

第二十一式　拗拦肘

拗拦肘出脚颠跺，扳下手摘打其心。

拿鹰捉兔硬开弓，上下弄对妙法多。

1. 右拧身，右脚向后退移步，左手随身拳变掌。（图7-464）
2. 左转身90度，提左脚下蹲成左虚步；左手接手变拳转至头顶，右臂屈肘向前压肘。（图7-465）
3. 提右膝，向前跳起；同时，双拳向前劈拳，右拳向上冲拳。（图7-466）
4. 上右步成右弓步，左手从右肘外掤接手，同时，右拳经胸前向右摔出；眼视右拳。（图7-467）

 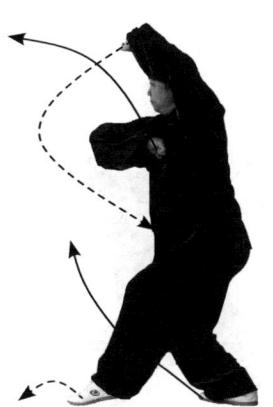  

图7-464　　　　　图7-465　　　　　图7-466　　　　　图7-467

第二十二式　脑后捶

彼若上手我左扳，指上打下臂如鞭。

转身脑后要命拳，挑肘抓裆推胸连。

1. 步法不变，右拧身90度；左肘顺势向前击打。（图7-468）

2. 身体左转90度，左脚随身向前上步；同时，左手随身向前摔拳与耳平。（图7-469）

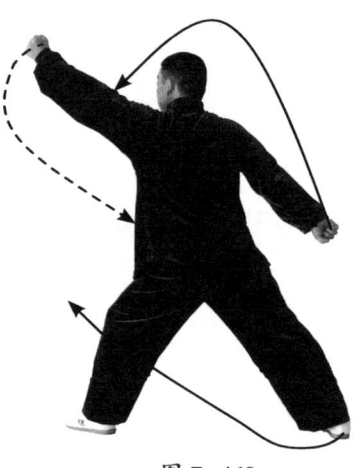

图7-468　　　　　图7-469

第二十三式　骏马提铃

他用双手将我拿，翻滚脱手载手打。

彼拦之后将我攻，双搂提手踢阴中。

1. 左转身180度，右脚向前上步挂腿成右独立步；同时，两手随身右推手。（图7-470）
2. 右脚向右上步；右手向右云手，左手向右云手至胸前。（图7-471）
3. 身体向左滑闪；双手向左云手。（图7-472）
4. 左脚向右垫步跳起；同时，右手向前摔掌，左手跟手，两手向前双推掌。（图7-473）

图7-470　　　　图7-471　　　　图7-472　　　　图7-473

5. 右脚向前跟步成右弓步；同时，双手收回向前双推掌。（图7-474）

6. 左转身180度，提左膝；向左摔左掌。（图7-475）

7. 步法不变；右扶手，左手绕掌向前扒打与眼平；眼视左掌。（图7-476）

图7-474

图7-475

图7-476

8. 向左上步，左拧身90度；双手向前推出。（图7-477）

9. 步法不变；双手向里翻转。（图7-478）

10. 步法不变；双手向前摔出。（图7-479）

图7-477

图7-478

图7-479

11. 步法不变；双手转腕变提手交叉，右手在上。（图7-480）
12. 提左膝成右独立步；同时，双手向外搂分，上提手与眼平。（图7-481）
13. 左脚向左落步，以右腿为轴身体向右旋转90度；同时，两手随身体旋转右手下按，左手里扶立掌至胸前。（图7-482）
14. 右脚向左并步；右手向左，双手合掌。（图7-483）
15. 双手顺势下按，手心相对向上举至头顶。（图7-484）
16. 身正躯直；双手向下按贴于两腿外侧；两眼平视。（图7-485）

图7-480　　　　　　　图7-481　　　　　　　图7-482

图7-483　　　　　　　图7-484　　　　　　　图7-485

第七路八式

第一式 小开门

小开门手在中，出手先打心肋胸。
双手打单手封，连打带拦通膀中。

1. 两脚并步站立，身正躯直；两手贴于两腿外侧；两眼平视。（图7-486）

2. 左脚向左开一小步，身体下蹲成虚步；双手由后向前推出，左手在前与肩平，右手放在左屈肘处。（图7-487）

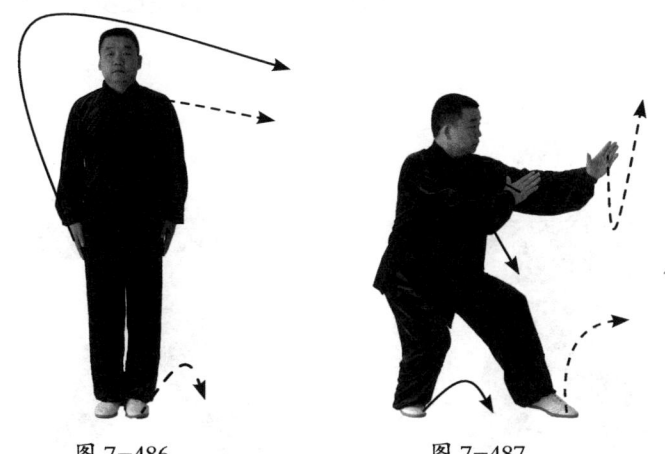

图7-486　　图7-487

第二式 十面埋伏

彼若上手我左闪，捋引摔盖踢脚连。
十面埋伏八卦阵，十有八九难生还。

1. 左转身180度，同时，左脚向左前45度上步，身体下蹲，右脚跟步；左手掤手，右掌随身向前抓打。（图7-488）

2. 右转身180度，同时，右脚向右前45度上步，身体下蹲，左脚跟步；右手掤手，左掌随身向前抓打。（图7-489）

3. 左脚向左前45度上步，右脚跟步；同时，右掌随身掌心朝外收于左肘处；眼视前方。（图7-490）

4. 右脚向右前45度上一步；在上步的同时随身劈右掌。（图7-491）

5. 左脚向前上步；随身劈左掌；眼视左掌。（图7-492）

6. 步法不变；左手逆时针掌心朝外向左盖顶打出；眼视左掌。（图7-493）

7. 左拧身90度；右手向前盖顶打出，同时，左手手心朝下收于右腋下。（图7-494）

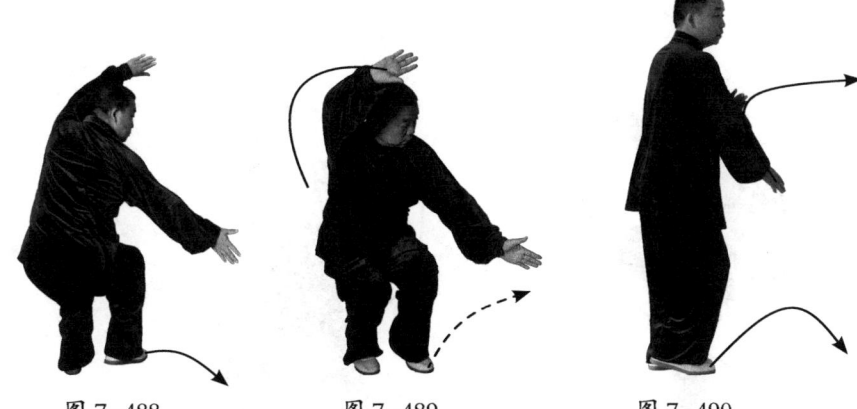

图7-488　　图7-489　　图7-490

8. 提右膝向右前踢脚；同时，右手向后捯手，左手向前盖顶掌；眼视左掌。（图 7-495）
9. 右拧身 90 度，右脚向右上步，身体重心右移；同时，右手顺时针云手略高于肩，左手云手至腹前；眼视右手。（图 7-496）
10. 左脚向右腿后插步；左手逆时针云手略高于肩，右手云手至腹前；眼视左手。（图 7-497）
11. 右转身 90 度，右脚向右跳起下蹲成左虚步；双手逆时针一周向右按手；眼视左侧。（图 7-498）

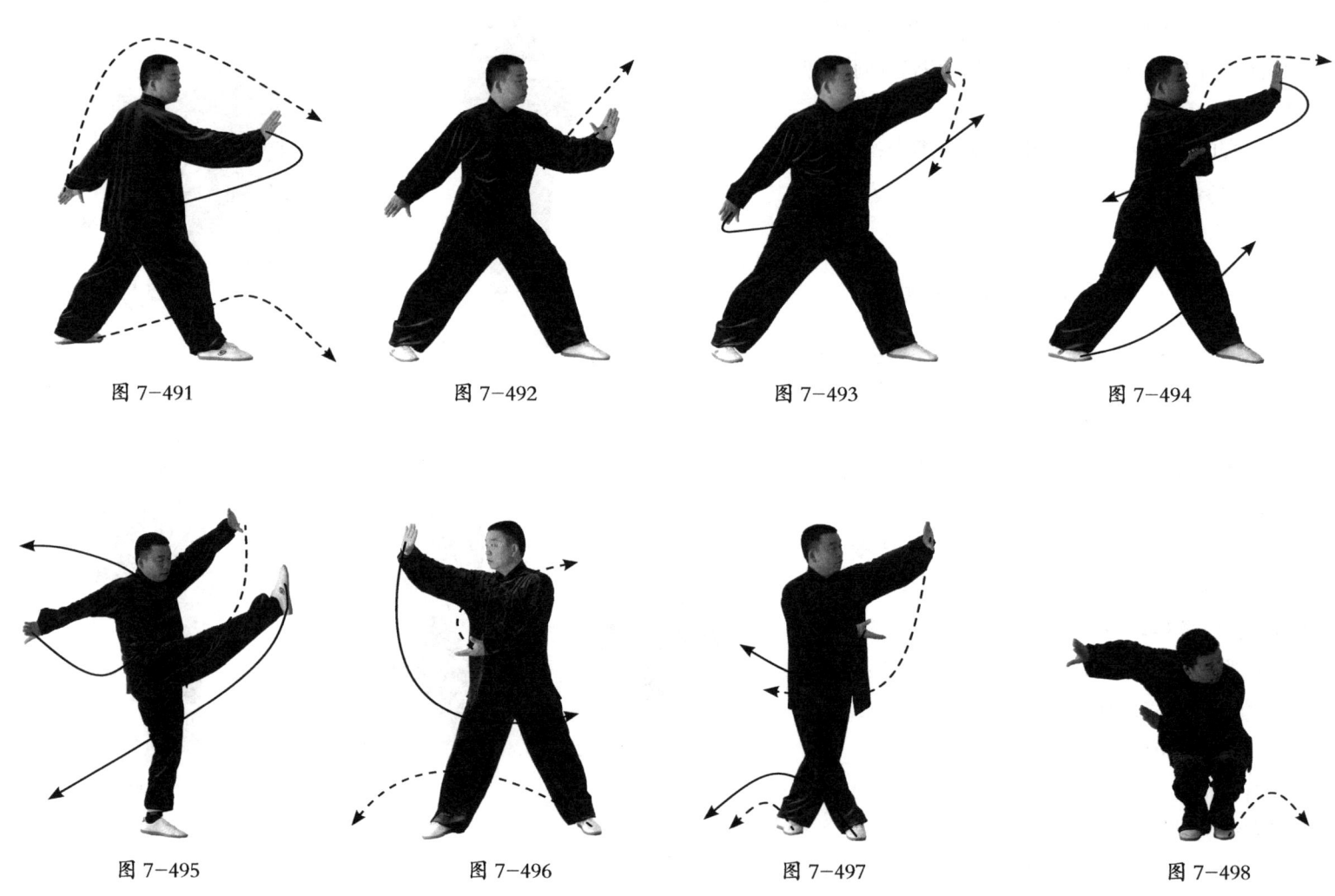

图 7-491　　　图 7-492　　　图 7-493　　　图 7-494

图 7-495　　　图 7-496　　　图 7-497　　　图 7-498

第三式　青龙舞爪

我先上手彼手拦，　左捌右手抓敌面。
他若回手将我缠，　二次翻掌舞爪还。

1. 起身，左脚向左上一步；左手随身放至左胸前；眼视左侧。（图 7-499）

2. 双脚向左跳起；同时，左手向左摔掌与眼平；眼视左手。（图 7-500）

3. 左转身180度，上右步成马步，同时，右手随身向前抓略高于肩，眼视右手。（图 7-501）

4. 步法不变；右手顺时针收至左胸处；眼视右侧。（图 7-502）

5. 步法不变；右手顺时针向前抓手；眼视右手。（图 7-503）

6. 向左转身180度，左脚向左上步；同时，左手随身向前抓手；眼视左手。（图 7-504）

7. 左转身180度，右脚向左上一步；同时，右手随身向前抓手；眼视右手。（图 7-505）

图 7-499　　　　图 7-500　　　　图 7-501

图 7-502　　　　图 7-503　　　　图 7-504　　　　图 7-505

第四式　左按右掌

敌来上手将我抓，先按后挑拗步打。

降妖缠臂抽身走，抓拿跟腿不饶他。

1. 左拧身90度，提左膝；左手向后捌手，右手向左扶手；眼视右手。（图7-506）
2. 落左脚，右回身；右手向右捌手，左手扶手；眼视左手。（图7-507）
3. 左拧身成左弓步；左手按手，掌心朝上收至左胸处，右手向前按掌；眼视右掌。（图7-508）

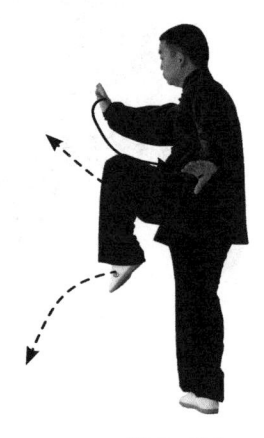

图7-506

图7-507

图7-508

第五式　中心顶分心掌

左攻摔掌他提防，急忙下引守中央。

闪骜一顶中心捶，使起颠脚推胸掌。

1. 右转身90度，提右膝成左独立步；双手随身逆时针捋手；眼视右手。（图7-509）
2. 右拧身90度，右脚向右上一步成右弓步；双手向右推掌；眼视右掌。（图7-510）
3. 向左拧身90度，重心左移成马步；同时，双手逆时针向左捋手。（图7-511）

图7-509

图7-510

4. 向右拧身90度，重心右移成右弓步；同时，双手逆时针旋转向右推掌。（图7-512）
5. 向左拧身90度，重心左移成马步；同时，双手逆时针向左捋手。（图7-513）
6. 向右拧身90度，重心右移成右弓步；同时，双手逆时针旋转向右推掌。（图7-514）
7. 向左拧身90度，重心左移成马步；同时，双手逆时针向左捋手。（图7-515）
8. 向右拧身90度，重心右移成右弓步；同时，双手逆时针旋转向右推掌。（图7-516）
9. 左转身180度，重心左移微屈；同时，左手随身掌心朝外由上向下捌手。（图7-517）
10. 左脚收回成虚步；同时，左手变拳收回；眼视前方。（图7-518）

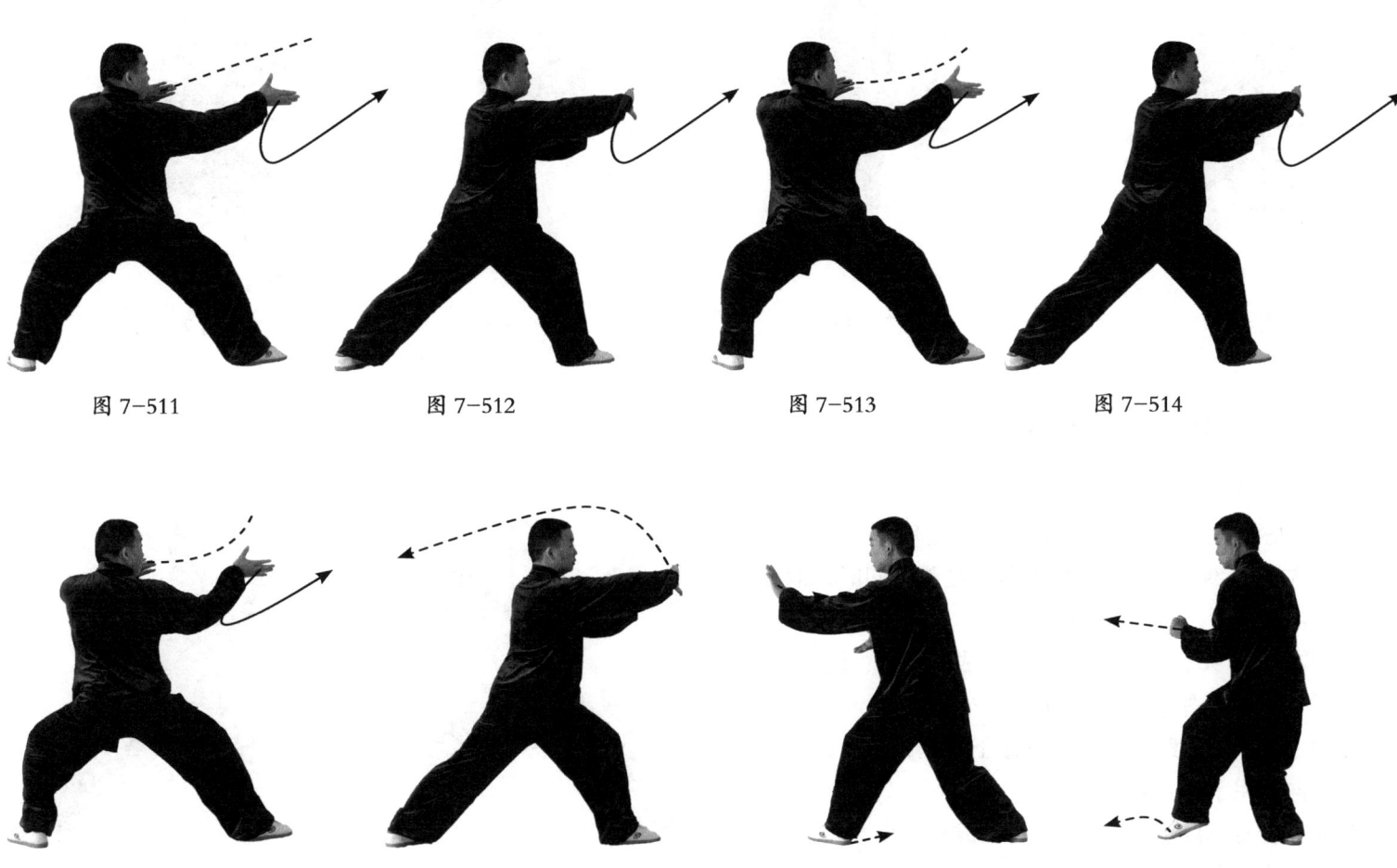

图7-511　　　　图7-512　　　　图7-513　　　　图7-514

图7-515　　　　图7-516　　　　图7-517　　　　图7-518

11. 左脚向左上步；同时，左拳迅速直拳打出；眼视左拳。（图 7-519）

12. 左转身 180 度，上右步提右膝；右手随身向前劈掌。（图 7-520）

13. 步法不变；右手向右摔掌；眼视右手。（图 7-521）

14. 右脚向右上步成右弓步；双手逆时针向右推掌。（图 7-522）

图 7-519　　　　　图 7-520　　　　　图 7-521　　　　　图 7-522

第六式　挑肘推胸

反背一掌把敌伤，拗步一拳彼更慌。

左掤右挑人难进，推胸一掌彼遭殃。

1. 向左拧身 90 度，身体重心移至左腿；同时，双手逆时针向左将手。（图 7-523）

2. 向右拧身 90 度，身体重心右移成右弓步；同时，双手逆时针旋转向右推掌。（图 7-524）

3. 向左拧身 90 度，身体重心移至左腿；同时，双手逆时针向左将手。（图 7-525）

4. 向右拧身 90 度，身体重心右移成右弓步；同时，双手逆时针旋转向右推掌。（图 7-526）

图 7-523　　　　　图 7-524

5. 向左拧身90度，身体重心移至左腿；同时，双手逆时针向左捋手。（图7-527）

6. 向右拧身90度，身体重心右移成右弓步；同时，双手逆时针旋转向右推掌。（图7-528）

图7-525　　　　　图7-526　　　　　图7-527　　　　　图7-528

7. 步法不变，身体左转成左弓步；同时，左手向左摔掌；眼视左掌。（图7-529）

8. 左拧身90度；左手捌手变拳收至左腰处，同时，右手变拳向前打出；眼视右拳。（图7-530）

9. 右转身90度，提右膝向左踩脚；同时，双手随身向右捋手。（图7-531）

10. 左拧身90度，跳起向前跌步成右独立步；左手向左捌手，右手向左扶手；眼视前方。（图7-532）

图7-529　　　　　图7-530　　　　　图7-531　　　　　图7-532

11. 向右拧身90度，左脚向左上步；同时，双手随身，左手向右扶手，右手向右捯手；眼视左手。（图7-533）
12. 左拧身90度成左弓步；同时，左手捯手至左腰处，右手向前推掌。（图7-534）
13. 右拧身90度，身体重心后移成左虚步；同时，左手向前托手，右手收至胸部。（图7-535）
14. 左拧身90度成左弓步；同时，左手捯手收至左腰处，右手向前推掌。（图7-536）

图7-533

图7-534

图7-535

图7-536

15. 右拧身90度，身体重心后移成左虚步；同时，左手向前托手，右手收至胸部。（图7-537）
16. 左拧身90度成左弓步；同时，左手捯手收至左腰处，右手向前推掌。（图7-538）
17. 右拧90度，身体重心后移成左虚步；同时，左手向前托手，右手收至胸部。（图7-539）
18. 左拧身90度成左弓步；同时，左手捯手收至左腰处，右手向前推掌。（图7-540）

图7-537

图7-538

图7-539

图7-540

第七式　正撑猴

双手高举让敌来，不识此计定有灾。
任凭敌手来得快，双手护门进不来。

1. 右拧身90度，身体重心右移；左手接手。（图7-541）
2. 右转身90度成右弓步；双手变拳随身向前抛摔。（图7-542）
3. 右转身90度，右脚向右上步；双拳随身向右。（图7-543）
4. 双脚向右跳步；同时，双拳逆时针向左旋转。（图7-544）

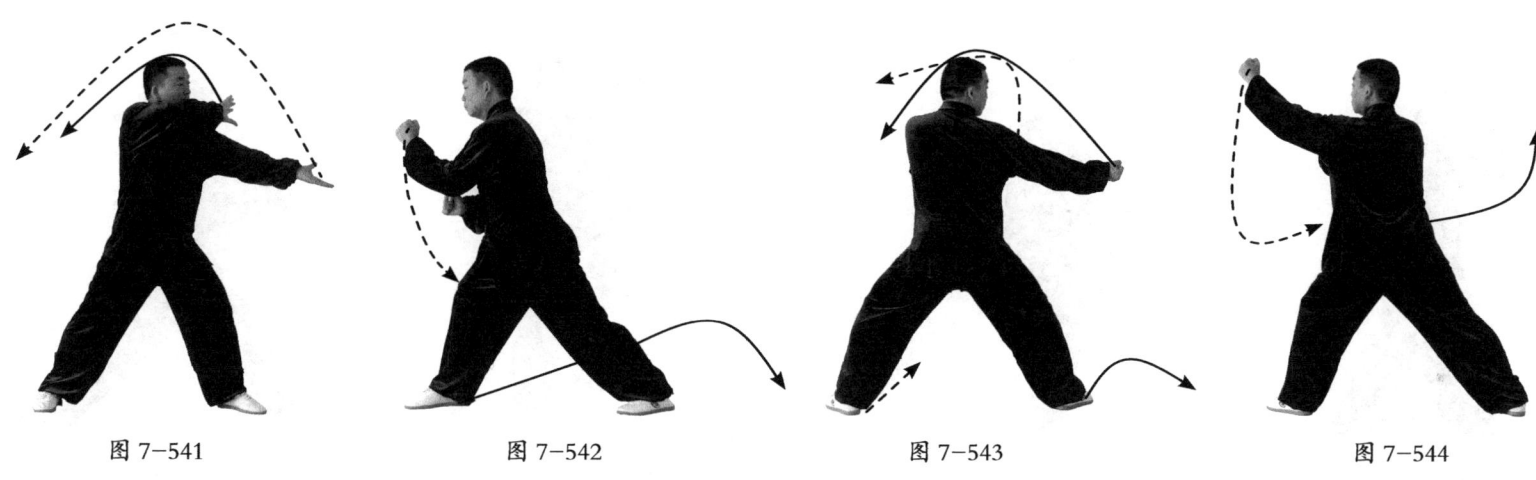

图7-541　　　　图7-542　　　　图7-543　　　　图7-544

5. 身体重心右移成马步；双臂屈肘，两拳拳心相对举起；眼视左侧。（图7-545）
6. 左转身90度，左脚后撤，身体重心移至右腿；同时，双手合手，右手立掌至胸前，左手按掌于腹前。（图7-546）
7. 向前促步；右按掌，左拍掌。（图图7-547）
8. 向前促步；左按掌，右拍掌。（图7-548）
9. 步法不变，左手接手。（图7-549）
10. 上右步，左转身90度成左独立步；左手捯手。（图7-550）
11. 步法不变；右手向右摔掌；眼视右掌。（图7-551）
12. 向右上右步成右弓步；双手顺势向右推掌。（图7-552）

图 7-545　　图 7-546　　图 7-547　　图 7-548

图 7-549　　图 7-550　　图 7-551　　图 7-552

第八式　反手箭狮子大张口

　　我用左手捶一掌，敌随上步近身旁。
　　我泄右步横身截，左捶右盖分心掌。

1. 身体向左滑闪，重心移至左腿；左手向左云手；眼视右侧。（图 7-553）
2. 向右回身成右弓步；同时，向右捶右掌。（图 7-554）
3. 提右膝成左独立步；右手手心朝外收至左肩处。（图 7-555）
4. 右脚向右落步，右拧身 90 度；右手捌手，左手向前切掌。（图 7-556）

  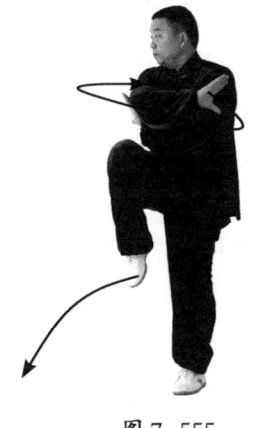 

图 7-553　　　　　图 7-554　　　　　图 7-555　　　　　图 7-556

5. 提左膝，右转身成右独立步；同时，左手按至腹前，右手逆时针旋转至头顶掌心朝前。（图 7-557）

6. 步法不变；左手向左摔掌；眼视左掌。（图 7-558）

7. 左脚向左上步成左弓步；同时，双手向左推掌。（图 7-559）

8. 身体向右滑闪，重心移至右腿；右手向右云手；眼视左侧。（图 7-560）

图 7-557　　　　　图 7-558　　　　　图 7-559　　　　　图 7-560

9. 提右膝成左独立步；右手向右摔掌；眼视左掌。（图 7-561）

10. 步法不变；右手手心朝外收至左肩处。（图 7-562）

11. 右脚向右落步，右拧身90度；右手捌手，左手向前切掌。（图7-563）
12. 提左膝，右转身成右独立步；同时，左手按至腹前，右手逆时针旋转至头顶掌心朝前。（图7-564）
13. 步法不变；左手向左摔掌；眼视左掌。（图7-565）
14. 左拧身，左脚向左上步；双手向左推掌；眼视左掌。（图7-566）
15. 右脚向左上步，震脚下蹲，左脚成虚步；双手逆时针向左劈掌。（图7-567）
16. 身体以右腿为轴向右旋转90度；两手随身体旋转的同时右手下按，左手里扶立掌至胸前。（图7-568）

图7-561　　　图7-562　　　图7-563　　　图7-564

图7-565　　　图7-566　　　图7-567　　　图7-568

17. 右脚向左并步；右手向左双手合掌。（图7-569）

18. 双手顺势下按，手心相对向上举至头顶。（图7-570）

19. 身正躯直；双手向下按贴于两腿外侧；两眼平视。（图7-571）

图7-569

图7-570

图7-571

第八路十一式

第一式　双手抱玉瓶

敌来上手我手接，阴阳合手将他截。

意经恰似怀抱月，此式能打还能跌。

1. 两脚并步站立，身正躯直；两手贴于两腿外侧；两眼平视。（图7-572）

2. 双手掌心相对向上托举至头顶。（图7-573）

3. 顺势向下按至身体两侧；眼视前方。（图7-574）

4. 身体左转，右脚向右撤步；左手随身向左接手。（图7-575）

5. 步法不动，身体左拧身90度，重心移至右腿；左手向下捌手，右手向上托手双手合劲；眼视右手。（图7-576）

6. 左脚向后撤步，身体重心后移至左腿；右手向下捌手，左手向上托手双手合劲；眼视左手。（图7-577）

图 7-572　　　　　　　图 7-573　　　　　　　图 7-574

图 7-575　　　　　　　图 7-576　　　　　　　图 7-577

第二式　合手双架梁

敌用双手连环攻，急忙按手左右行。

然后两手朝天举，蹲身下势神鬼惊。

1. 右脚向后撤步，双脚并步站立；双手掌心朝外由下向上分与腰平。（图 7-578）
2. 步法不变；双手向里抱至腹前，右手在上。（图 7-579）

3. 双手向里翻转举至头顶，右手在上；眼视双手。（图 7-580）

图 7-578

图 7-579

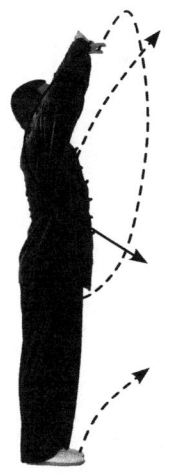

图 7-580

第三式　四门抖

任凭敌人来力大，左右滑闪有妙法。
前后能拍亦能抓，四门抖法人人夸。

1. 左脚向左上步成左弓步，身体左转 90 度；同时，左手逆时针旋转向左掤手，右手顺时针旋转向左推掌。（图 7-581）

2. 身体向右旋转 180 度成右弓步；同时，右手逆时针旋转向右掤手，左手向右推掌。（图 7-582）

3. 身体左转 90 度，右脚向前上步；右手随身掤手。（图 7-583）

4. 向前上左步，身体右转 180 度；左手随身向前按手。（图 7-584）

5. 向右拧身 90 度成右弓步；同时，右手顺时针向右掤手，左手向右推掌。（图 7-585）

6. 向左拧身 90 度成左弓步；同时，左手逆时针向左掤手，右手向左推掌。（图 7-586）

7. 右回身；双手手心朝外向右接手。（图 7-587）

8. 身体重心左移至左腿；双手随身向左捋手。（图 7-588）

9. 向右拧身 90 度，身体重心右移成右弓步；同时，双手逆时针旋转向右推掌。（图 7-589）

图 7-581

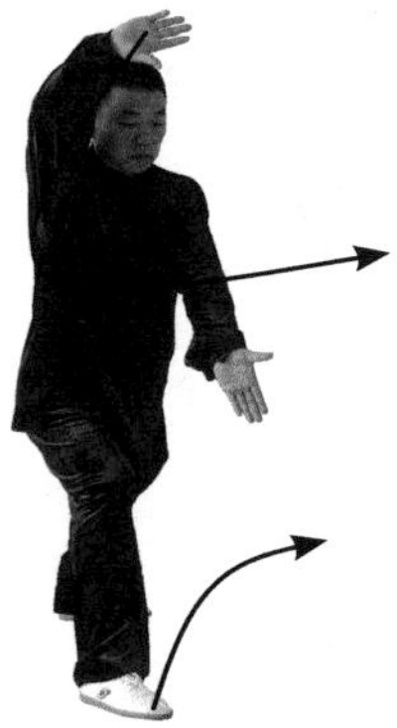

图 7-582 　　　　　图 7-583 　　　　　图 7-584 　　　　　图 7-585

图 7-586 　　　　　图 7-587 　　　　　图 7-588 　　　　　图 7-589

第四式　满肚红

敌上右手胸部打，右接左迎顶心窝。
抽手面部再打去，晃手分心推怀中。

1. 向左拧身，重心移至左腿；同时，双手逆时针向左捋手。（图 7-590）
2. 向右拧身 90 度，身体重心右移，向前促步；同时，双手逆时针旋转向右推掌。（图 7-591）
3. 向左拧身，重心移至左腿；同时，双手逆时针向左捋手。（图 7-592）
4. 向右拧身 90 度，身体重心右移，向前促步；同时，双手逆时针旋转向右推掌。（图 7-593）
5. 左转身 180，重心转移，身体微屈。同时；左手随身掌心朝外由上向下捯手。（图 7-594）

图 7-590

6. 左脚收回成虚步；同时，左手变拳收回；眼视前方。（图7-595）
7. 左脚向左上步；同时，左拳迅速直拳打出；眼视左拳。（图7-596）
8. 左转身180度，上右步提右膝，成左独立步；右手随身向前劈掌。（图7-597）
9. 步法不变；右手向右摔掌；眼视右掌。（图7-598）

图7-591　　　　　图7-592　　　　　图7-593　　　　　图7-594

图7-595　　　　　图7-596　　　　　图7-597　　　　　图7-598

10. 步法不变；右手手心朝外收至左肩处。（图7-599）
11. 左脚跳起转身180度，落右脚提左膝成右独立步；右手随身下劈掌落，同时，左手向前切掌。（图7-600）

12. 向前落左脚，重心后移至右腿；同时，左领手变拳，右手变拳收至胸部。（图7-601）
13. 向前促步；急出左拳向前打出；眼视左拳。（图7-602）
14. 急出右拳向前打出，左拳收回至腰间。（图7-603）
15. 急出左拳向前打出，右拳收至左胸前；眼视左拳。（图7-604）
16. 向右转身180度，右手随身向右接手。（图7-605）
17. 身体下蹲；右手变捯手收于右胸处，左手变拳随身向前打出。（图7-606）

图 7-599　　　图 7-600　　　图 7-601　　　图 7-602

图 7-603　　　图 7-604　　　图 7-605　　　图 7-606

第五式　踩堂腿

背手摔掌拗步捶，摇身抓拿进步急。

怪莽入洞肋下行，踩抹切跌上下对。

1. 向前提左膝成右独立步；同时，左手扳手收至右胸处，右拳冲拳与嘴平；眼视右拳。（图7-607）
2. 向前上左步；同时，转身捌手。（图7-608）
3. 左转身90度，提右膝成左独立步；向右摔右掌。（图7-609）
4. 右脚向右上步成右弓步；双手逆时针向右推掌。（图7-610）

图7-607

图7-608

图7-609　　　　图7-610

5. 向左拧身，重心移至左腿；同时，双手逆时针向左捋手。（图7-611）
6. 向右拧身90度，身体重心右移成右弓步；同时，双手逆时针旋转向右推掌。（图7-612）
7. 向左拧身，重心移至左腿；同时，双手逆时针向左捋手。（图7-613）
8. 向右拧身90度，身体重心右移成右弓步；同时，双手逆时针旋转向右推掌。（图7-614）
9. 向左拧身，重心移至左腿；同时，双手逆时针向

图7-611

图7-612

左捋手。（图7-615）

    10. 向右拧身90度，身体重心右移成右弓步；同时，双手逆时针旋转向右推掌。（图7-616）

    11. 步法不变，身体左转成左弓步；同时，左手向左摔掌；眼视左手。（图7-617）

    12. 左拧身90度；左手捌手变拳收至左腰处，同时，右手变拳向前打出；眼视右拳。（图7-618）

    13. 右转身90度，提右膝向左踩脚；同时，双手随身向右捋手。（图7-619）

    14. 左拧身90度，跳起向前跌步成右独立步；左手向左捌手，右手向左扶手；眼视前方。（图7-620）

图7-613　　　　　图7-614　　　　　图7-615　　　　　图7-616

图7-617　　　　　图7-618　　　　　图7-619　　　　　图7-620

15. 向右拧身90度，左脚向左上步；同时，双手随身，左手向右扶手，右手向右捯手；眼视左手。（图7-621）
16. 左拧身90度成左弓步；同时，左手捯手变拳收至左腰处，右手变拳向前打出。（图7-622）
17. 向右转身180度；右手随身向右接手。（图7-623）
18. 身体下蹲；右手变捯手收于右胸处，左手变拳随身向前打出。（图7-624）

图7-621　　　　　　　图7-622　　　　　　　图7-623　　　　　　　图7-624

第六式　斜行势

彼出右手击我面，右掤左拳冲肋下。
他若用肘将我挡，滚手拧身斜用肩。

1. 右转身90度，提左膝成右独立步；右拳掤至头顶，左拳收至腹部。（图7-625）
2. 左脚向左落步，左转身180度成傲步；两拳随身向前交叉，向外摔拳。（图7-626）

第七式　玉女穿梭

玉女穿梭往来行，左右合捋不休停。
能打能擒也能跌，任你想脱万不能。

1. 右转身180度；右手向右摔掌与眼平；眼视右掌。

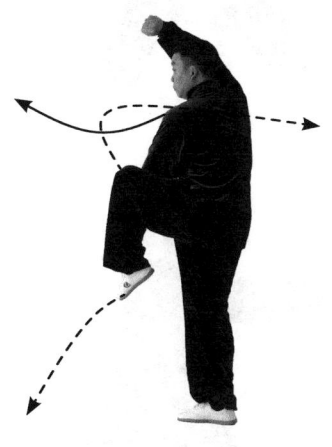 

图7-625　　　　　　　图7-626

（图 7-627）

2. 右拧身 90 度；右手随身捯手变拳收至右肋处，左拳向前打出。（图 7-628）
3. 左拧身 90 度；左拳变捯手收至左胸处，右拳随身向前打出。（图 7-629）
4. 左拧身；左手向左摔掌与眼平；眼视左掌。（图 7-630）
5. 左拧身 90 度；左手随身捯手变拳收至左肋处，右拳向前打出。（图 7-631）
6. 右拧身 90 度；右拳变捯手收至左胸处，左拳随身向前打出（图 7-632）
7. 右拧身，重心右移；右手向右接手，左拳变掌随身向右削掌。（图 7-633）
8. 左回身，重心左移；左手向左接手，右手随身向左削掌。（图 7-634）

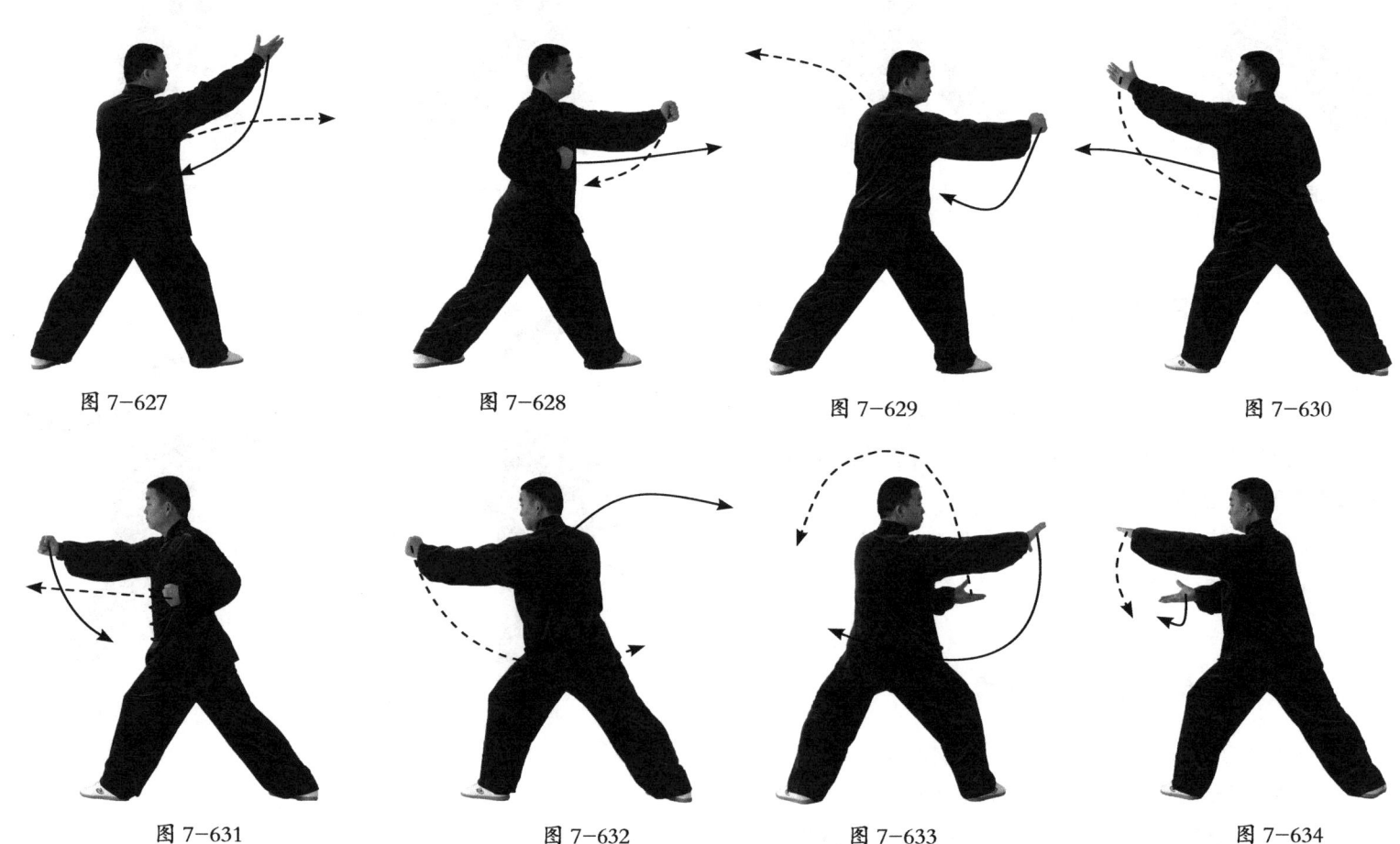

图 7-627　　　　图 7-628　　　　图 7-629　　　　图 7-630

图 7-631　　　　图 7-632　　　　图 7-633　　　　图 7-634

第八式 野马分鬃

捌截彼手左当前，拧身又挎向我怀。

彼若变势抽身走，翻身过海不湿脚。

1. 右手从左肘下接手左手顺时针旋转接手。（图7-635）
2. 右转身90度；双手顺势随身向前抛摔。（图7-636）
3. 抛摔的同时，右脚向后泄步，身体重心移至右腿，左脚微收；左拳收回。（图7-637）
4. 左脚迅速向前促步；同时，左拳向前打出。（图7-638）
5. 左转身90度，提右膝成左独立步；右手随身切掌收至腹部。（图7-639）
6. 步法不变；右手向右摔掌。（图7-640）
7. 步法不变，右手手心朝外收至左肩处。（图7-641）
8. 左脚跳起，转身180度，落右步提左膝成右独立步；右手随身下劈掌落，同时，左手向前切掌。（图7-642）
9. 向前上左步，左拧身90度；左手随身转腕向左捌手，右手向前托拿。（图7-643）
10. 步法不变，右拧身90度；右手随身转腕向右捌手，左手向前托拿。（图7-644）
11. 向前促步，左拧身90度；左手随身转腕向左捌手，右手向前托拿。（图7-645）
12. 步法不变，右拧身90度；右手随身转腕向右捌手，左手向前托拿。（图7-646）
13. 左拧身90度；左手捌手，掌心朝上收至左肋处，右手向前盖顶掌打出。（图7-647）

图7-635　　图7-636

图7-637　　图7-638　　图7-639　　图7-640

图 7-641　　　　　　　图 7-642　　　　　　　图 7-643

图 7-644　　　　图 7-645　　　　图 7-646　　　　图 7-647

第九式　倒撵猴

如我出手被他拿，急忙滚手用解法。

翻手拿缠将他戏，左右反复妙计多。

1. 左脚向后撤一步，身体重心移至左腿；左手里扶立掌至胸前，右手按掌腹前。（图 7-648）
2. 右脚向后撤一步，身体重心移至右腿；右手里扶立掌至胸前，左手按掌腹前。（图 7-649）
3. 左脚向后撤，双脚并步站立。（图 7-650）
4. 右脚向右跨一步；右手向右捯手。（图 7-651）

图 7-648　　　　　　图 7-649　　　　　　图 7-650　　　　　　图 7-651

5. 左脚向右跟步，并步下蹲；左手向右按手，右手捯手变拳。（图 7-652）

6. 步法不变，起身；同时，右拳向上冲拳。（图 7-653）

7. 身体向左转 90 度，右脚向左上步下蹲成马步；同时，右手随身由下向上旋转向左拍掌，左手扶手至右肩。（图 7-654）。

图 7-652　　　　　　图 7-653　　　　　　图 7-654

8. 提右膝成左独立步；同时，右手手心朝外收至左肩处。（图 7-655）
9. 左脚跳起，转身 180 度，落右脚提左膝成右独立步；右手随身下劈掌落，同时，左手向前切掌。（图 7-656）
10. 左脚向左上步；同时，左手逆时针旋转向左掤手，右手顺时针向左拍掌。（图 7-657）
11. 右脚向右上步，身体重心右移；同时，右手顺时针云手略高于肩，左手云手至腹前；眼视右手。（图 7-658）
12. 左脚向右腿后插步；左手逆时针云手略高于肩，右手云手至腹前；眼视左手。（图 7-659）
13. 右转身 90 度，右脚向右跳起，下蹲成左虚步；双手逆时针一周向右按手；眼视左侧。（图 7-660）

图 7-655　　　　　　　图 7-656　　　　　　　图 7-657

图 7-658　　　　　　　图 7-659　　　　　　　图 7-660

第十式　搂手拗进

彼脚踢来我左搂，　拗步右掌怀中求。

翻手右撇进右步，　左踢右打搂右掌。

1. 起身，左脚向左上一步；左手随身放至左胸前；眼视左侧。（图7-661）
2. 右脚向左跳起；同时，左手向左摔掌与眼平；眼视左手。（图7-662）
3. 左转身90度，提右膝成左独立步；同时，左手随身至腹前捌手，右手劈掌。（图7-663）
4. 步法不变；手向右摔掌，眼视右掌。（图7-664）

图7-661　　　　图7-662　　　　图7-663　　　　图7-664

5. 步法不变；右手手心朝外收至左肩处。（图7-665）
6. 向右落右脚，右转身180度，下蹲成坐盘势；同时，右手随身逆时针旋转至头顶，左手按至腹部。（图7-666）
7. 起身，向左踢脚；同时，左手向左抓手。（图7-667）
8. 落左脚，右转身90度；右手随身向右捌手。（图7-668）
9. 身体下蹲；右手变捌手收于右肋处，左拳随身向前打出。（图7-669）
10. 向前提左膝成右独立步；同时，左手扳手收至右胸处，右拳冲拳与嘴平；眼视右拳。（图7-670）
11. 向前上左步；同时，转身捌手。（图7-671）
12. 左转身90度，提右膝成左独立步；向右摔右掌。（图7-672）

13. 右脚向右上步成右弓步；双手逆时针向右推掌。（图 7-673）

14. 步法不变，左手向下旋转变勾手向前绕至右掌外侧。（图 7-674）

15. 身体向左转 180 度；同时，左手随身向左搂手，右掌向前打出。（图 7-675）

图 7-665　　　　图 7-666　　　　图 7-667　　　　图 7-668

图 7-669　　　　图 7-670　　　　图 7-671　　　　图 7-672

图 7-673　　　　　　　　　图 7-674　　　　　　　　　图 7-675

第十一式　珍珠倒卷帘

彼用脚踢我上扳，他若手打我抓拦。

胸怀八卦阴阳理，抓拿闪进连心捶。

1. 右拧身，向前上右步成左独立步；同时，右手向后捌手至头顶，左手向前托手。（图 7-676）
2. 左拧身，向前上右步，提左膝成右独立步；同时，左手向后捌手至头顶，右手向前托手。（图 7-677）
3. 右拧身，向前上右步；同时，右手向后捌手至头顶，左手向前托手。（图 7-678）

图 7-676　　　　　　　　　图 7-677　　　　　　　　　图 7-678

4. 左拧身成拗步；左手双手捯手，右手扶手于胸部。（图 7-679）

5. 步法不变；双手向外推掌；眼视右掌。（图 7-680）

6. 左脚向后撤步，身体重心移至左腿；同时，左手向前屈臂抓手，右手合劲向后。（图 7-681）

7. 右脚向后撤步，身体重心移至右腿；同时，右手向前屈臂抓手，左手合劲向后。（图 7-682）

8. 左脚向后撤步，身体重心移至左腿；同时，左手向前屈臂抓手，右手合劲向后。（图 7-683）

9. 向前上右步；右捯手。（图 7-684）

10. 向前上左步；同时，左手向前摔掌；眼视左掌。（图 7-685）

11. 左转身 90 度；左手向左捯手变拳收至左肋处，右拳向前打出；眼视右拳。（图 7-686）

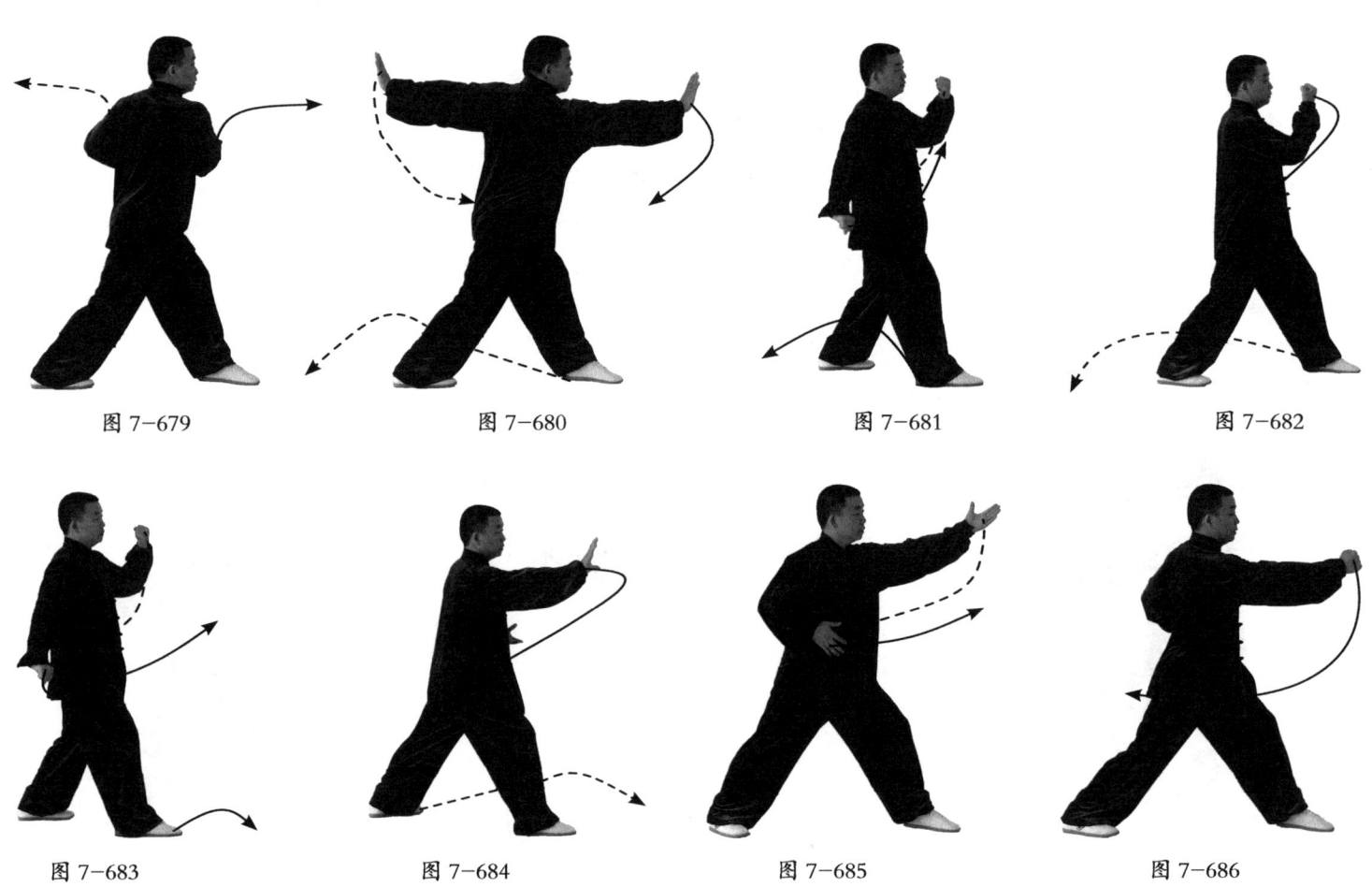

图 7-679　　　　图 7-680　　　　图 7-681　　　　图 7-682

图 7-683　　　　图 7-684　　　　图 7-685　　　　图 7-686

12. 以右腿为轴身体向右旋转90度；同时，两手随身体旋转，右手下按，左手里扶立掌至胸前。（图7-687）
13. 右脚向左，双脚并步，右手向左，双手合掌。（图7-688）
14. 双手顺势下按，手心相对向上举至头部。（图7-689）
15. 身正躯直；双手向下按贴于两腿外侧；两眼平视。（图7-690）

图7-687　　　　　图7-688　　　　　图7-689　　　　　图7-690

第八章　猿仙通背拳推法图解

第一式　拔手平心捶

彼上右步捶击胸，我忙后却左步封。

遂上右步右拳冲，他急却步右拔迎。

1. 甲（蓝方）、乙（黄方）相距1米两脚并步站定，身正躯直；两手贴于两腿外侧；两眼平视。（图8-1）
2. 甲向右上左步，右转身360度，右腿外摆脚。同时，乙左脚向左上一步，向右转身180度，右腿外摆脚。（图8-2）
3. 甲、乙双方震右脚，左脚向前半步下蹲成左虚步。同时，两手经胸前顺时针向前推出，左手立掌微屈，右手立掌放在左屈肘处成小开门势。（图8-3）

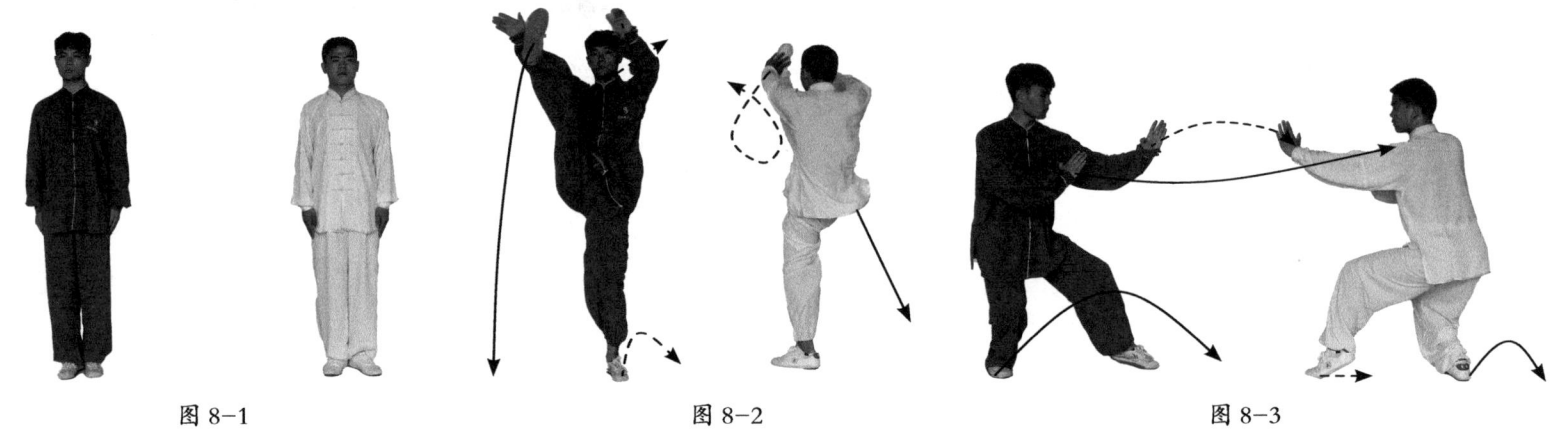

图8-1　　　　　　图8-2　　　　　　图8-3

4. 甲箭步向前上右脚；同时，左掌劈乙左腕，右拳顺势直拳击打乙胸部。乙急向后切步；同时，快速屈左前臂领拦甲右拳。（图8-4）
5. 乙向前上右脚；出右拳击打甲胸部。甲急向后切步；同时，快速屈右前臂领拦乙右拳。（图8-5）

6. 甲上左脚，出左拳击打乙胸部。乙急向后切步；同时，快速屈右前臂领拦甲左拳。（图8-6）

图8-4　　　　　　　　　图8-5　　　　　　　　　图8-6

第二式　捌手耳扒

彼上右拳击我胸，右手拔捌外门迎。

急上左步耳扒打，再上右手扒耳朵。

1. 乙上左脚；出左拳击打甲胸部。甲急向后切步；同时，快速屈左前臂领拦乙左拳。（图8-7）
2. 甲上右步；右手耳扒扇打乙耳部。乙向下委身于甲腋下；同时，左手外绕手按甲左臂。（图8-8）
3. 乙上右脚；出右拳击打甲胸部。甲急向后切步；同时，快速屈右前臂领拦乙右拳。（图8-9）
4. 甲上左步；左手耳扒扇打乙耳部。乙向下委身于甲腋下；同时，右手外绕手按甲左臂。（图8-10）
5. 乙开右步；双手管住甲左臂发力将甲推出。（图8-11）

图8-7　　　　　　　　　　　　图8-8

图 8-9

图 8-10

图 8-11

第三式　金丝缠箭

彼来上手击胸前，右接挒住他手腕。

速上左步按彼肘，他想抽身多费难。

1. 甲、乙双方震右脚，左脚向前半步下蹲成左虚步；同时，两手经胸前顺时针向前推出，左手立掌微屈，右手立掌放在左屈肘处。（图 8-12）
2. 乙上右脚；出右拳击打甲胸部。甲提左步；右手接手，左手扶乙右肘。（图 8-13）
3. 甲向前上右脚成左弓步；同时，右手缠拿乙右腕并拧乙右臂，左手按拿乙右肘。乙成倒弓步。（图 8-14）

图 8-12

图 8-13

图 8-14

第四式 张飞托瓢

我若手肘被人拿，急忙转身用解法。
委身用手托他颚，彼擒我臂自可脱。

1. 乙向左转身180度，换步成坐马步；左手由下从甲两臂之间穿过向上托甲下颚。（图8-15）
2. 甲向后跌步下坐；回手两手拿住乙左手指，用力向下折撇乙左手指。乙顺势跌步下坐成马步；左手向前送。（图8-16）
3. 乙上右步；右手击打甲手臂。（图8-17）
4. 乙击打的同时，回右手用摔掌击打甲面部。甲急用右手掤拦。（图8-18）
5. 甲左直拳击打乙右肋下。乙顺势右拧身，两拳拳心朝上击打甲左臂，左拳在前，右拳在后。（图8-19）
6. 乙顺势左拧身跳起，左脚踢甲裆部。甲泄左步；右手按乙脚面。（图8-20）

图8-15　　　　　　图8-16　　　　　　图8-17

图8-18　　　　　　图8-19　　　　　　图8-20

7. 乙紧跟跳起左拧身，右脚踢甲裆部。甲泄右步；左手按乙脚面。（图 8-21）

8. 甲左脚跳起，右脚踢乙裆部。乙泄右步；左手按甲脚面。（图 8-22）

图 8-21

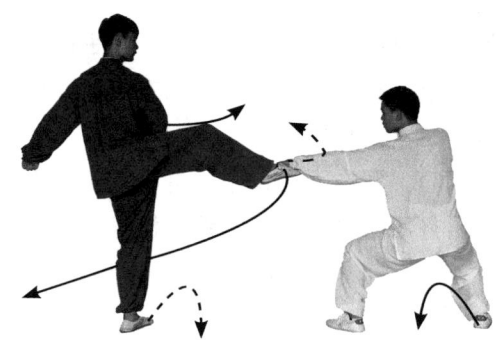
图 8-22

第五式　挑肘推胸

彼来上手将我攻，切步半蹲挑肘封。

速上后步推胸掌，铁身金刚也失衡。

1. 甲、乙双方震右脚，左脚向前半步下蹲成左虚步；同时，两手经胸前顺时针向前推出，左手立掌微屈，右手立掌放在左屈肘处。（图 8-23）

2. 甲向前上右脚；左掌劈乙左腕，右拳击打乙胸部。乙急向后切步；同时，快速屈右前臂领拦甲右拳。（图 8-24）

3. 乙向前上右脚；出右拳击打甲胸部。甲急向后切步；同时，快速屈右前臂领拦乙右拳。（图 8-25）

图 8-23　　　　　　　　图 8-24　　　　　　　　图 8-25

4. 甲顺势上左步；左单边冲拳。乙委身；右手托甲左肘。（图8-26）

5. 乙上左步；右手推甲左肋，同时，双手发力将甲推出。（图8-27）

图8-26

图8-27

第六式　拉马上靠

彼上中拳击我胸，急忙左闪拔捌封。

盖步切喉上下封，用手拉马左步弓。

1. 甲、乙双方震右脚，左脚向前半步下蹲成左虚步；同时，两手经胸前顺时针向前推出，左手立掌微屈，右手立掌放在左屈肘处。（图8-28）

2. 乙箭步向前上右步；左掌劈甲左腕，右拳顺势直拳击打甲胸部。甲左腿向前管住乙前腿；右手接手左手顺势插于乙颈部，左臂向外用力靠乙。（图8-29）

3. 乙急向后抽右腿；右手回挑甲左手，同时左拳击打甲胸部。（图8-30）

图8-28

图8-29

图8-30

4. 甲委身；左手上掤，右拳击打乙肋部。乙后切步；左拳拦打。（图8-31）
5. 甲向前促步；左拳击打乙肋部。乙向后切步；右拳拦打。（图8-32）
6. 甲继续向前促步；右拳击打乙肋部。乙向后切步；左拳拦打。（图8-33）
7. 甲紧跟提跳起，左脚踢乙裆部。乙泄左步；右手按甲脚面。（图8-34）

图8-31

图8-32

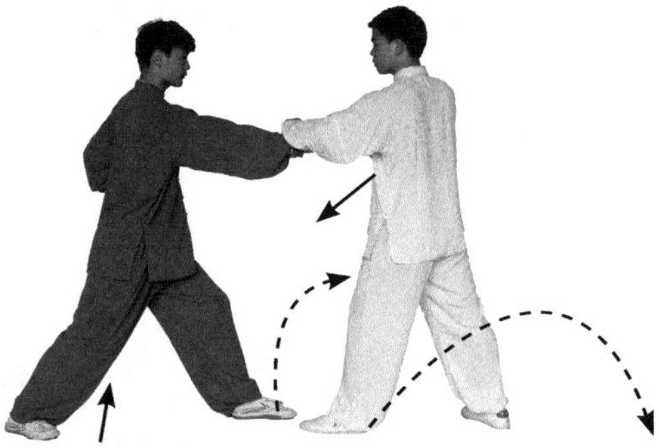

图8-33

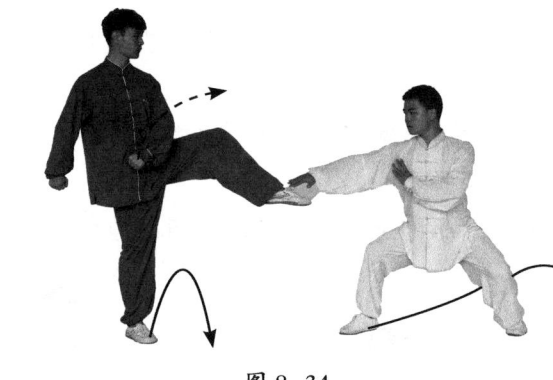

图8-34

第七式　左右缠丝棒

左右缠丝不离胸，缠拿里按人他行。
他用另拳来攻我，挑肘推胸泄步走。

1. 甲、乙双方震右脚，左脚向前半步下蹲成左虚步；同时，两手经胸前顺时针向前推出，左手立掌微屈，右手立掌放在

左屈肘处。（图 8-35）

2. 甲上右步；右拳击打乙。乙迅速换右步在前；双手由外向里反缠拿甲右臂。（图 8-36）

3. 甲上左步；顺势右臂向里屈臂滚翻，左拳击打乙胸部。乙迅速换左步在前；双手由外向里反缠拿甲左臂。（图 8-37）

4. 甲上右步；顺势左臂向里屈臂滚翻，右拳击打乙胸部。乙后切步；同时，快速屈左前臂领拦。（图 8-38）

5. 乙向前上右脚；出右拳击打甲胸部。甲急向后切步；同时，快速屈右前臂领拦乙右拳。（图 8-39）

6. 甲顺势上左步；左单边冲拳。乙委身；右手托甲左肘。（图 8-40）

7. 乙上左步；右手推甲左肋，同时，双手发力将甲推出。（图 8-41）

图 8-35

图 8-36 　　　　图 8-37 　　　　图 8-38

图 8-39 　　　　图 8-40 　　　　图 8-41

第八式　压手盖顶

彼上晃手摆脚冲，我脚迎后打盖顶。
彼用掤手中拳攻，压手耳扒踢脚行。

1. 甲、乙双方震右脚，左脚向前半步下蹲成左虚步；同时，两手经胸前顺时针向前推出，左手立掌微屈，右手立掌放在左屈肘处。（图 8-42）

2. 乙箭步，用右腿摆脚摆甲左腿。甲左腿外摆迎。（图 8-43）

3. 乙右脚向前落步，上左脚成左弓步；同时，左手盖掌击打甲面部。甲左手掤拦。（图 8-44）

4. 甲上右步；用右拳击打乙肋部。乙随机左肘下压甲右拳。（图 8-45）

5. 甲上左步；左手扇打乙脸部。乙委身向甲腋下钻；同时，右手绕按甲右臂。（图 8-46）

6. 乙紧跟跳起，右脚踢甲裆部。甲后切步；左手按乙脚面。（图 8-47）

图 8-42　　　　　　图 8-43　　　　　　图 8-44

图 8-45　　　　　　图 8-46　　　　　　图 8-47

第九式　对心肘

彼上右拳将我冲，左捌右上用肘功。
如他左拳再来上，右捌左上对心肘。

1. 甲、乙双方震右脚，左脚向前半步下蹲成左虚步；同时，两手经胸前顺时针向前推出，左手立掌微屈，右手立掌放在左屈肘处。（图8-48）
2. 甲上右步；左掌劈打乙左手腕，右手盖顶掌击打乙面部。乙左手掤拦。（图8-49）
3. 乙上右步；右肘击打甲胸部。甲泄右步；左手推扶乙右肘。（图8-50）
4. 乙拧身，左脚踢甲裆部。甲泄左步；右手按乙脚面。（图8-51）
5. 乙紧跟跳起，右脚踢甲裆部。甲后切步；左手按乙脚面。（图8-52）

图8-48　　　　　　图8-49　　　　　　图8-50

图8-51　　　　　　图8-52

第十式　滑闪贴身靠

下虚用脚打盖顶，彼用挑肘下推胸。

我急滑闪左右攻，挑肘推胸一溜风。

1. 甲、乙双方震右脚，左脚向前半步下蹲成左虚步；同时，两手经胸前顺时针向前推出，左手立掌微屈，右手立掌放在左屈肘处成小开门势。（图8-53）

2. 乙箭步向前上右脚；同时，左掌劈甲左手腕，右掌盖顶击打甲面部。甲左手上推乙右肘。（图8-54）

3. 甲顺势上右步；右手推乙右胸部。乙左转身滑闪。（图8-55）

4. 乙右回身；左掌盖顶击打甲面部。甲右手上推乙左肘。（图8-56）

5. 甲急上左步；左手推乙胸部。乙右转身，泄右步滑闪。（图8-57）

图8-53　　　　图8-54

图8-55　　　　图8-56　　　　图8-57

6. 乙左转身，上右步；右拳击打甲胸部。甲后切步；左手屈臂领拦。（图8-58）

7. 乙顺势上左步；左单鞭冲甲面部。甲委身；右手托乙左肘部。（图8-59）

8. 甲上左步；左手推乙胸部，同时双手发力将乙推出。（图8-60）

图8-58

图8-59

图8-60

第十一式　左右单推掌

彼上中捶向我闯，我用里迎上顺掌。

一左一右同法上，只是把拳变攻掌。

1. 甲、乙双方震右脚，左脚向前半步下蹲成左虚步；同时，两手经胸前顺时针向前推出，左手立掌微屈，右手立掌放在左屈肘处。（图8-61）

2. 甲上右步；右拳击打乙胸部。乙后切步；屈左臂领拦。（图8-62）

图8-61

图8-62

3. 乙上右步；右拳击打甲胸部。甲后切步；屈右臂领拦。（图8-63）

4. 甲顺势上左步；左单鞭左拳冲乙面部。乙委身；右手托甲肘部。（图8-64）

5. 乙上左步；左手推甲胸部，同时双手发力将甲推出。（图8-65）

图 8-63

图 8-64

图 8-65

第十二式　晃手压肘中捶撩裆脚

彼用中拳上步来，我里上步单掌接。

如他用手肋下攻，摔压中顶四连环。

1. 甲、乙双方震右脚，左脚向前半步下蹲成左虚步；同时，两手经胸前顺时针向前推出，左手立掌微屈，右手立掌放在左屈肘处。（图8-66）

2. 甲上右步；右拳击打乙胸部。乙换右步在前；左手接手右手里捯。（图8-67）

3. 乙步法不变；顺势右手摔击甲面部。甲回右手掤拦。（图8-68）

图 8-66

图 8-67

图 8-68

4. 甲上左步；左拳击打乙肋部。乙急用右肘下压甲左拳。（图 8-69）

5. 乙右拧身；左肘下压，同时，左拳反背拳击打甲右臂。（图 8-70）

6. 乙顺势左脚跳起，右脚踢甲裆部。甲后切步；左手拦按乙脚面。（图 8-71）

图 8-69　　　　　　　　　　图 8-70

图 8-71

第十三式　反擒拿

对方中拳顺步打，我用缠丝将他拿。

如若对方反缠我，屈肘破法后撩裆。

1. 甲、乙双方震右脚，左脚向前半步下蹲成左虚步；同时，两手经胸前顺时针向前推出，左手立掌微屈，右手立掌放在左屈肘处。（图 8-72）

2. 乙上右步；右拳击打甲胸部。甲提左步；右手接左手拿乙右手臂。（图 8-73）

3. 甲两手合劲缠拿拧乙右手臂。乙身体下沉；用手臂向里滚手。（图 8-74）

4. 乙右拧身，上左步；顺势反擒拿住甲左手臂。（图 8-75）

5. 甲提右腿踢乙肋部；屈右臂向里滚臂解脱。乙后切步；左手拦按甲脚面。（图 8-76）

图 8-72　　　　图 8-73　　　　图 8-74

图 8-75　　　　图 8-76

第十四式　迎门摆脚

我用盖顶压手打，对方切步用摆脚。

我忙跳起踢脚连，彼用切步按手接。

1. 甲、乙双方震右脚，左脚向前半步下蹲成左虚步；同时，两手经胸前顺时针向前推出，左手立掌微屈，右手立掌放在左屈肘处。（图 8-77）

2. 甲跌步上右步；右手盖顶掌击打乙面部，乙左手掤拦。（图 8-78）

3. 乙起右腿摆脚击打甲右腿臁骨。甲提右膝躲开。（图 8-79）

4. 甲顺势右拧身跳起，左脚踢乙裆部。乙向后切步；右手拦按甲脚面。（图 8-80）

5. 甲、乙双方震右脚，左脚向前半步下蹲成左虚步；同时，两手经胸前顺时针向前推出，左手立掌微屈，右手立掌放在左屈肘处。（图 8-81）

6. 乙上右步；右拳击打甲胸部。甲后切步；屈左臂领拦。（图 8-82）

7. 甲上右步；右拳击打乙胸部。乙后切步；屈右臂领拦。（图 8-83）

8. 乙顺势上左步；左单鞭左拳冲甲面部。甲委身；右手托乙肘部。（图 8-84）

9. 甲上左步；左手推乙胸部，同时两手发力将乙推出。（图 8-85）

图 8-77　　　　　　　图 8-78　　　　　　　图 8-79

图 8-80　　　　　　　图 8-81　　　　　　　图 8-82

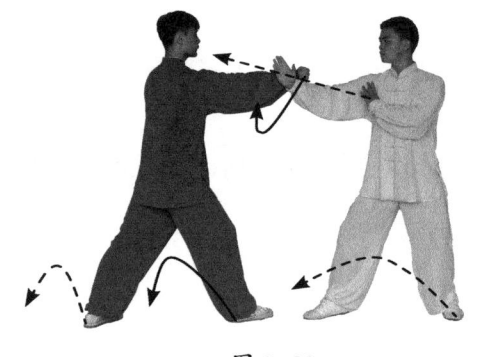
图 8-83

图 8-84

图 8-85

第十五式　摇山劈拳

冲天一炮外摆飞，使起摇山肋下捶。

对方通袖来阻挡，我忙泄步按脚追。

1. 甲、乙双方震右脚，左脚向前半步下蹲成左虚步；同时，两手经胸前顺时针向前推出，左手立掌微屈，右手立掌放在左屈肘处。（图 8-86）

2. 甲右腿外摆脚；两手相叠，左手在上，与脚反方向由外向里击打脚面。同时，乙向右转身 180 度，同甲一样做右腿外摆脚动作。（图 8-87）

3. 甲、乙双方向右前落脚成右弓步冲天炮势。（图 8-88）

图 8-86

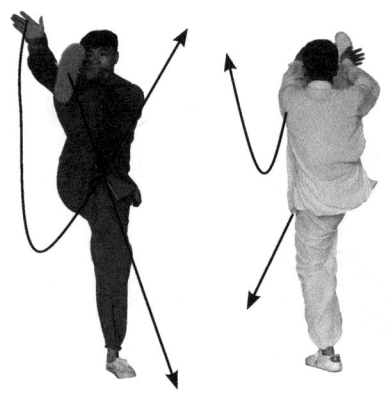
图 8-87

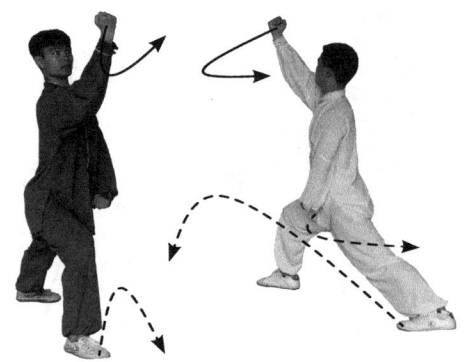
图 8-88

4. 甲、乙双方左拧身收右脚，左脚在前下蹲成拗虚步；屈右肘，左拳后摆。（图 8-89）
5. 甲跌步向前上右步；右拳摔打乙肋部。乙右拧身；右拳劈截，同时左拳击打甲右臂。（图 8-90）
6. 乙左脚跳起，右脚踢甲肋部。甲泄右步；左手拦按乙脚面。（图 8-91）

图 8-89

图 8-90　　　　　　　　　　图 8-91

第十六式　三打金刚步下忙

我上中捶他挑推，转身再上二次捶。

他用盖顶击我胸，一掤二进连三捶。

1. 乙上右步；右拳击打甲。甲后切步；屈左臂领拦。（图 8-92）
2. 甲上右步；右手盖顶掌击打乙面部。乙左手掤拦。（图 8-93）
3. 乙委身开左步；左拳击打甲胸部。甲后切步；左拳截打。（图 8-94）
4. 乙向前促步；右拳击打甲腹部。甲后切步；右拳截打。（图 8-95）

5. 乙继续向前促步；右拳击打甲腹部。甲后却步；左拳截打。（图 8-96）

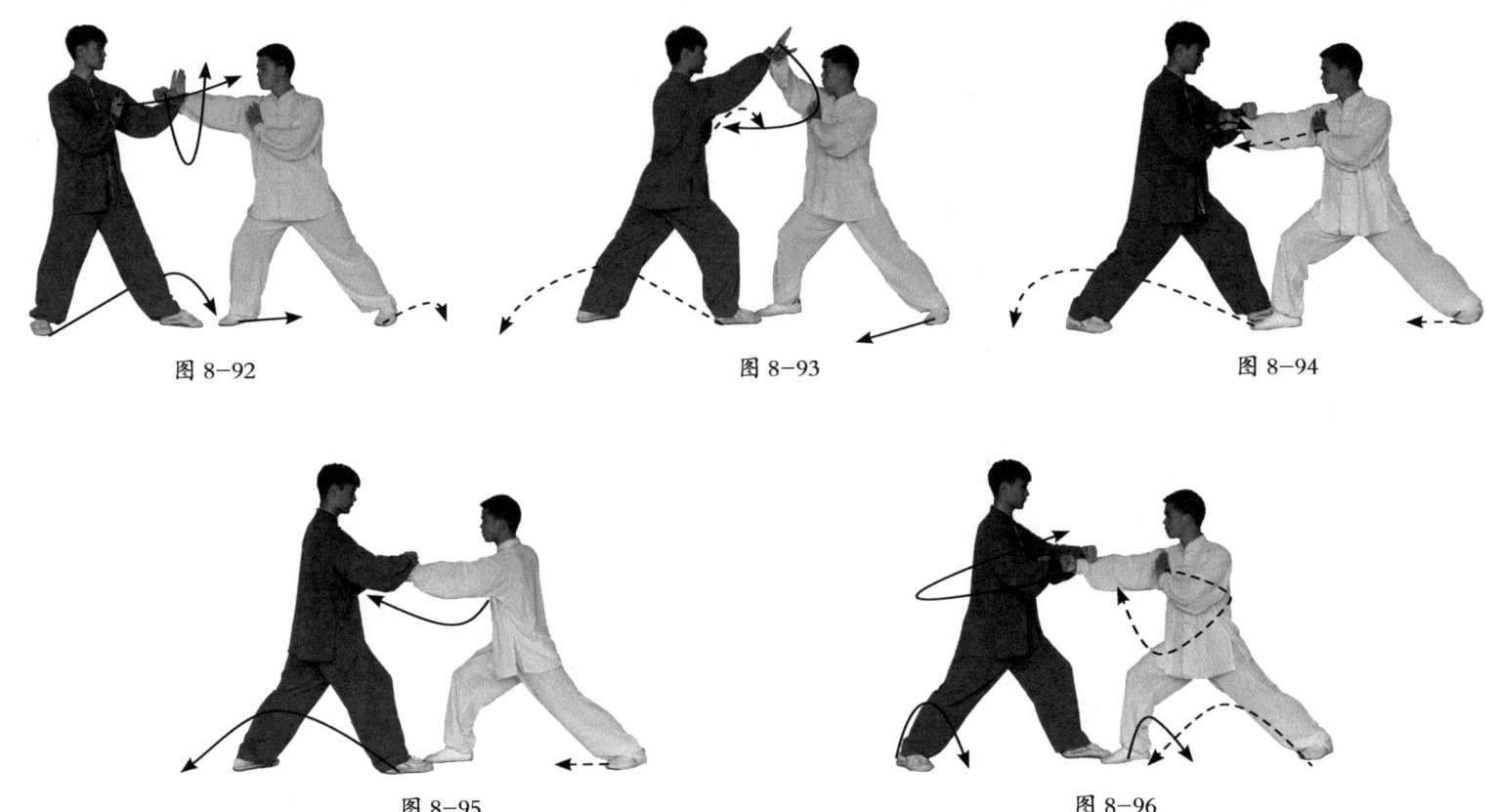

图 8-92　　　　　　　图 8-93　　　　　　　图 8-94

图 8-95　　　　　　　图 8-96

第十七式　　上步急三掌三打三盖顶

彼上平拳缠丝封，紧连压手打盖顶。

彼挑上步急三掌，我拎退步三盖顶。

1. 甲、乙双方震右脚，左脚向前半步下蹲成左虚步；同时，两手经胸前顺时针向前推出，左手立掌微屈，右手立掌放在左屈肘处。（图 8-97）

2. 乙上右步；右拳击打甲胸部。甲迅速上右步；左手接手，双手由外向里反缠拿乙左臂。（图 8-98）

3. 乙上右步；顺势右臂向里屈臂外滚解脱，同时，右拳击打甲胸部。甲迅速换步左步在前；左手接手，双手由外向里反缠拿乙左臂。（图 8-99）

4. 乙上右步；顺势左手向里屈臂外翻滚解脱，右盖顶掌击打甲面部。甲左手掤拦。（图 8-100）

5. 甲委身向前促步；右掌砍掌击打乙胸部。乙后切步；同时，左掌击打甲面部。（图 8-101）

6. 甲向前促步；右手屈臂领拦，左掌砍乙胸部。乙后切步；右掌击打甲面部。（图 8-102）

7. 甲继续委身向前促步；右掌砍击打乙胸部。乙后切步；左掌击打甲面部。（图 8-103）

图 8-97

图 8-98 　　　　　　　图 8-99 　　　　　　　图 8-100

图 8-101 　　　　　　　图 8-102 　　　　　　　图 8-103

第十八式 双峰贯耳

他上平捶单耳封，又用双手推怀中。
我忙退步坐马桩，栽手炮上双耳风。

1. 甲、乙双方震右脚，左脚向前半步下蹲成左虚步；同时，两手经胸前顺时针向前推出，左手立掌微屈，右手立掌放在左屈肘处。（图 8-104）

2. 甲向前上右脚；右拳击打乙胸部。乙动左步；左手向右用力扶推甲右肘。（图 8-105）

3. 乙上右步；同时，上右手，双手发力推甲腰背。甲顺势借力左转身360度。（图 8-106）

4. 甲、乙双方震右脚，左脚向前半步下蹲成左虚步；同时，两手经胸前顺时针向前推出，左手立掌微屈，右手立掌放在左屈肘处。（图 8-107）

5. 乙上右步；右手耳扒扇打甲耳部。甲左手掤拦。（图 8-108）

6. 甲上左步；同时，双手推乙胸部。乙回身；右手搅拦甲推胸掌。（图 8-109）

7. 乙回身，向左跌步成坐马步；右手搅揽，两臂弯曲，两拳向上举起。甲两手向外绕变拳收至腰间。（图 8-110）

8. 甲向前垫步；双拳击打乙胸部。乙双拳向下按截。（图 8-111）

9. 甲步法不变；双手顺势击打乙两耳。乙急用双手领拦。（图 8-112）

10. 乙在拦的同时双掌迅速推甲胸部，发力将甲推出。（图 8-113）

图 8-104

图 8-105

图 8-106

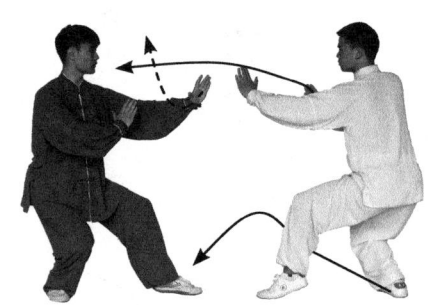

图 8-107

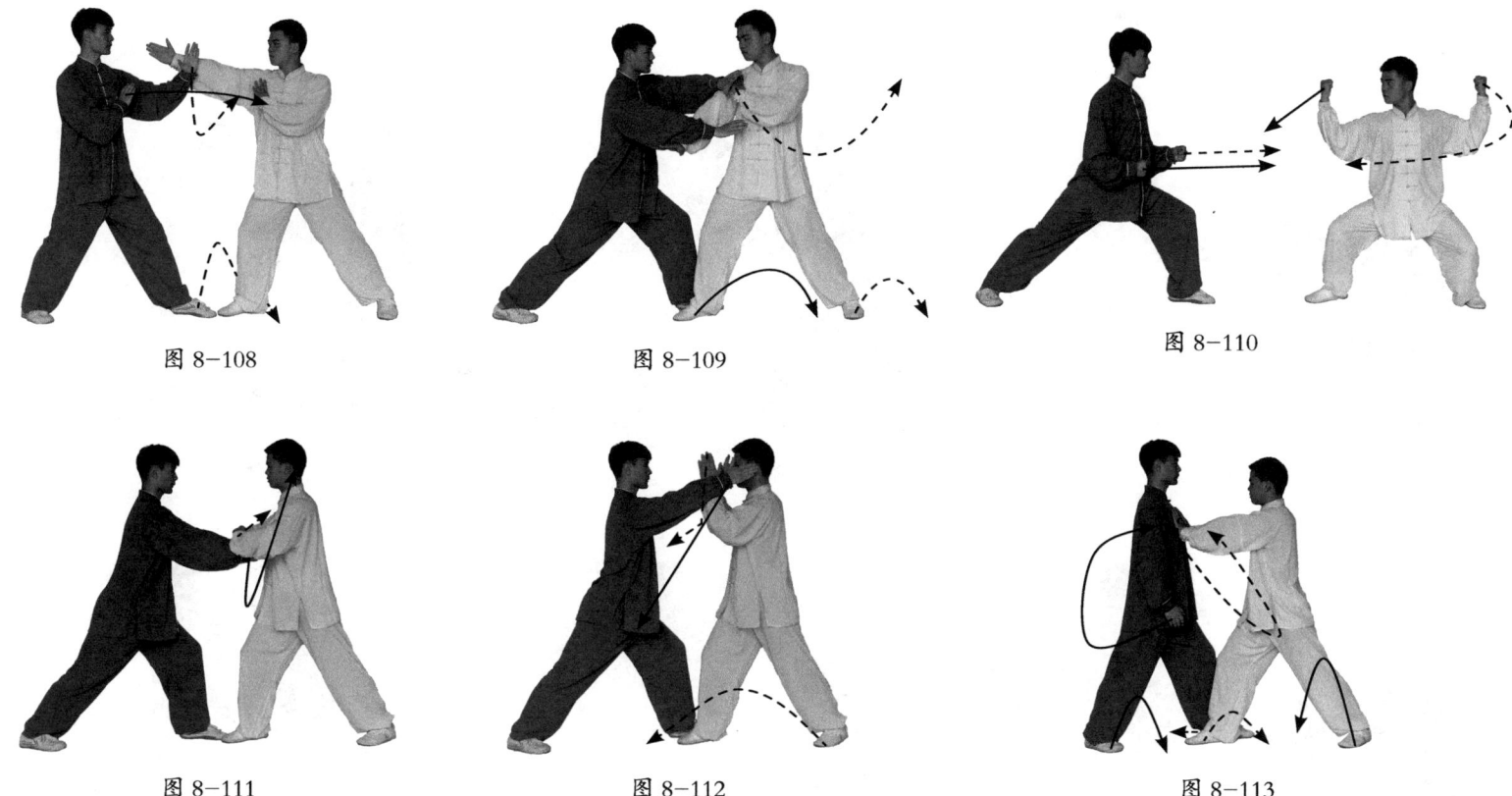

图 8-108　　　　　　　图 8-109　　　　　　　图 8-110

图 8-111　　　　　　　图 8-112　　　　　　　图 8-113

第十九式　通袖撩裆脚

左右缠丝封，滚手取肋中。

压肘通袖腿，撒手泄步推。

1. 甲、乙双方震右脚，左脚向前半步下蹲成左虚步；同时，两手经胸前顺时针向前推出，左手立掌微屈，右手立掌放在左屈肘处。（图 8-114）

2. 甲上右步；右拳击打乙胸部。乙迅速上右步；左手接手，双手由外向里反缠拿甲右臂。（图 8-115）

3. 甲上左步；右手向里屈臂外翻滚解脱，左拳击打乙胸部。乙右拧身；右拳劈截，左拳翻拳击打甲左臂。（图 8-116）

4. 乙迅速右拧身，右脚跳起，左脚踢甲裆部。甲泄步；左手拦按乙脚面。（图 8-117）

5. 乙上右步；右拳击打甲胸部。甲后切步委身；左手托乙左肘。（图 8-118）

6. 甲迅速上右步；右手推乙胸部，双手发力将乙推出。（图 8-119）

图 8-114　　　　　图 8-115　　　　　图 8-116

图 8-117　　　　　图 8-118　　　　　图 8-119

第二十式　箭步撩裆脚

彼用虚步招我上，一踩二踢腿和裆。

彼按我脚二次攻，一来一去打盖顶。

1. 甲、乙双方震右脚，左脚向前半步下蹲成左虚步；同时，两手经胸前顺时针向前推出，左手立掌微屈，右手立掌放在左屈肘处。（图 8-120）

2. 甲箭步，右脚跳起，左脚踢乙裆部。乙后切步；左手按甲脚面。（图 8-121）

3.甲向前上右步；右手盖顶掌击打乙面部。乙泄右步；左手托举甲右肘。（图8-122）

4.乙迅速上右步；右手推甲胸部。甲向左回身滑闪。（图8-123）

5.甲向右回身；左手盖顶掌击打乙面部。乙后切步；右手捌拦甲左手。（图8-124）

6.甲迅速左脚跳起，右脚踢乙裆部。乙后切步；右手拦按甲脚面。（图8-125）

7.甲右拧身跳起，左脚踢乙裆部。乙泄步；左手拦按甲脚面。（图8-126）

图 8-120

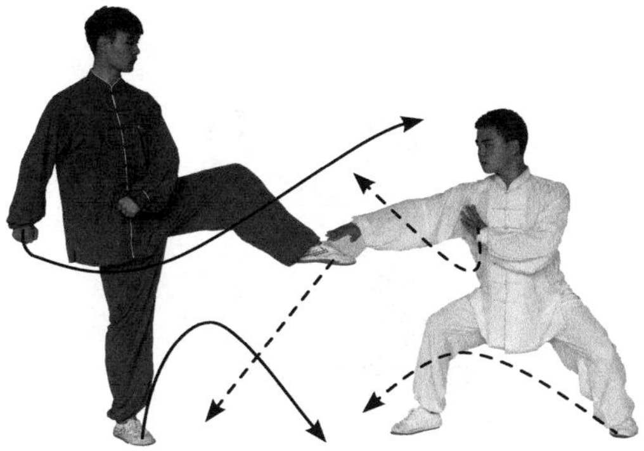

图 8-121

图 8-122

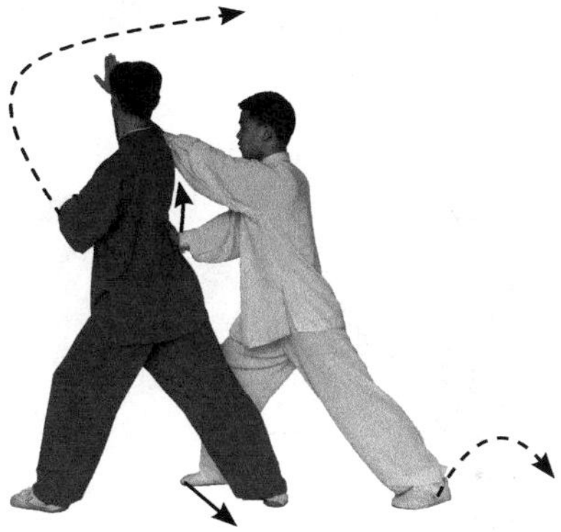

图 8-123

图 8-124

图 8-125

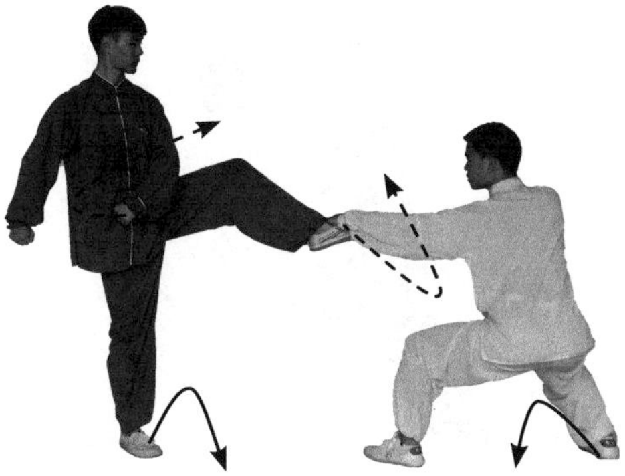

图 8-126

第二十一式　踢臁摆脚迎

彼用摆脚踢我臁，我用前脚外侧迎。
然后跌步双拍掌，彼推我用提膝封。

1. 甲、乙双方震右脚，左脚向前半步下蹲成左虚步；同时，两手经胸前顺时针向前推出，左手立掌微屈，右手立掌放在左屈肘处。（图8-127）
2. 甲箭步上右脚，用脚底摆乙左腿臁骨。乙提左腿用左脚外侧迎拦。（图8-128）
3. 甲跌步上左脚；同时，双手拍打乙两耳。乙举起双手拦挡。（图8-129）
4. 甲顺势上右脚；双手推乙胸部。乙左腿泄步。（图8-130）
5. 甲退步的同时，提左膝顶乙小腹。乙顺势双手拦按。（图8-131）
6. 甲顺势跳起，用右脚踢乙裆部。乙泄左步；右手按甲脚面。（图8-132）

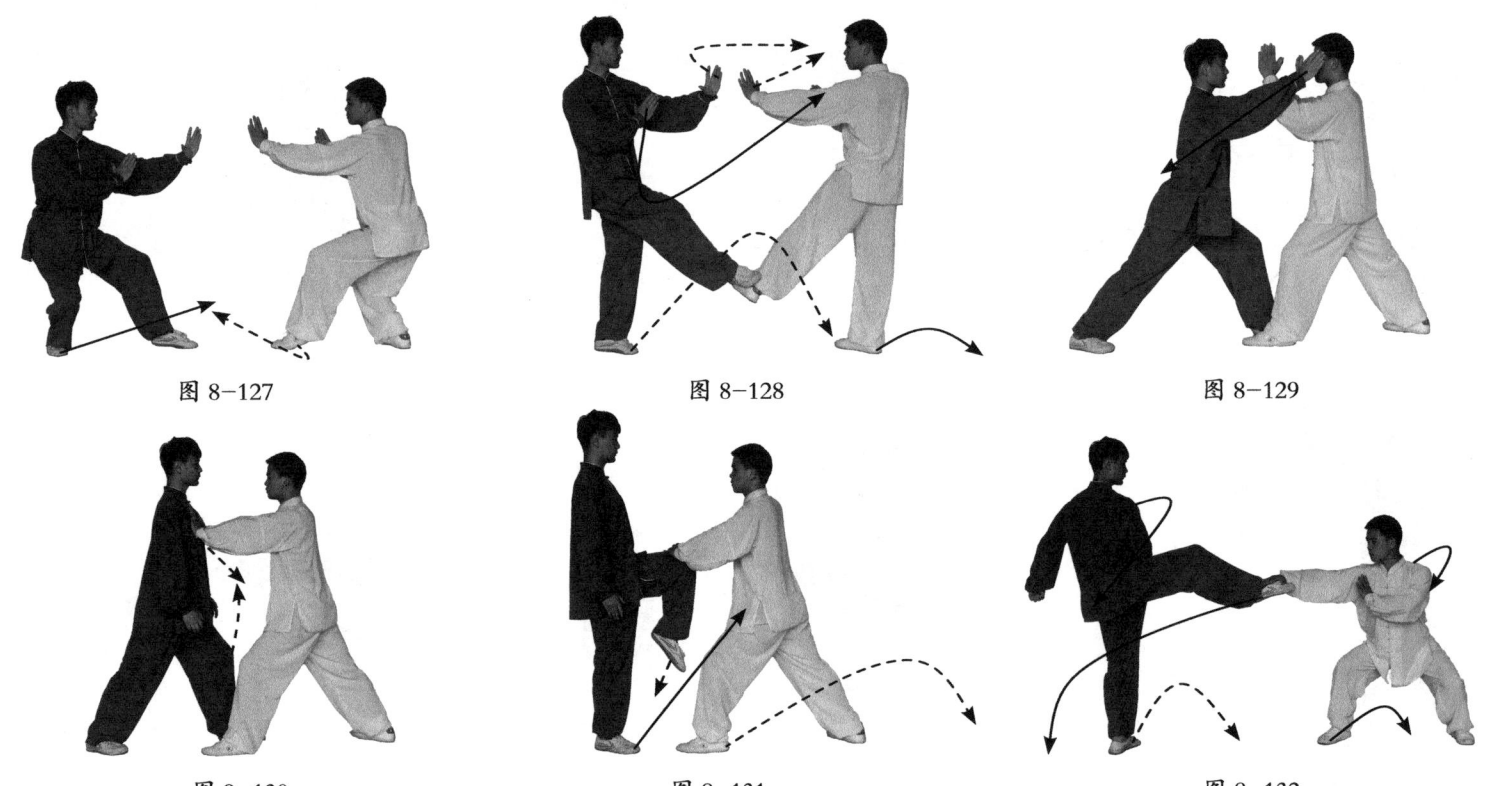

图8-127　　　　　图8-128　　　　　图8-129

图8-130　　　　　图8-131　　　　　图8-132

第二十二式　梅花双掌

彼若上手攻我胸，我忙上步去摔掌。

他若有拦左右上，通袖撩裆彼慌忙。

1. 甲、乙双方震右脚，左脚向前半步下蹲成左虚步。同时，两手经胸前顺时针向前推出，左手立掌微屈，右手立掌放在左屈肘处。（图8-133）

2. 甲箭步向前上右脚；同时，左掌劈乙左腕，右拳顺势直拳击打乙胸部。乙急向后切步；同时，快速屈左前臂领拦甲右拳。（图8-134）

3. 乙向前上右脚；出右拳击打甲胸部。甲急向后切步；同时，快速屈右前臂领拦乙右拳。（图8-135）

4. 甲在拦的同时换左步在前；摔左掌击打乙面部。乙步法不变；左手掤拦。（图8-136）

5. 甲换右步在前，左捯手，右手掌摔掌击打乙面部。乙急换左步在前；右手掤拦，左拳击打甲肋部。（图8-137）

6. 甲右拧身；右拳劈截，左拳翻砸击打乙左臂。（图8-138）

图8-133　　　　　　　图8-134　　　　　　　图8-135

图8-136　　　　　　　图8-137　　　　　　　图8-138

7. 甲跳起，左脚踢乙裆部。乙泄左步；右手拦按甲脚面。（图 8-139）

8. 甲上右步；右拳击打乙胸部。乙后切步；左手掤拦。（图 8-140）

9. 乙顺势上左步；双手发力推甲胸部将甲推出。（图 8-141）

图 8-139

图 8-140

图 8-141

第二十三式　移步单跺脚

他用中捶击我胸，一来一去用法同。

他若右手二次来，左闪右拎跺脚攻。

1. 甲、乙双方震右脚，左脚向前半步下蹲成左虚步；同时，两手经胸前顺时针向前推出，左手立掌微屈，右手立掌放在左屈肘处。（图 8-142）

2. 甲上右步；右拳击打乙胸部。乙后切步；左手领拦。（图 8-143）

3. 乙上右步；右拳击打甲胸部。甲后切步；右手领拦。（图 8-144）

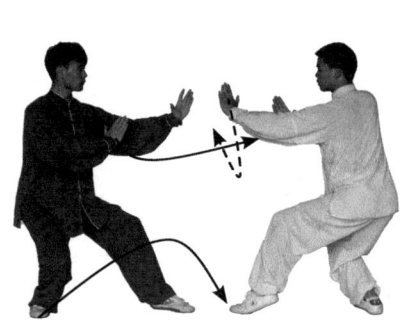
图 8-142

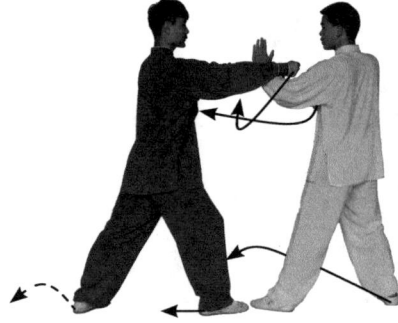
图 8-143

图 8-144

4. 甲顺势上左脚踹乙胸部。乙急泄右步；同时，左手搂甲小腿部。（图8-145）

5. 甲上右步；右拳冲乙胸部。乙后切步委身；左手托甲肘部。（图8-146）

6. 乙迅速上右步；右手推甲胸部，双手发力将乙推出。（图8-147）

图8-145　　　　　　　　　图8-146　　　　　　　　　图8-147

第二十四式　泰山压顶千金捶

彼来上手泄步走，紧跟上步千金捶。
他蹲下势将我闪，腾空踢我撩裆脚。

1. 甲、乙双方震右脚，左脚向前半步下蹲成左虚步。同时，两手经胸前顺时针向前推出，左手立掌微屈，右手立掌放在左屈肘处。（图8-148）

2. 甲向前上右步；右拳击打乙胸部。乙左手向左推甲肘部。（图8-149）

3. 乙上右步；同时，上右手，双手发力推甲腰背。甲顺势借力左转身360度。（图8-150）

4. 甲后切步，委身下蹲；两手后摆。乙上左脚；两臂右摆做进攻势。（图8-151）

5. 乙跌步上右脚；右拳砸甲头部。甲向左移左步，身体向左滑闪躲开乙右拳。（图8-152）

6. 甲在闪的同时起身提右膝，右脚踢乙裆部。乙泄右步；左手拦按甲脚面。（图8-153）

7. 甲上左步；左拳冲乙胸部。乙后切步委身；右手掤拦甲左臂。（图8-154）

8. 乙迅速上左步；左手推甲胸部，双手发力将甲推出。（图8-155）

图 8-148　　　　　图 8-149　　　　　图 8-150

图 8-151　　　　　图 8-152　　　　　图 8-153

图 8-154　　　　　　　　图 8-155

第二十五式 拎手摔掌背手取眼中

彼来上手拎手封，急上右步摔晃手。

他再攻来闯肋下，泄步左截取眼中。

1. 甲、乙双方震右脚，左脚向前半步下蹲成左虚步；同时，两手经胸前顺时针向前推出，左手立掌微屈，右手立掌放在左屈肘。（图8-156）

2. 乙上右步；右拳击打甲。甲后切步；屈左臂领拦。（图8-157）

3. 甲在拦的同时换左步在前；摔左掌击打乙面部。乙步法不变；左手掤拦。（图8-158）

4. 甲急换右步当前；左捌手右摔掌击打乙面部。乙换左步当前；右手掤拦，左拳击打甲肋部。（图8-159）

5. 甲在拦的同时，迅速右拧身；左拳反背拳击打甲右臂。（图8-160）

6. 甲顺势跳起，左脚踢乙裆部。乙泄左步；右手拦按甲脚面。（图8-161）

图 8-156　　　　　图 8-157　　　　　图 8-158

图 8-159　　　　　图 8-160　　　　　图 8-161

7. 甲上右步；左掌劈乙左手腕，右拳冲乙胸部。乙后切步委身；左手托甲右肘。（图8-162）

8. 乙顺势上右步；右手推甲胸部，双手发力将甲推出。（图8-163）

图 8-162

图 8-163

第二十六式　拎手连三捶

彼上中捶左手拎，急三捶快打如风。

他忙退步用手封，谨防对手踢裆中。

1. 甲、乙双方震右脚，左脚向前半步下蹲成左虚步；同时，两手经胸前顺时针向前推出，左手立掌微屈，右手立掌放在左屈肘处。（图8-164）

2. 甲上右步；右拳击打乙胸部。乙左手掤拦。（图8-165）

3. 乙开左步；左拳击打甲腹部。甲右拳下砸拦截。（图8-166）

图 8-164　　　　　　　　图 8-165　　　　　　　　图 8-166

4. 乙向前促步；右拳击打甲腹部。甲后切步；左拳下砸拦截。（图 8-167）

5. 乙继续向前促步；左拳击打甲腹部。甲急后切步；右拳下砸拦截。（图 8-168）

图 8-167

图 8-168

第二十七式　转身二起脚

我若上步盖顶打，他用挑肘推胸法。

我忙贴身向后滑，转身飞踢二起脚。

1. 甲、乙双方震右脚，左脚向前半步下蹲成左虚步。同时，两手经胸前顺时针向前推出，左手立掌微屈，右手立掌放在左屈肘处。（图 8-169）

2. 乙上右步；右手盖顶击打甲面部。甲左手推乙右肘部。（图 8-170）

图 8-169

图 8-170

3. 甲上右步；右手推乙胸部。乙左回身滑闪。（图 8-171）

4. 乙泄右步，右拧身，左脚踢甲肋部。甲泄右步；左手拦按乙脚面。（图 8-172）

图 8-171

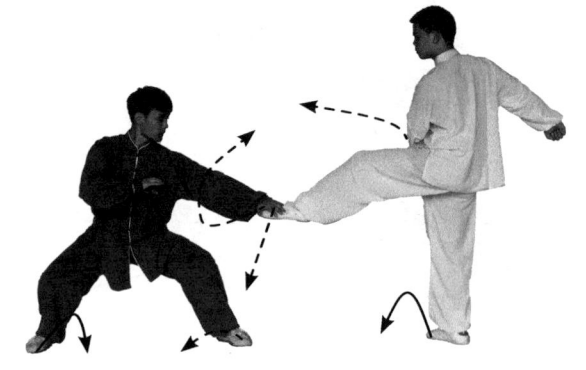

图 8-172

第二十八式　挂腿脚

我若上步打盖顶，敌忙救护推我胸。

转身后滑右挂起，他用踢脚聊阴中。

1. 甲、乙双方震右脚，左脚向前半步下蹲成左虚步；同时，两手经胸前顺时针向前推出，左手立掌微屈，右手立掌放在左屈肘处。（图 8-173）

2. 甲上右步；右手盖顶击打乙面部。乙委身；左手推甲右肘部。（图 8-174）

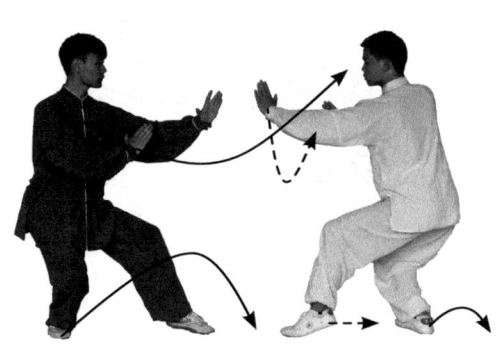

图 8-173

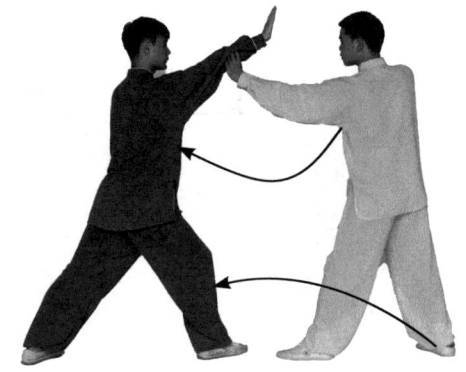

图 8-174

3. 乙顺势上右步；右手推甲胸部。甲后切身。（图 8-175）

4. 甲上左脚，用左脚挂乙右腿。乙提右腿躲开。（图 8-176）

图 8-175

图 8-176

第二十九式　连环脚

他用捶打我却迎，他起左脚彼臁疼。

他用右手攻按我，我用右脚踢裆中。

1. 甲、乙双方震右脚，左脚向前半步下蹲成左虚步；同时，两手经胸前顺时针向前推出，左手立掌微屈，右手立掌放在左屈肘处。（图 8-177）

2. 甲上右步；右拳击打乙胸部。乙迅速上右步；左手接手，双手由外向里反缠拿甲右臂。（图 8-178）

3. 甲上左步；左拳击打乙胸部。乙右拧身，右劈拳、左拳翻砸击打甲左臂。（图 8-179）

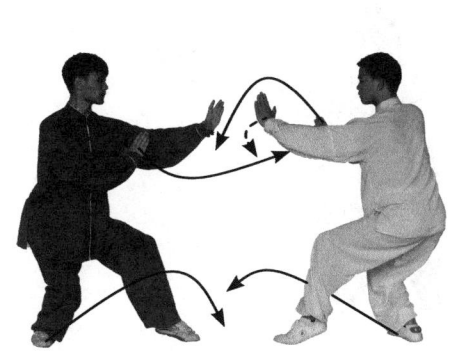

图 8-177

图 8-178

图 8-179

4. 乙迅速右拧身，右脚跳起，左脚踢甲裆部。甲后切步；左手拦按乙脚面。（图8-180）

5. 甲、乙双方震右脚，左脚向前半步下蹲成左虚步；同时，两手经胸前顺时针向前推出，左手立掌微屈，右手立掌放在左屈肘处。（图8-181）

6. 乙上右步；右拳击打甲胸部。甲左手领拦，同时，起右腿摆乙右臁骨。乙后却步躲开。（图8-182）

7. 甲在摆脚的同时迅速跳起左脚踢乙裆部。乙泄右步；左手拦按甲脚面。（图8-183）

8. 甲上右步；右拳击打乙胸部。乙后切步；左手掤拦。（图8-184）

9. 乙开左步；左拳击打甲腹部。甲右拳下砸拦截。（图8-185）

10. 乙向前促步；右拳击打甲腹部。甲后切步；左拳下砸拦截。（图8-186）

11. 乙继续向前促步；左拳击打甲腹部。甲急后切步；右拳下砸拦截。（图8-187）

图8-180　　　　　图8-181　　　　　图8-182

图8-183　　　　　图8-184　　　　　图8-185

图 8-186

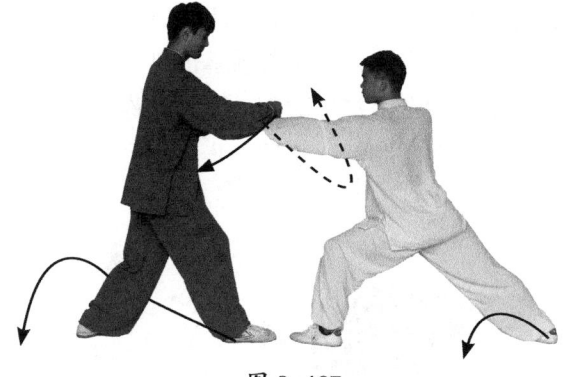

图 8-187

第三十式　移步双跺脚

我上盖顶将彼攻，彼左拦手上右拳。

我急左闪用右跺，他又攻我使左脚。

1. 甲、乙双方震右脚，左脚向前半步下蹲成左虚步；同时，两手经胸前顺时针向前推出，左手立掌微屈，右手立掌放在左屈肘处。（图 8-188）

2. 甲箭步右步当先；右手盖顶掌击打乙面部。乙左手掤拦。（图 8-189）

3. 乙上右步；右拳击打甲胸部。甲向左跨左步；右手回拦。（图 8-190）

图 8-188

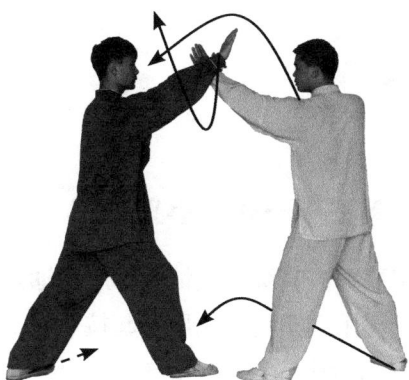

图 8-189

图 8-190

4. 甲起右腿侧踹乙肋部。乙后切步；右手向外搂甲右腿。（图 8-191）
5. 甲跌步，左步当先；左手盖顶掌击打乙面部。乙右手掤拦。（图 8-192）
6. 乙上左步；左拳击打甲胸部。甲向右跨右步；左手回拦。（图 8-193）
7. 甲起左腿侧踹乙肋部。乙后切步；左手向外搂甲右腿。（图 8-194）

图 8-191　　　　　　　　　图 8-192

图 8-193　　　　　　　　　图 8-194

第三十一式　小鬼蹬脚

他用平拳击我胸，我忙后却顺步通。
紧接再用右摆腿，他用二起按手封。

1. 乙上右步；右拳击打甲胸部。甲后切步；左手领拦。（图 8-195）
2. 甲起右腿扫摆乙右腿。乙提腿躲开。（图 8-196）

3. 甲在扫摆腿的同时迅速跳起，左脚踢乙裆部。乙后切步；右手拦按甲脚面。（图 8-197）

图 8-195

图 8-196

图 8-197

第三十二式　左右双晃直入拳

他上中拳击我胸，一拔二摔面门迎。
紧连促步右左拳，再用右掌入怀中。

1. 甲、乙双方震右脚，左脚向前半步下蹲成左虚步；同时，两手经胸前顺时针向前推出，左手立掌微屈，右手立掌放在左屈肘处。（图 8-198）

2. 甲上右步；右拳击打乙胸部。乙上右步；左手接手，右手捋手。（图 8-199）

3. 乙迅速回右手摔掌击打甲面部。甲迅速回右手掤拦。（图 8-200）

4. 甲上左步；右手捌乙右手，左手摔掌击打乙面部。乙迅速左手掤拦，右拳击打甲肋部。（图 8-201）

5. 乙顺势右拳击打甲肋部。甲左拧身；左手劈拳，右拳翻砸乙右臂。（图 8-202）

6. 甲顺势跳起，右脚踢乙裆部。乙泄右步；左手拦按甲脚面。（图 8-203）

7. 乙上右步；右拳击打甲胸部。甲换左步在前；左手领拦。（图 8-204）

8. 甲迅速上左步；右手推乙胸部，同时两手发力将乙推出。（图 8-205）

9. 甲、乙双方震右脚，左脚向前半步下蹲成左虚步；同时，两手经胸前顺时针向前推出，左手立掌微屈，右手立掌放在左屈肘处。（图 8-206）

10. 甲动右脚并步站立。乙上右步，转身180度，并步站立。（图 8-207）

图 8-198

图 8-199　　　　　　　　图 8-200　　　　　　　　图 8-201

图 8-202　　　　　　　　图 8-203　　　　　　　　图 8-204

图 8-205　　　　　　　　图 8-206　　　　　　　　图 8-207

第九章　猿仙通背剑二十一式图解

第一式　童子献佛

1. 两脚并步站立，身正躯直；左手拿剑，剑尖朝上，右手五指并拢贴于身体右侧；目视前方。（图 9-1）
2. 左脚向前上步，右脚跟进放在左腿弯处，身体下坐；双手向前划弧捧于胸前。（图 9-2）
3. 右脚向后回到原地，左脚跟进，双脚并步站立；同时，双手下按上举，掌心相对。（图 9-3）

图 9-1　　　　　图 9-2　　　　　图 9-3

第二式　跨虎势

1. 身体不动；双手下按于身体两侧。（图 9-4）
2. 提右膝；双手交叉掌心朝里放于胸前，右手在外侧。（图 9-5）
3. 右脚向右开步，身体下坐成马步；同时，双手向两侧推出。（图 9-6）
4. 提右脚；右手云手，左手放在右腋下。（图 9-7）

5. 落右脚，双脚与肩同宽站立；两手同时顺时针旋转，左手180度掌心朝下，右手至左臂腋下。（图9-8）

6. 提左膝；右手向前推出，左手向后打开；同时，摆头向左看。（图9-9）

7. 身体不变，落左脚前脚掌在右脚弓处，下蹲，左脚虚步。（图9-10）

图9-4　　　　图9-5　　　　图9-6

图9-7　　　　图9-8　　　　图9-9　　　　图9-10

第三式　仙人指路

1. 左转身90度，上左步；同时，剑随身体左摆于身体左侧，剑尖朝上，右手食指、中指指尖朝上向前点出（剑指）。（图9-11）
2. 上右步下蹲；将剑交至左手。（图9-12）
3. 起身提左膝；剑尖前点，左手剑指向左打开。（图9-13）

图9-11

图9-12　　　　　　图9-13

第四式　凤凰点头

1. 上左步跟右步下蹲；剑往回收，左手剑指护在右手腕。（图9-14）
2. 起身提左膝；剑尖前点，左手剑指向左打开。（图9-15）

第五式　穿针引线

1. 左脚向前上步；右手手心朝上将剑拉至腰间，左手剑指向前。（图9-16）
2. 上右步，紧跟左脚向右腿后插步，身体左转；右手腕翻转手心朝下刺剑，左手打开；目视剑尖。（图9-17）

图9-14　　　　　　图9-15

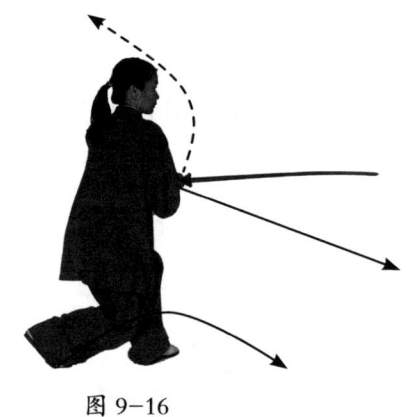

图 9-16

图 9-17

第六式　力劈华山

1. 左脚向前上步，左拧身；右手劈剑。（图 9-18）
2. 右转身 90 度；同时，右手剑随身外转至头部，左手剑指护在右手腕。（图 9-19）
3. 上右步，双脚并立，左转身 90 度；剑顺时针旋转捧至腹部。（图 9-20）

图 9-18

图 9-19

图 9-20

第七式　三推剑

1. 右脚向前 45 度上步下蹲；右手腕翻剑手心朝下随身向右抹拉至腰间。（图 9-21）

2. 上左步，身体微屈；双手向前刺剑。（图9-22）

3. 左脚向前45度上步下蹲；右手腕翻剑手心朝上随身向左拉至腰间。（图9-23）

4. 上右步，身体微屈；双手向前刺剑。（图9-24）

5. 右脚向前45度上步下蹲；右手腕翻剑手心朝下随身向右抹拉至腰间。（图9-25）

6. 上左步，身体微屈；双手向前刺剑。（图9-26）

7. 左脚向前上步；右手翻腕手心朝上将剑拉至腰间，左手剑指向前。（图9-27）

8. 上右步，紧跟左脚向右腿后插步，身体左转；右手翻腕手心朝下刺剑，左手打开；目视剑尖。（图9-28）

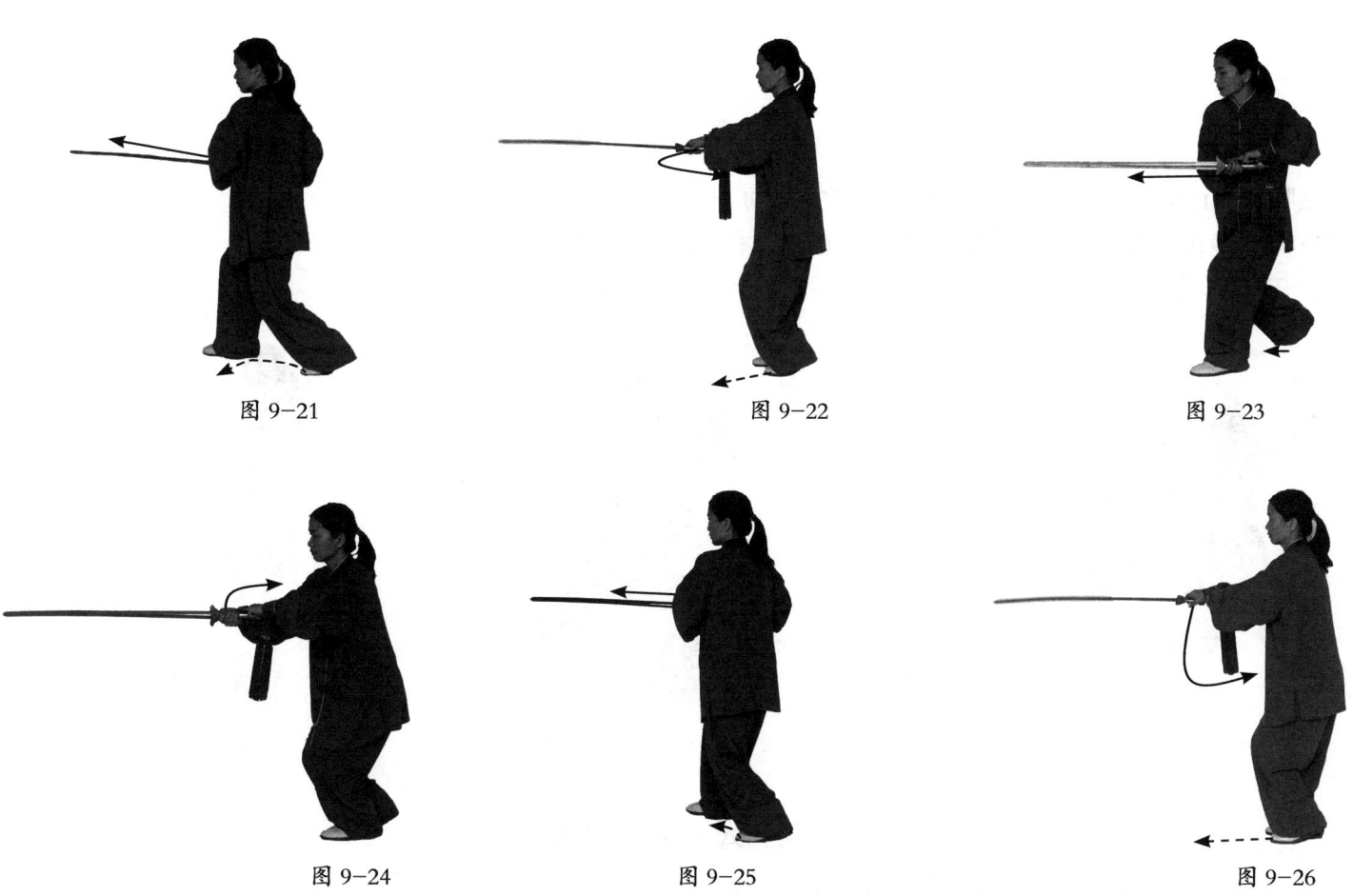

图9-21　　　　　图9-22　　　　　图9-23

图9-24　　　　　图9-25　　　　　图9-26

图 9-27

图 9-28

第八式　怀中抱月

1. 左脚向前上步，左拧身；右手劈剑，左手放至腰间。（图 9-29）
2. 右转身 90 度；同时，右手剑随身外转至头部，左手剑指护在右手腕。（图 9-30）
3. 上右步，双脚并立，左转身 90 度；剑顺时针旋转捧至腹部。（图 9-31）

图 9-29

图 9-30

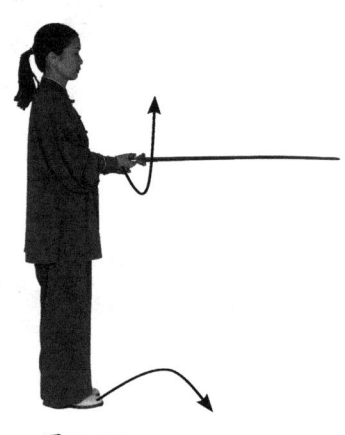

图 9-31

第九式　哪吒探海

1. 上右步左转身；由下向上撩剑，力在手腕。（图 9-32）

2. 右转身；同时，右手翻腕，由下向上撩剑。（图 9-33）
3. 上右步，双脚并立；同时，右手顺时针旋转将剑捧至腰间。（图 9-34）
4. 提左膝；双手手心向外打开，剑尖朝前。（图 9-35）
5. 身体前伏，左腿后撩；同时，双手由外向里旋转至腹部向前刺剑。（图 9-36）
6. 落左脚左转身180度；右手劈剑，左手放至腰间。（图 9-37）
7. 右转身90度；同时，右手剑随身外转至头部，左手剑指护在右手腕。（图 9-38）
8. 上右步，双脚并立，左转身90度；剑顺时针旋转捧至腹部。（图 9-39）

图 9-32　　　　　图 9-33　　　　　图 9-34

图 9-35　　　　　图 9-36

图 9-37

图 9-38

图 9-39

第十式　凤凰展翅

1. 上右步左转身；由下向上撩剑，力在手腕。（图 9-40）
2. 步法不变，右拧身；同时，剑逆时针由下向上撩剑。（图 9-41）
3. 上左步右转身；剑顺时针旋转于腰部。（图 9-42）

图 9-40

图 9-41

图 9-42

4. 上右步，双脚并立微蹲；剑随身旋转交叉至胸前。（图9-43）
5. 提左膝；双手手心向外打开，剑尖朝前。（图9-44）
6. 左转身180度，上左步；剑从头顶向身体左侧穿刺。（图9-45）
7. 步法不变，左转身拗步下蹲，左脚虚步；剑随身体顺时针旋转360度，反手向前刺剑，左手剑指。（图9-46）
8. 步法不变，右转身；同时，剑随身逆时针旋转360度。（图9-47）
9. 提右膝；剑顺时针穿至头顶。（图9-48）

图9-43　　　　　　　图9-44　　　　　　　图9-45

图9-46　　　　　　　图9-47　　　　　　　图9-48

10. 落右脚上左步；剑随身顺时针旋转360度。（图9-49）

11. 继续右转身；同时，剑随身逆时针旋转360度。（图9-50）

12. 右转身下蹲成左虚步；剑随身举至头顶，左手剑指。（图9-51）

图 9-49

图 9-50

图 9-51

第十一式　怪蟒翻身

1. 上右步；剑随身右外翻转举至头顶，左手剑指护右腕。（图9-52）

2. 左转身180度，同时，泄左步；剑转过头顶，横落腰间。（图9-53）

3. 继续上右步，右转身；将剑翻转传刺举至头部。（图9-54）

4. 左转身180度，同时，泄左步；剑转过头顶，横落腰间。（图9-55）

5. 上右步，左转身；刺剑。（图9-56）

6. 左脚插于右腿后成弓步；左手剑指于刺剑，同时打开。（图9-57）

7. 上左步左拧身180度；右手劈剑。（图9-58）

图 9-52

图 9-53　　　　　图 9-54　　　　　图 9-55

图 9-56　　　　　图 9-57　　　　　图 9-58

第十二式　霸王举鼎

1. 右转身 90 度；同时，右手剑随身外转至头部，左手剑指护在右手腕。（图 9-59）
2. 上右步，双脚并立，左转身 90 度；剑顺时针旋转捧至腹部。（图 9-60）
3. 提左膝；剑举至头顶，左手剑指与肩平。（图 9-61）

图 9-59

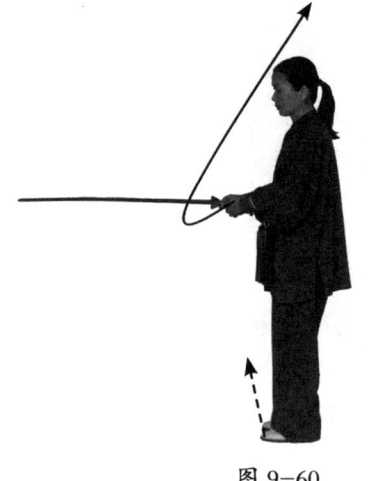

图 9-60

图 9-61

第十三式　蜻蜓点水

1. 上左步跟右步，下蹲成右虚步；剑立于胸前，左手剑指护右腕。（图 9-62）
2. 起身提左膝；向前点剑，左手举至左上方。（图 9-63）

第十四式　玉女穿梭

1. 上左步右转身；剑抽至右胸前。（图 9-64）
2. 上右步，紧跟左脚向右腿后插步；同时刺剑。（图 9-65）
3. 左转身 180 度；剑随身转至腰部。（图 9-66）
4. 步法不变，左转身 180 度，下坐成盘腿势；同时，剑向前穿刺，左手打开与肩平。（图 9-67）
5. 起身；剑顺时针旋转 360 度。（图 9-68）
6. 右转身 90 度；剑随身逆时针旋转 360 度。（图 9-69）

图 9-62

图 9-63

图 9-64　　　　　　　图 9-65　　　　　　　图 9-66

图 9-67　　　　　　　图 9-68　　　　　　　图 9-69

第十五式　乌龙钻洞

1. 右转身泄右步，下蹲左虚步；剑随身举至头顶，左手剑指。（图 9-70）
2. 上右步；剑随身右外翻转，向上撩剑，左手剑指护右腕。（图 9-71）
3. 上左步右转身 180 度；剑随身左外翻转，向上撩剑，左手剑指护右腕。（图 9-72）
4. 上右步；剑随身右外翻转，向上撩剑，左手剑指护右腕。（图 9-73）

图 9-70　　　　图 9-71　　　　图 9-72　　　　图 9-73

第十六式　黑虎掏心

1. 提右膝跌步；同时，剑抽回至腰部。（图 9-74）
2. 上左步，左转身 90 度；右手向前刺剑，左手举至头部。（图 9-75）
3. 右转身 90 度，两脚随身转动，身体下蹲，右脚虚步；剑拉回至右肩部。（图 9-76）

图 9-74　　　　　　图 9-75　　　　　　图 9-76

第十七式　腋下藏针

1. 身体重心移至右腿；剑逆时针旋转360度。（图9-77）
2. 上左步右转身；剑顺时针旋转。（图9-78）
3. 并右步下蹲；剑传至左腋下，剑尖朝上。（图9-79）
4. 右脚跳起转身180度，落步成马步；同时，两手交叉，劈剑一字打开。（图9-80）

图 9-77

图 9-78

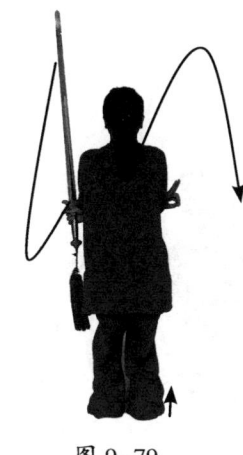

图 9-79

图 9-80

第十八式　回头望月

1. 左转身上右步；剑逆时针转动，两手向前交叉。（图9-81）
2. 上左步；逆时针向后撩剑。（图9-82）
3. 继续上右步；剑逆时针转动，两手向前交叉。（图9-83）
4. 继续上左步；逆时针向后撩剑。（图9-84）
5. 继续上右步；剑逆时针转动，两手向前交叉。（图9-85）
6. 右转身下坐成坐盘势；回头撩剑。（图9-86）

图 9-81　　　　　　　　图 9-82　　　　　　　　图 9-83

图 9-84　　　　　　　　图 9-85　　　　　　　　图 9-86

第十九式　白蛇吐信

1. 起身向左转 180 度；剑立于胸前。（图 9-87）
2. 剑顺时针旋转 360 度。（图 9-88）
3. 步法不变，右转身；剑逆时针旋转 360 度。（图 9-89）
4. 左转身；剑随身旋转至胸前。（图 9-90）
5. 提右膝向右踢脚；向右刺剑。（图 9-91）

图 9-87　　　　　图 9-88　　　　　图 9-89

图 9-90　　　　　图 9-91

第二十式　撩裆势

1. 落步，剑收至胸前。（图 9-92）
2. 右转身 90 度，逆时针撩剑。（图 9-93）
3. 上左步，右转身；剑顺时针旋转。（图 9-94）
4. 身体向左扭转；同时，剑随身逆时针旋转。（图 9-95）

5. 上左步，身体右转 180 度；剑随身逆时针旋转撩剑。（图 9-96）
6. 上右步，身体左转 180 度；剑随身逆时针旋转撩剑。（图 9-97）
7. 上左步，身体右转 180 度；剑随身逆时针旋转撩剑。（图 9-98）
8. 上右步，身体左转 180 度；剑随身逆时针旋转撩剑。（图 9-99）
9. 提右膝开右步；同时，逆时针向右撩剑。（图 9-100）

图 9-92

图 9-93

图 9-94

图 9-95

图 9-96

图 9-97

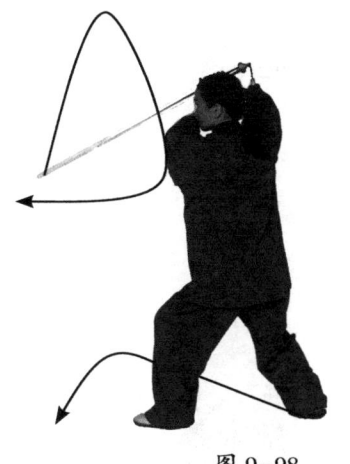  

图 9-98　　　　　　　　　　图 9-99　　　　　　　　　　图 9-100

第二十一式　翻花舞袖

1. 收右腿；右手顺时针转剑360度。（图9-101）
2. 上左步；右转身，剑随身逆时针旋转360度。（图9-102）

图 9-101　　　　　　　　　　图 9-102

3. 继续右转身，上左步；右手翻剑的同时，左手接剑。（图9-103）

4. 右脚不动，向前上左脚下坐成虚步；同时，左手后摆，剑尖朝上，右手剑指掤至头部上方。（图9-104）

5. 上右步，两腿并立，身正躯直；左手剑，右手贴于身体两侧；目视前方。（图9-105）

图 9-103

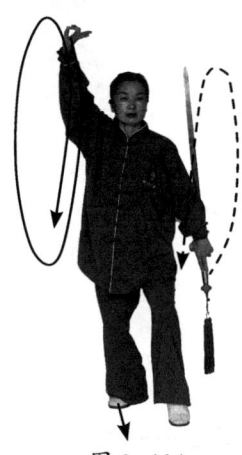

图 9-104

图 9-105

第十章 猿仙通背单刀二十四式图解

第一式 顺水推舟

1. 两脚并步站立，身正躯直；左手托刀，刀尖朝上，两手贴于两腿外侧；两眼平视。（图10-1）
2. 左脚向左上一步，左拧身90度成左弓步；同时，左手刀收于胸前，双手向前推出，右手在刀护手处；眼视左手。（图10-2）

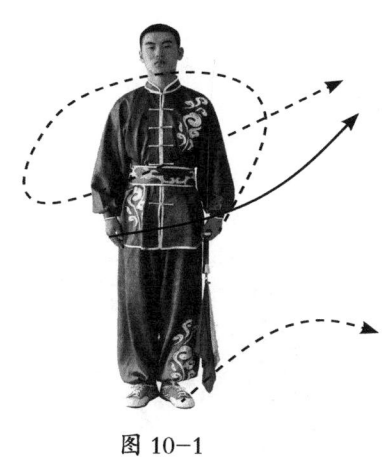
图10-1

图10-2

第二式 盘头

1. 右回身180度成右弓步；同时，右手接刀，刀随身向右横扫。（图10-3）
2. 左脚向右上一步，右转身180度成右弓步，身体前倾；右手刀翻转屈臂顺时针过背部。（图10-4）

3. 右脚向右撤一步，右转身 90 度，身体下坐成左虚步；同时，右手刀顺势后拉，左手向前推出；眼视左手。（图 10-5）

图 10-3　　　　　　　　　图 10-4　　　　　　　　　图 10-5

第三式　晃手

1. 右脚向前上一步，提左膝向前跳起；左掌向前摔出。（图 10-6）
2. 向前上右步，左转身 180 度；右手刀向前劈刀，左掌放在右腋下。（图 10-7）

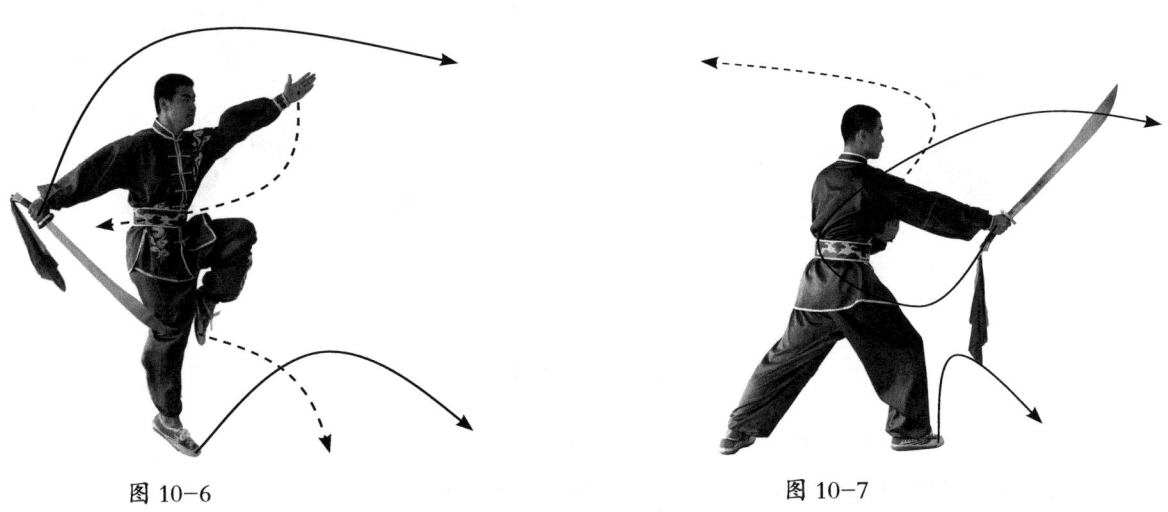

图 10-6　　　　　　　　　图 10-7

第四式　凤凰展翅

1. 左脚向左跌步；两手腹前交叉经头顶向外分手劈刀。（图 10-8）
2. 提右膝；右手刀向左顺时针舞刀花 360 度。（图 10-9）
3. 右拧身 90 度；右手翻腕向右舞刀花 360 度。（图 10-10）

图 10-8

图 10-9

图 10-10

第五式　顺势蹲推

身体右转 90 度，向右跨步，跳起下蹲成左虚步；同时，右手刀向右旋转一圈向右推出略高于肩，左手随刀推出。（图 10-11）

第六式　跨虎

1. 起身提左膝向左跳起；同时，右手刀刀尖朝下经面前向头后旋转。（图 10-12）
2. 跳起的同时向左跨一步。（图 10-13）
3. 双脚并步，身体下蹲成左虚步；同时，两手相抱，右手在里，刀尖朝上。（图 10-14）

图 10-11

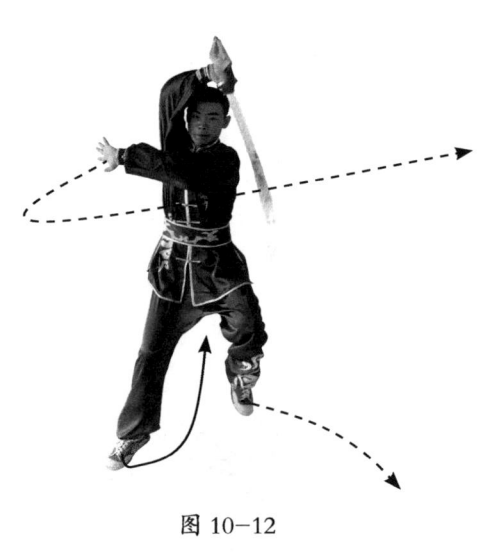  

图 10-12　　　　　　　　　图 10-13　　　　　　　　　图 10-14

第七式　伏虎

1. 起身站立；右手刀成平刀。（图 10-15）
2. 提左膝踢左脚；同时，右手刀横刀向前劈，左手向后推出。（图 10-16）

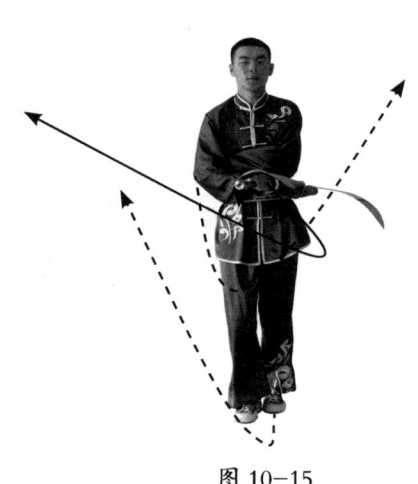 

图 10-15　　　　　　　　　　　　图 10-16

第八式　败步走手

1. 左脚向左上一步，左转身90度；同时，右手刀向前劈刀。（图10-17）
2. 左转身90度，身体向上领起；右手刀向右顺时针360度旋转一圈。（图10-18）
3. 右脚向右上步成右弓步；同时，右手刀向右旋转一圈举至头顶，左手向左旋转一圈向左推出。（图10-19）

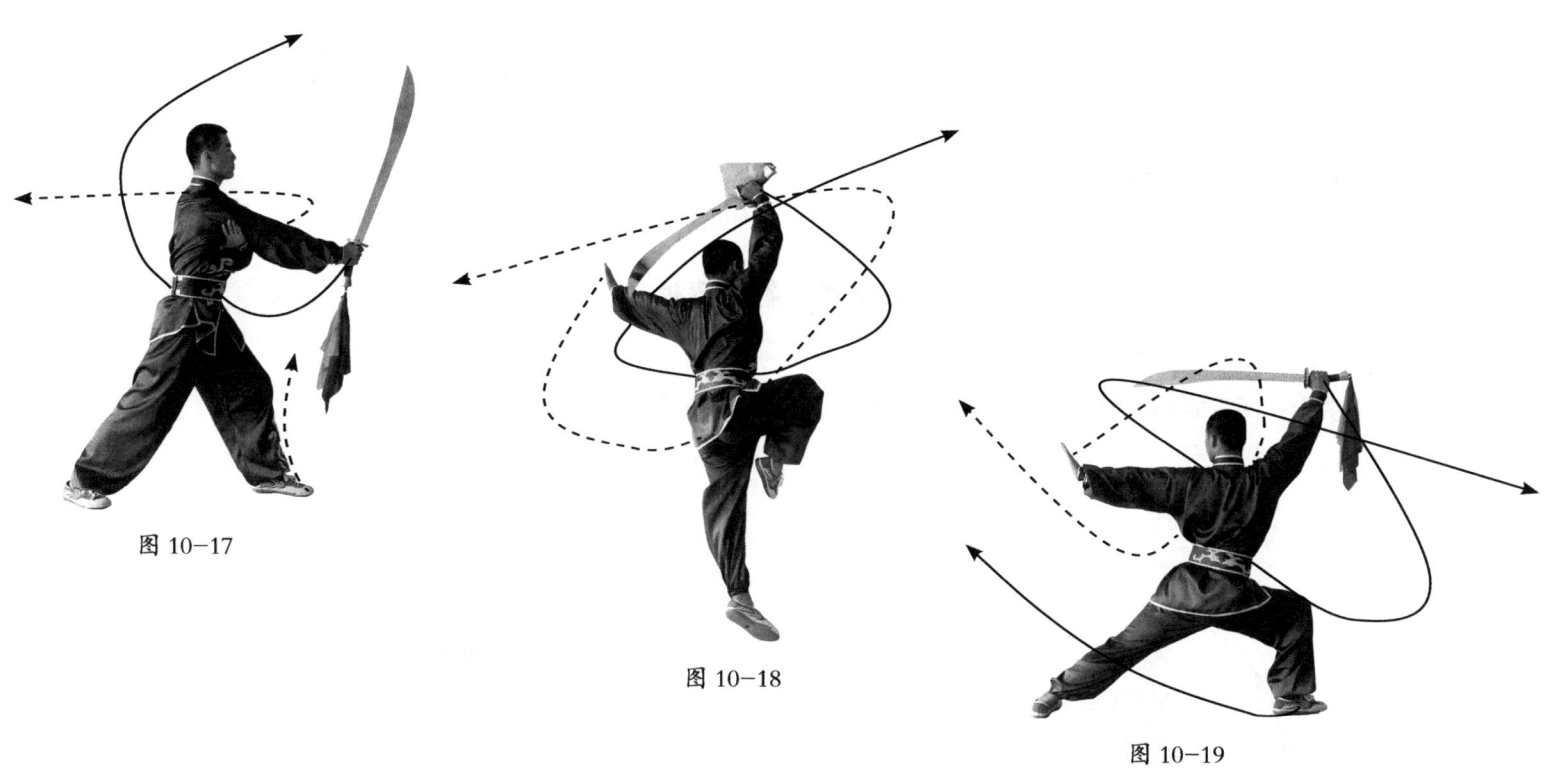

图10-17

图10-18

图10-19

第九式　霸王举鼎

1. 起身左转身90度，向前踢右脚；同时，右手刀向后劈刀，左手向前推出。（图10-20）
2. 向前跳起，右转90度落步成坐马步；同时，两手腹前交叉经头顶向外旋转360度，右手刀举至头顶，左手托住右手。（图10-21）

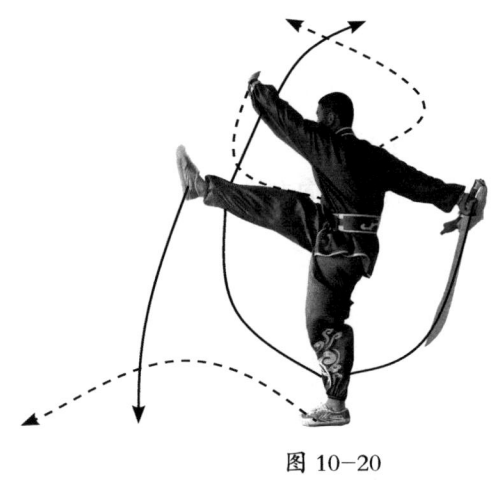

图 10-20

图 10-21

第十式 翻花舞袖

1. 起身两脚不动；两手向外分，劈右手刀。（图 10-22）
2. 左脚向左跌步；两手腹前交叉，经头顶，向外分手劈刀。（图 10-23）

图 10-22

图 10-23

3. 提右膝；右手刀向左顺时针舞刀花360度。（图10-24）
4. 右转身90度，跳起落右步成右独立步；同时，右手刀向右逆时针舞刀花360度。（图10-25）
5. 左脚向前上步；同时，双手前伸，左手向右逆时针云手，右手刀向右逆时针旋转一圈向前劈刀。（图10-26）

图 10-24

图 10-25

图 10-26

第十一式　坐马

右拧身90度，身体下坐成坐马步；同时，右手屈肘向后拉刀，左手向前推出。（图10-27）

图 10-27

第十二式　海底取宝

左转身90度，右脚向前上一步成右弓步；同时，右手刀向前下刺刀，左手向后伸出。（图10-28）

图 10-28

第十三式　上步劈山

1. 提右膝；右手刀向左顺时针舞刀花360度。（图10-29）
2. 右转身90度，跳起落右步成右独立步；同时，右手刀向右舞刀花360度。（图10-30）
3. 左脚向前上步；同时，双手前伸，左手向右逆时针云手，右手刀向右逆时针旋转一圈向前劈刀。（图10-31）

图10-29

图10-30

图10-31

第十四式　拦腰斩蛇

1. 右脚向前上步跳起，跌步向前上左步成左弓步，左拧身；右手刀刀尖朝下向左旋转经背后。（图10-32）
2. 左弓步不变；左手掤起，右手刀旋转向前拦腰劈刀。（图10-33）
3. 右转身180度成右弓步，身体前倾；右手刀翻转屈臂顺时针过背部。（图10-34）

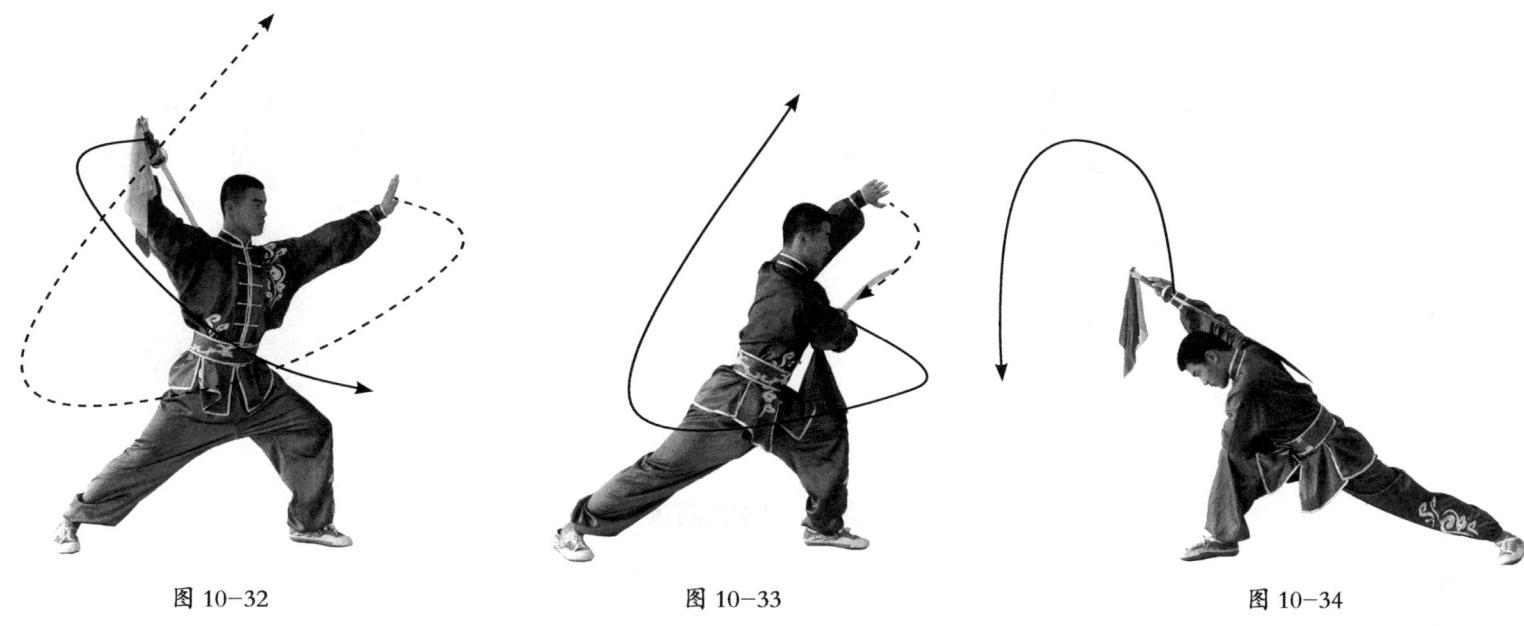

图 10-32　　　　　　图 10-33　　　　　　图 10-34

第十五式　刺心追魂

1. 提右膝；右手刀向左顺时针舞刀花 360 度。（图 10-35）

2. 步法不变；右手翻腕向右逆时针舞刀花 360 度。（图 10-36）

3. 舞刀花的同时，右转身 90 度跳起，落步成左独立步；右手屈肘拉刀至右胸，左手向前推出。（图 10-37）

4. 向前上左步，上右步，上左步，左转身 90 度成左拗步；同时，右手刀向前刺，左手向后伸。（图 10-38）

图 10-35　　　　　　图 10-36

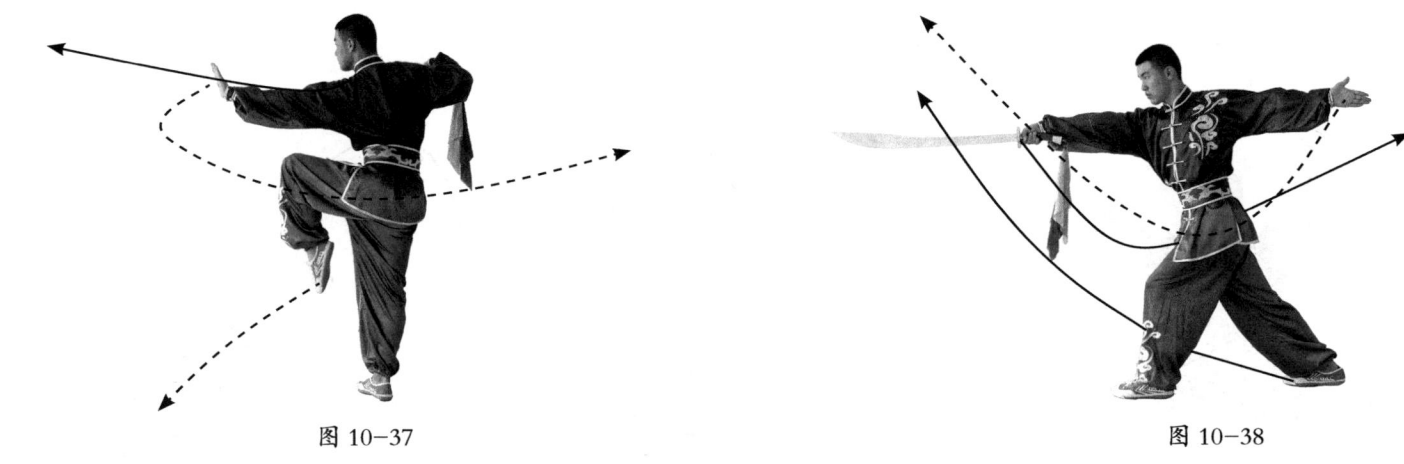

图 10-37　　　　　　　　　　　　图 10-38

第十六式　白猿盖顶

1. 右转身90度；左手向前盖顶掌推出，同时向前踢右脚，右手刀向后劈刀。（图10-39）
2. 右脚向前落步，右拧身90度；同时，两手腹前交叉举至头顶。（图10-40）
3. 身体下坐成坐盘势；两手向外分手，右手劈刀。（图10-41）

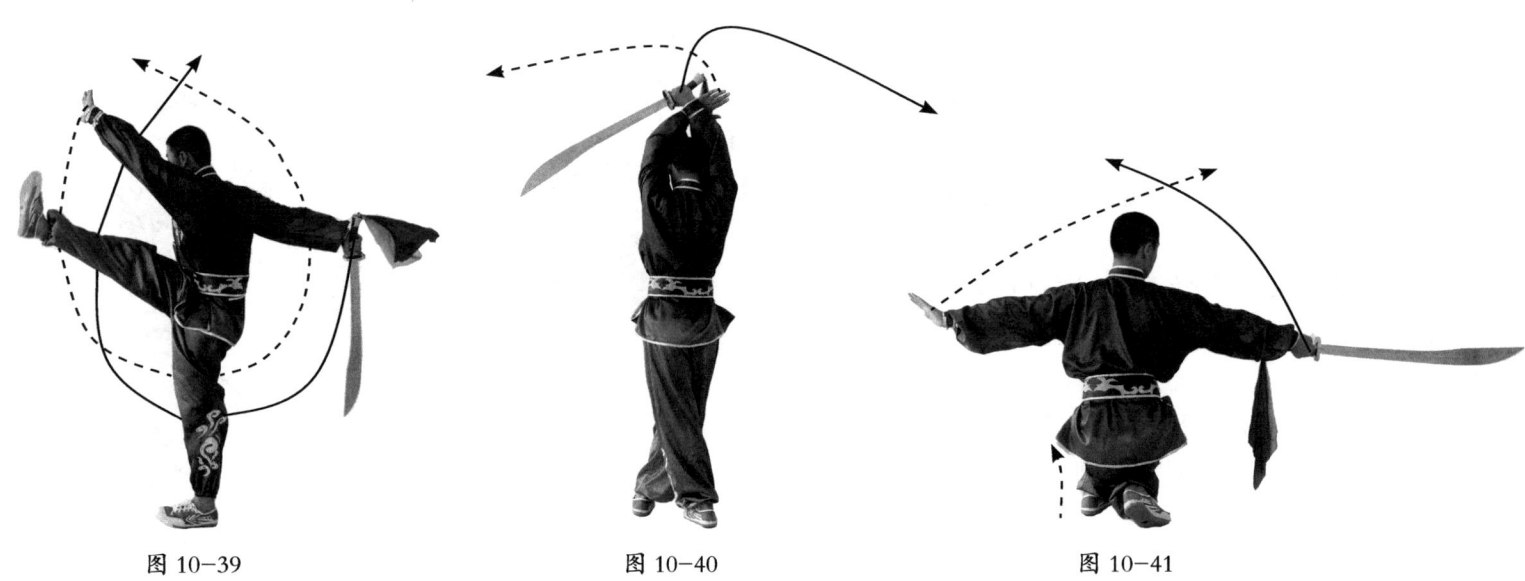

图 10-39　　　　　　图 10-40　　　　　　图 10-41

4. 起身提左膝，身体向上领；两手腹前交叉举至头顶。（图10-42）

5. 左脚向左落步；同时，两手向外分手，右手刀劈刀。（图10-43）

6. 提右膝，右拧身90度；右手刀向左顺时针舞刀花360度。（图10-44）

7. 步法不变；右手翻腕向右逆时针舞刀花360度。（图10-45）

8. 舞刀花的同时，跳起落右脚，左脚向前上步，右脚跟步下蹲成半蹲势；同时，左手向右逆时针云手，右手刀向右逆时针旋转一圈向前劈刀。（图10-46）

9. 右脚向后撤一步，提左膝成右独立步；同时，左手向前推掌，右手刀顺势向后劈刀。（图10-47）

图10-42　　　　　　　　图10-43　　　　　　　　图10-44

图10-45　　　　　　　　图10-46　　　　　　　　图10-47

第十七式 翻江搅海

1. 向前上左右步跳起（垫步）；右手刀不变，同时，向前摔左掌。（图10-48）
2. 左转身180度，向前上右步；同时，右手刀向前劈刀，左手放在右胸处。（图10-49）
3. 步法不变；右手刀向左顺时针舞刀花360度。（图10-50）
4. 步法不变，右拧身；右手翻腕向右逆时针舞刀花360度。（图10-51）
5. 步法不变，左拧身；同时，右手刀刀尖朝上挟于右肩后。（图10-52）

图10-48

图10-49

图10-50

图10-51

图10-52

6. 身体下坐成坐马步；同时，右拧身。（图10-53）
7. 左脚跳起，左转身360度，同时，右腿向左里摆；空中左手击打右脚掌。落地左拧身90度成左拗步；右手刀向前上方举起，左手后摆。（图10-54、图10-55）

图 10-53

图 10-54

图 10-55

第十八式　朝天一炷香

向后跌步，右拧身左回身；右手刀继续向后旋转一圈带动身体，右手刀向上刺出。（图 10-56）

图 10-56

第十九式　白猿跳涧

1. 左脚向前跳起，提右膝；右手刀顺势下劈刀。（图10-57）
2. 落右脚上左脚成左弓步；同时，右手刀逆时针向前转一圈，拉至右腿内侧，左手向前推出。（图10-58）

图10-57

图10-58

第二十式　金鸡独立

提右膝成左独立步；右手刀经胸前刀刃朝上举至头顶，左手收回向左推出。（图10-59）

第二十一式　缠腰探海

1. 右拧身90度，右脚向右跨一步成右弓步；同时，右手刀随身横刀向右劈刀，左手收至右肩内侧。（图10-60）
2. 右转身180度，上右步成右弓步；同时，右手刀随身横劈刀，左手不变。（图10-61）
3. 弓步不变，身体前倾；右手刀翻腕经背后向前推刀。（图10-62）

图10-59

4. 提右膝，右拧身90度；右手刀向左顺时针舞刀花360度。（图10-63）

5. 步法不变；右手翻腕向右逆时针舞刀花360度。（图10-64）

6. 右转身180度跳起，落右脚成右独立步，向右探身；同时，右手刀向右推出，左手跟推。（图10-65）

图 10-60　　图 10-61

图 10-62　　图 10-63　　图 10-64　　图 10-65

第二十二式　白马剪蹄

1. 左脚向左上步成左弓步，左拧身90度；右手刀刀尖朝下经背后向左旋转。（图10-66）
2. 右脚向前上步跳起，跌步向前上左步成左弓步，左拧身；右手刀向左旋转向前拦腰劈刀。（图10-67）
3. 右转身180度成右弓步，身体前倾；右手刀翻转屈臂顺时针过背部。（图10-68）
4. 提右膝，右拧身90度；右手刀向左顺时针舞刀花360度。（图10-69）
5. 步法不变；右手翻腕向右逆时针舞刀花360度。（图10-70）
6. 舞刀花的同时，跳起落右脚，左脚向前上步，右脚跟步下蹲成蹲势；同时，左手向右逆时针云手，右手刀向右逆时针旋转一圈向前劈刀。（图10-71）
7. 右转身180度，右脚向右上一步成右弓步，身体前探；同时，右手刀随身横刀向右劈刀。（图10-72）

图10-66

图10-67

图10-68

图10-69

图 10-70　　　　　图 10-71　　　　　图 10-72

第二十三式　降龙

1. 身体左回身成左弓步；同时，右手刀翻腕旋转向前横劈刀，左手向左伸出。（图 10-73）
2. 身体右回身成右弓步；两手抱于胸前。（图 10-74）
3. 提左膝成右独立步；同时，右手刀向右劈刀，左手向左上推出。（图 10-75）

图 10-73　　　　　图 10-74　　　　　图 10-75

第二十四式　怀中抱月

1. 身体向右旋转180度，两脚与肩同宽；两手抱于胸前。（图10-76）
2. 身体向右旋转180度，右脚向右跨一步，两脚与肩同宽；两手随身由外向上合手。（图10-77）
3. 步法不变；左手接刀，两手腹前抱刀。（图10-78）
4. 步法不变；两手由外向上举起。（图10-79）
5. 右脚向左，两脚并步自然站立；两手向下按收至两腿外侧；眼视前方。（图10-80）

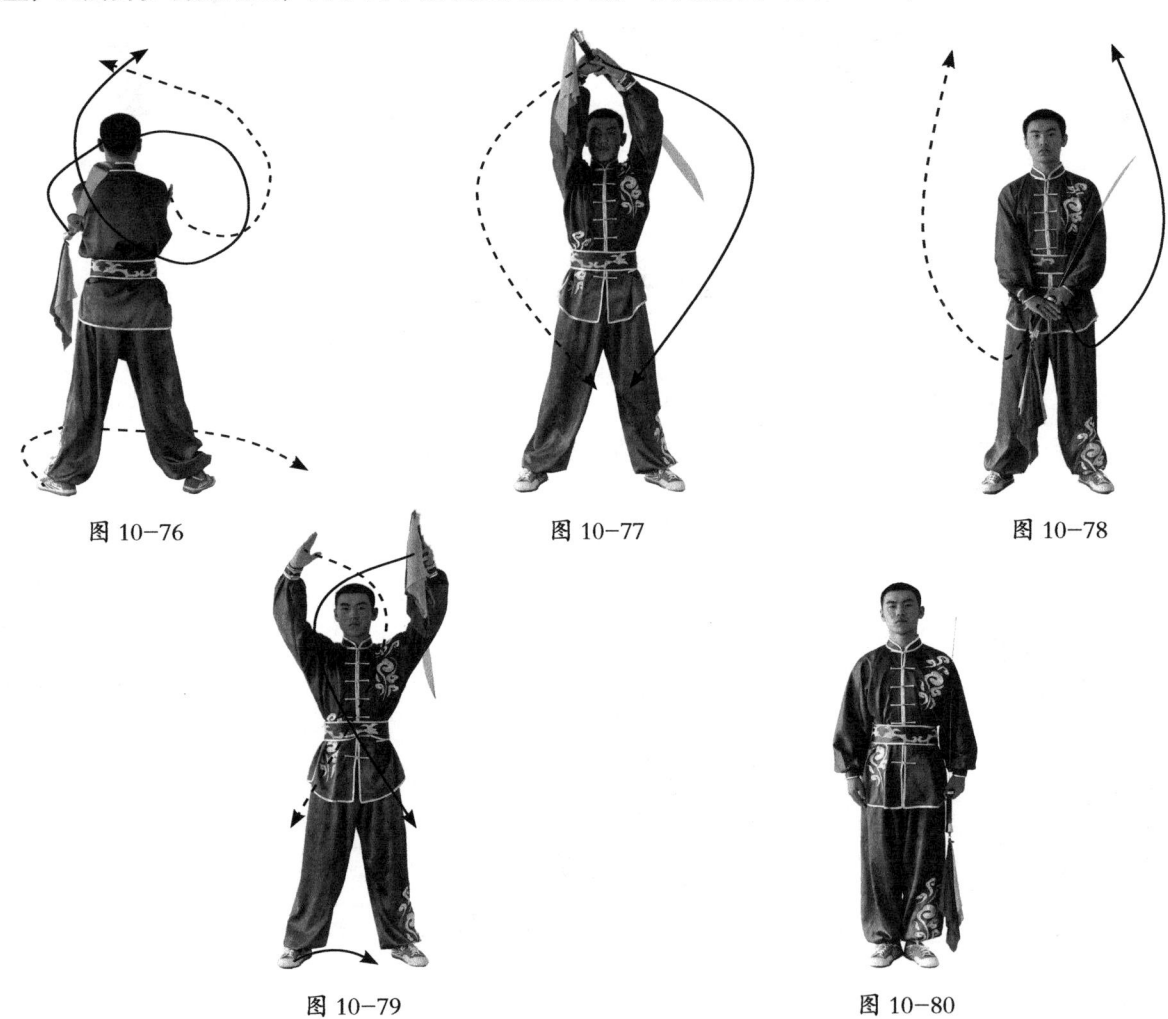

图10-76　　　　　图10-77　　　　　图10-78

图10-79　　　　　图10-80

第十一章　猿仙通背单枪十八式图解

第一式　蛟龙出海

1. 两脚并步站立，身正躯直；右手持枪，左手五指并拢贴于身体右侧；目视前方。（图 11-1）
2. 向左跨左步，同时右脚向左后插步；左手接枪，右手换把至枪末端，双手顺时针 360 度云枪向左下刺枪。（图 11-2）
3. 右脚向右前方 45 度跨步；抽枪回扎。（图 11-3）

图 11-1

图 11-2

图 11-3

第二式　滴水枪

1. 左脚向右上步与右脚成直线，身体下坐，左脚虚步；双手向里合枪，右手在小腹部，枪尖与眼平。（图 11-4）
2. 左脚向前上步；同时，枪往回收，向前点枪。（图 11-5）

图 11-4　　　　　　　　　　图 11-5

第三式　回头望月

1. 提右膝，上右步，落步；同时，向上挑枪，向前平扎枪，往回抽枪。（图 11-6）
2. 右脚向后退一步，身体方向不变；同时，往回抽枪，向前下扎枪。（图 11-7）
3. 左脚向右上步，下坐盘腿；同时，枪尖往上向右顺时针 360 度画大圈，枪往外翻；眼看枪尖。（图 11-8）

图 11-6

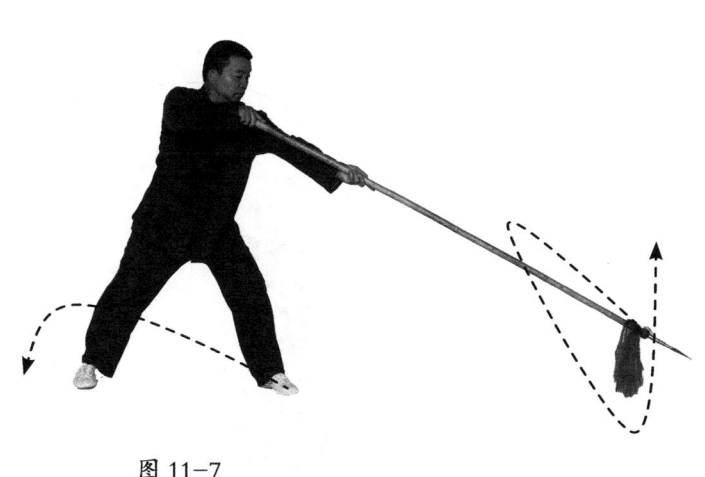

图 11-7

图 11-8

第四式　正反舞花

1. 起身右转 90 度，右脚向前上一步；枪随身向前舞花 180 度。（图 11-9）
2. 右转身，向前上左步；枪随身逆时针转。（图 11-10）

图 11-9

图 11-10

3. 步法不动，身体左转90度；同时，枪继续转360度。（图11-11）

4. 身体右转180度；枪顺时针旋转180度。（图11-12）

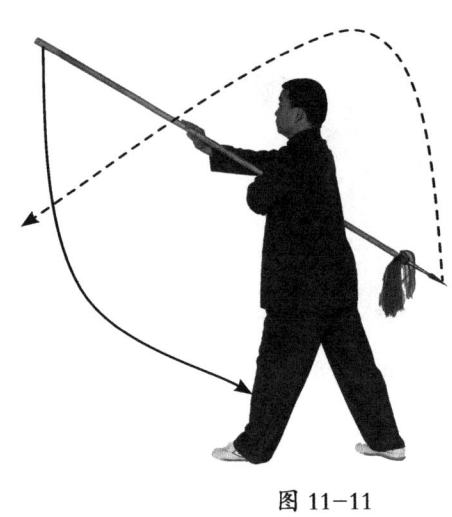

图11-11

图11-12

第五式　泰山压顶

1. 右脚向后退一步，身体下坐，左脚虚步；枪继续转，双手向里合枪。（图11-13）

2. 左脚向前上步；同时，枪往回收向前下方点枪。（图11-14）

图11-13

图11-14

3. 提右膝，上右步，落步；同时，向上挑枪，向前平扎枪，往回抽枪。（图 11-15）
4. 右脚向后退一步；枪把向后捣。（图 11-16）

图 11-15　　　　　　　　　　　　　　图 11-16

5. 向前上右步，左转身；同时，枪随身逆时针转 180 度。（图 11-17）
6. 左脚向右腿后插步；枪继续逆时针转 180 度，两手换把向右下方刺枪。（图 11-18）
7. 左脚向左上一步，右转身 90 度；同时，枪随身顺时针转 360 度。（图 11-19）

图 11-17　　　　　　　图 11-18　　　　　　　图 11-19

8. 提右膝，右转身180度跳起；落地成扑步；枪把捶地。（图11-20）

9. 起身；枪把往上挑。（图11-21）

图11-20

图11-21

第六式 太公钓鱼

1. 步法不动，身体右转；向右传枪。（图11-22）

2. 向右上左步，右转身180度，右脚向左腿后插步；同时，左手传枪并接枪，右手向左下方传枪。（图11-23）

3. 右脚向右上步成马步；同时，双手向右合枪转180度，交叉拿枪。（图11-24）

图11-23

图11-24

第七式 劈枪

1. 左脚向右，双脚并步站立；右手向右前上方刺枪，同时左手向左打开。（图11-25）
2. 提右膝，右转身180度，震右脚成马步；双手向下劈枪。（图11-26）

图11-25　　　　　　　　　　　图11-26

第八式 玉女穿梭

1. 左脚向前上步；同时，枪往回收向前下方点枪。（图11-27）
2. 提右膝，上右步，落步；同时，向上挑枪，向前平扎枪，往回抽枪。（图11-28）

图11-27　　　　　　　　　　　图11-28

3. 右脚向右上步，右转身180度；左手向右传枪，右手接枪。（图11-29）
4. 左脚向前上一步，右转身180度；左手向右传枪，右手接枪。（图11-30）

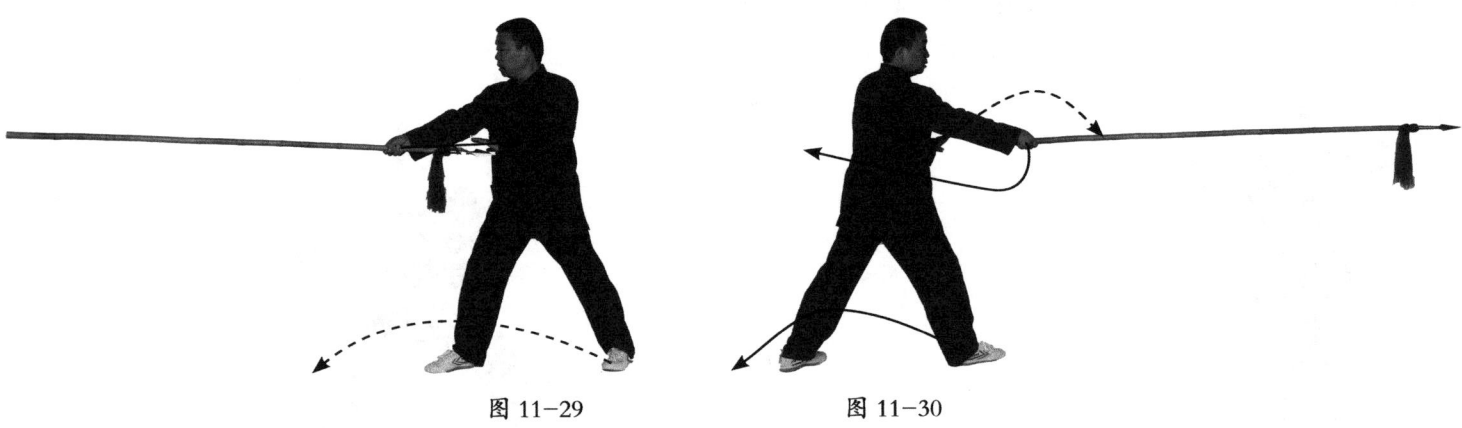

图11-29　　　　　图11-30

第九式　回马枪

1. 右脚向右退一步，右转身；左手接枪。（图11-31）
2. 左脚向前正踢腿；同时，双手顺时针云枪向后扎枪。（图11-32）

图11-31　　　　　图11-32

3. 左脚落回原地；两手拿枪。（图11-33）
4. 左脚向前上一步；枪随身向前舞花180度。（图11-34）
5. 右转身，向前上左步；枪随身逆时针转。（图11-35）

图11-33

图11-34

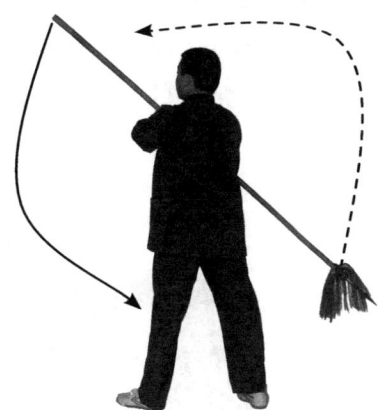

图11-35

6. 步法不动，身体左转90度；同时，枪继续转360度。（图11-36）
7. 身体右转180度；枪把向下随身转180度。（图11-37）

图11-36

图11-37

第十式 按枪

1. 右脚向后退一步，身体下坐，左脚虚步；枪继续转，双手向里按枪。（图 11-38）
2. 上右步，身体下坐；两手回收向外拧枪。（图 11-39）
3. 步法不变，起身；左手松把，右手向前扎枪。（图 11-40）
4. 上左步成不弓不马；两手回收向外翻枪（拧枪）。（图 11-41）

图 11-38

图 11-39

图 11-40

图 11-41

第十一式　怪蟒翻身

1. 向左拧身成弓步；左手松把，右手向前扎枪。（图 11-42）
2. 身体右转；双手将枪回拉上举。（图 11-43）
3. 左脚向前上一步，向右转身 180 度；双手举枪从头顶绕过。（图 11-44）
4. 右转身成右弓步；同时，双手用力向前扎枪。（图 11-45）

图 11-42

图 11-43

图 11-44

图 11-45

第十二式 拨草寻蛇

1. 泄右步，提左膝；枪向外翻拦。（图 11-46）
2. 上左步；里合枪（拧枪）。（图 11-47）

图 11-46

图 11-47

3. 左弓步；左手松把，右手向前用力扎枪。（图 11-48）
4. 提左膝，身体重心右移；枪尖向左回拨。（图 11-49）

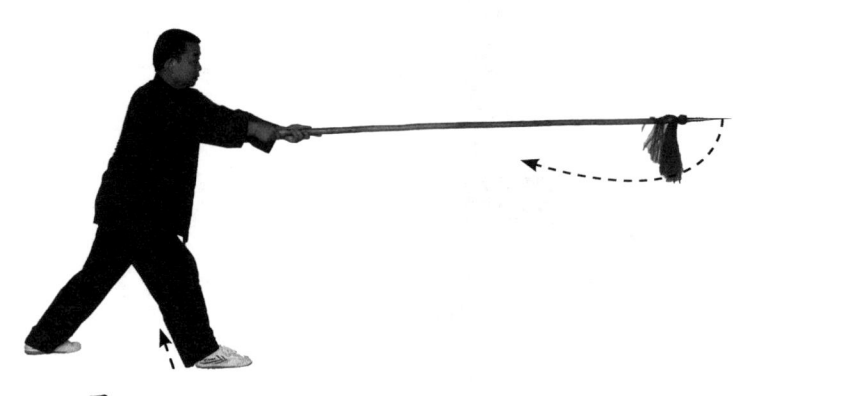

图 11-48

图 11-49

5. 向右跌步；枪尖向右拨。（图11-50）
6. 身体重心右移成右弓步；枪尖往左回拨。（图11-51）

图11-50　　　　　　　　　图11-51

7. 左脚向前上步；同时，枪往回收向前下点枪。（图11-52）
8. 提右膝，上右步，落步；同时，向上挑枪，向前平扎枪，往回抽枪。（图1-53）

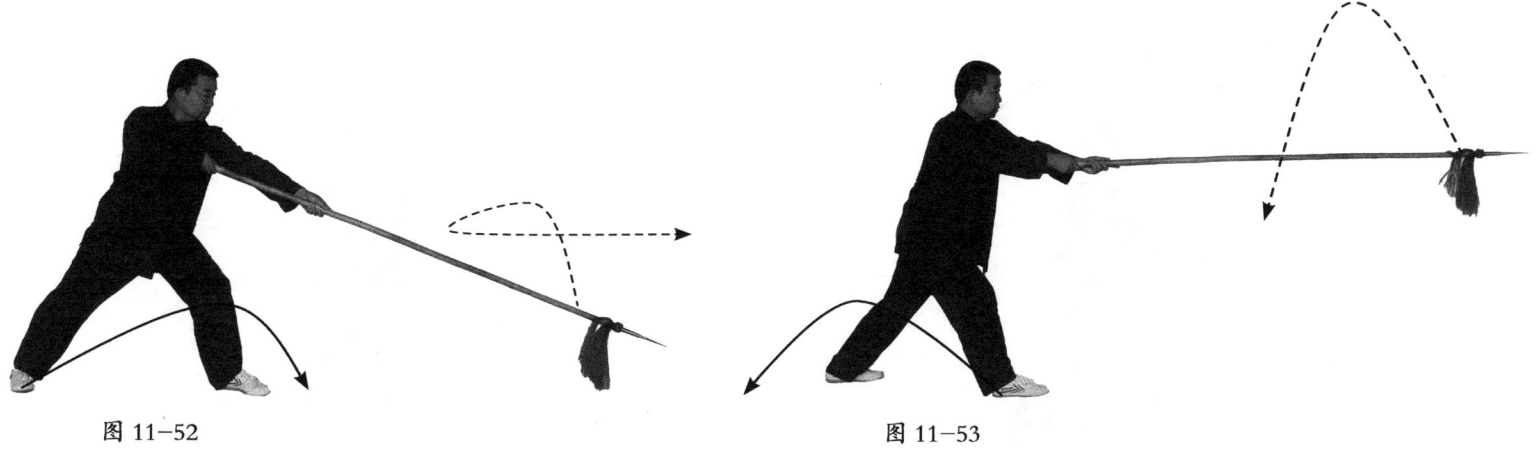

图11-52　　　　　　　　　图11-53

9. 右脚向后退一步，身体方向不变；同时，往回抽枪向前下扎枪。（图11-54）
10. 左脚向右上步，下坐盘腿；同时，枪尖往上向右顺时针360度画大圈，枪往外翻；眼看枪尖。（图11-55）

图 11-54

图 11-55

11. 起身右转90度，右脚向前上一步；枪随身向前舞花180度。（图11-56）

12. 右转身向前上左步；枪随身逆时针转。（图11-57）

图 11-56

图 11-57

13. 步法不动，身体左转90度；同时，枪继续转360度。（图11-58）

14. 身体右转180度；枪把向下随身转180度。（图11-59）

图11-58

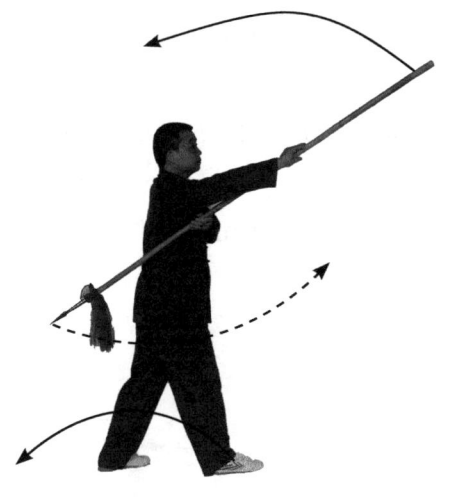

图11-59

第十三式　缠丝枪

1. 右脚向后退一步，身体下坐，左脚虚步；枪继续转，双手向里合枪。（图11-60）
2. 微上左步；两手随腰腹左旋抖枪，力达枪头。（图11-61）

图11-60

图11-61

3. 左拧身；左手松把，右手向前扎枪。（图 11-62）

4. 上右步，身体下坐；两手随腰腹右旋抖枪，力达枪头转动。（图 11-63）

5. 步法不变，起身，左拧身；左手松把，右手向前扎枪。（图 11-64）

6. 上左步；两手随腰腹左旋抖枪，力达枪头。（图 11-65）

7. 左拧身；左手松把，右手向前扎枪。（图 11-66）

图 11-62

图 11-63

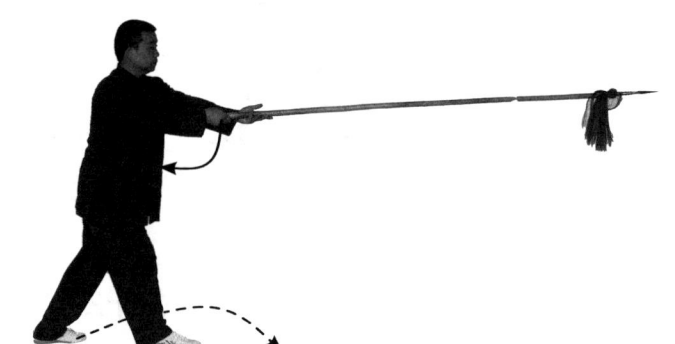

图 11-64

图 11-65

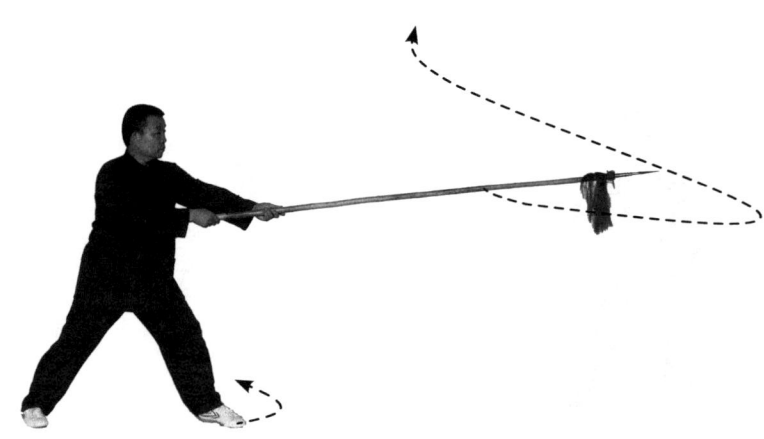

图 11-66

第十四式　四门斗

1. 开左步，左拧身90度；向左拨枪。（图11-67）
2. 上右步；向右合枪。（图11-68）
3. 并右步；向左上刺枪。（图11-69）
4. 左脚45度上步，左拧身90度；向左拨枪。（图11-70）

图11-67

图11-68

图11-69

图11-70

5. 上右步；向右合枪。（图11-71）

6. 并右步；向左上刺枪。（图11-72）

7. 提右膝，震右脚成马步；双手向下劈枪。（图11-73）

图11-71

图11-72

图11-73

第十五式　追星赶月

1. 左脚向前上步；同时，枪往回收向前点枪。（图11-74）

2. 提右膝，上右步，落步；同时，向上挑枪，向前平扎枪，往回抽枪。（图11-75）

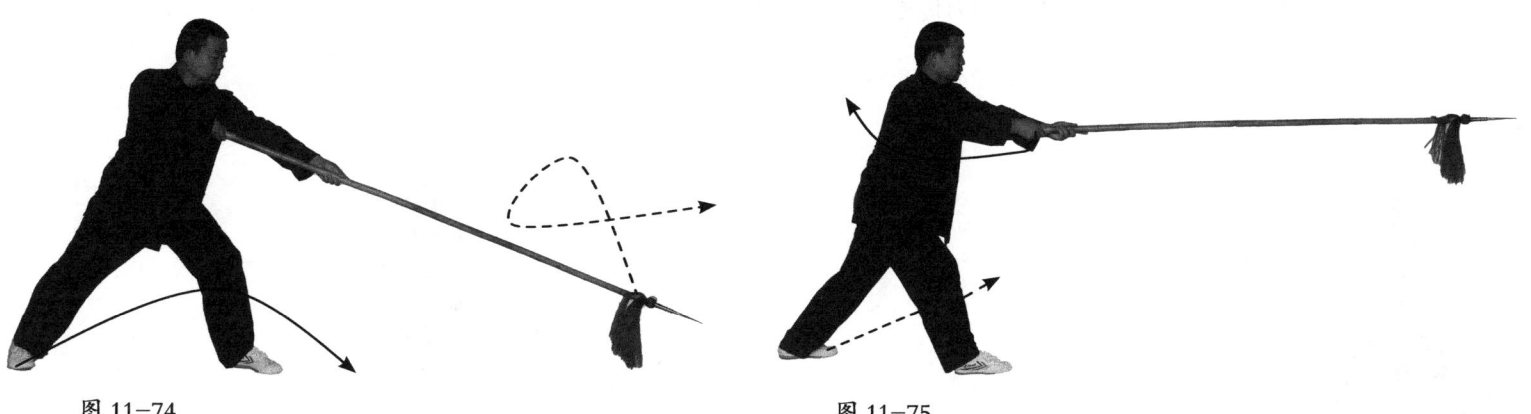

图11-74　　　　　　　　　　　　　图11-75

3. 泄右步，提左膝；枪向外翻拦。（图11-76）
4. 上左步；里合枪（拧枪）。（图11-77）

图11-76　　　　　　　　　　　　　图11-77

5. 左弓步；左手松把，右手向前用力扎枪。（图 11-78）

6. 上右步；左手松把，右手顺时针转把。（图 11-79）

7. 下蹲；双手举枪后背。（图 11-80）

8. 向前起身，左转身跳起；同时，右手用力传枪并接枪。（图 11-81）

图 11-78

图 11-79

图 11-80

图 11-81

第十六式　横扫千军

1. 退右步；双手拿枪。（图11-82）
2. 提右膝，上右步，落步；同时，向上挑枪，向前平扎枪，往回抽枪。（图11-83）
3. 身体左转180度，左脚向后退步；枪随身体转动360度。（图11-84）
4. 左转身180度成左弓步；枪拦腰向左横扫。（图11-85）

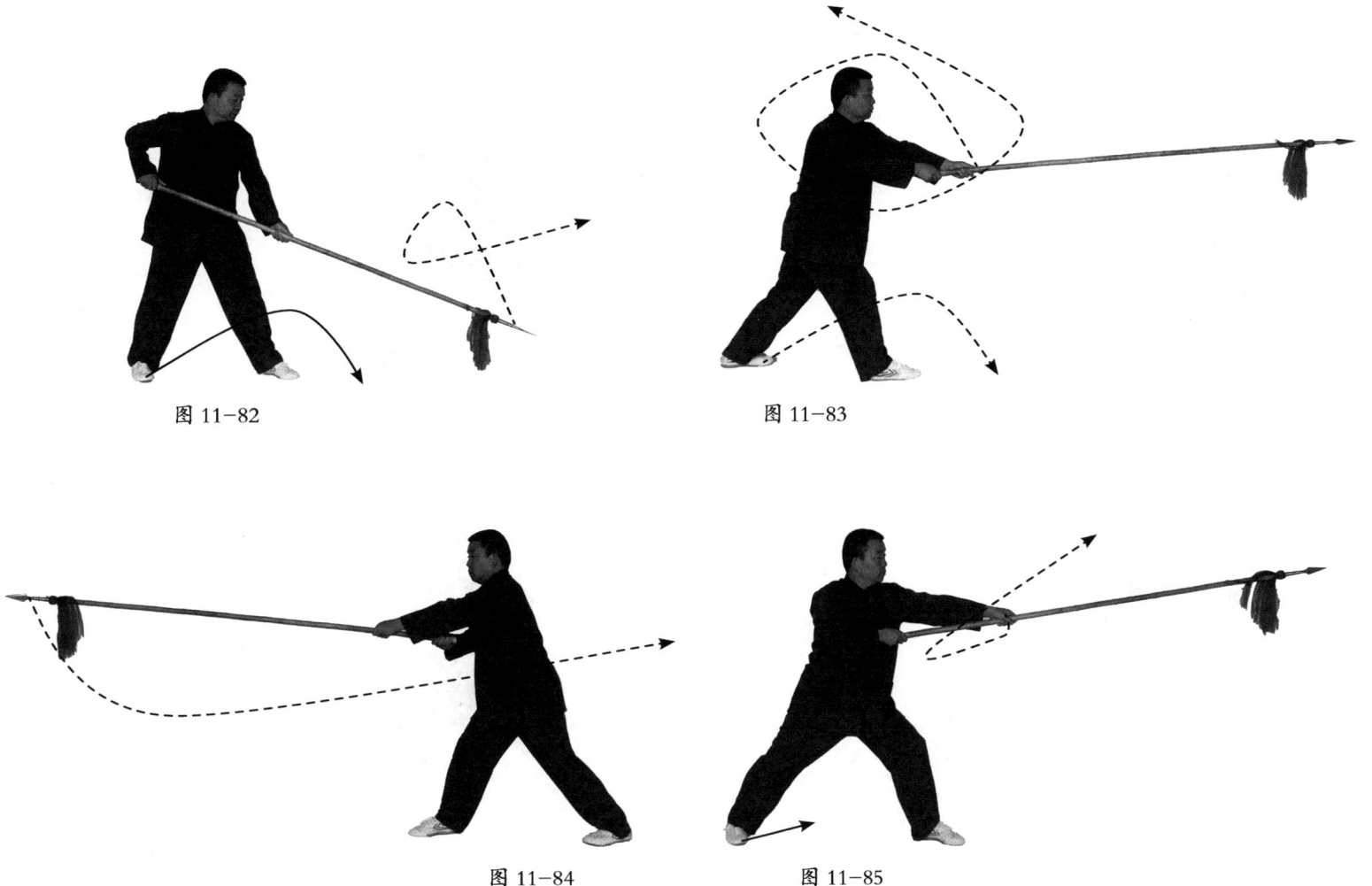

图11-82　　　　　　　图11-83

图11-84　　　　　　　图11-85

5. 并右步；同时，抽枪向前刺枪。（图 11-86）

6. 提右膝，震右脚成马步；双手向下劈枪。（图 11-87）

7. 提左膝，身体重心右移；枪向左回拨。（图 11-88）

8. 向右跌步；枪向右拨。（图 11-89）

图 11-86

图 11-87

图 11-88

图 11-89

9. 身体重心右移成右弓步；枪往左回拨。（图 11-90）
10. 左脚向前上步；同时，枪往回收向前点枪。（图 11-91）
11. 提右膝，上右步，落步；同时，向上挑枪，向前平扎枪，往回抽枪。（图 11-92）
12. 右脚向后退一步，身体方向不变；同时，往回抽枪并向前下扎。（图 11-93）

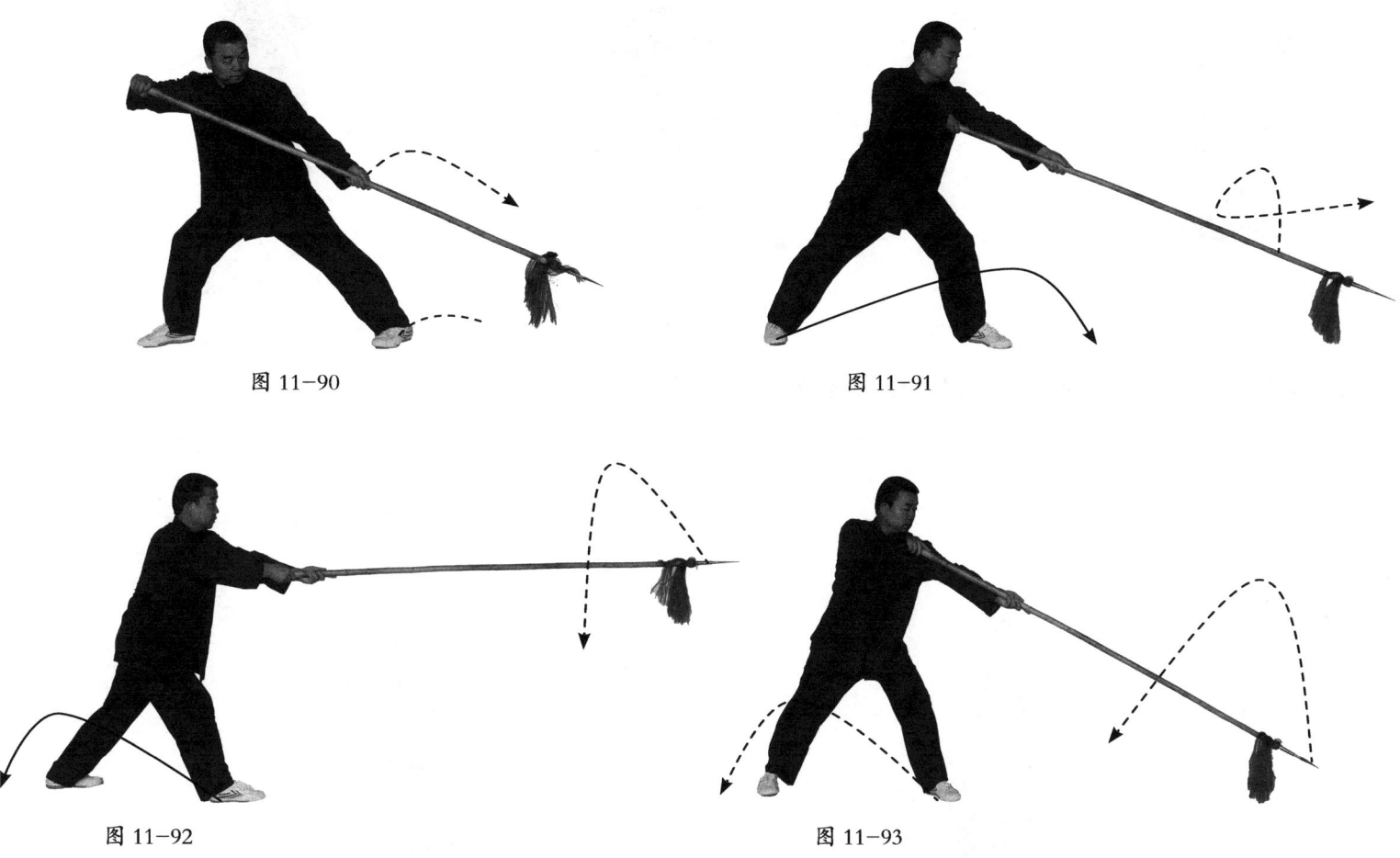

图 11-90　　　　　　　　　图 11-91

图 11-92　　　　　　　　　图 11-93

13. 左脚向右上步，下坐盘腿；同时，枪尖往上向右顺时针 360 度画大圈，枪往外翻；眼看枪尖。（图 11-94）
14. 起身右转 90 度；枪随身向前舞花 180 度。（图 11-95）
15. 右转身，向前上左步；枪随身逆时针转。（图 11-96）

图 11-94　　　　　　图 11-95　　　　　　图 11-96

16. 步法不动，身体左转 90 度；同时，枪继续转 360 度。（图 11-97）
17. 身体右转 180 度；枪把向下随身转 180 度。（图 11-98）

图 11-97

图 11-98

第十七式　大火烧天

1. 右脚向后退一步，身体下坐，左脚虚步；枪继续转，双手向里合枪。（图 11-99）
2. 左脚向前上步；同时，枪往回收向前点枪。（图 11-100）
3. 提右膝，上右步，落步；同时，向上挑枪，向前平扎枪，往回抽枪。（图 11-101）
4. 上左步，向前跌步；同时，枪向右横扫过头顶旋转一周。（图 11-102）

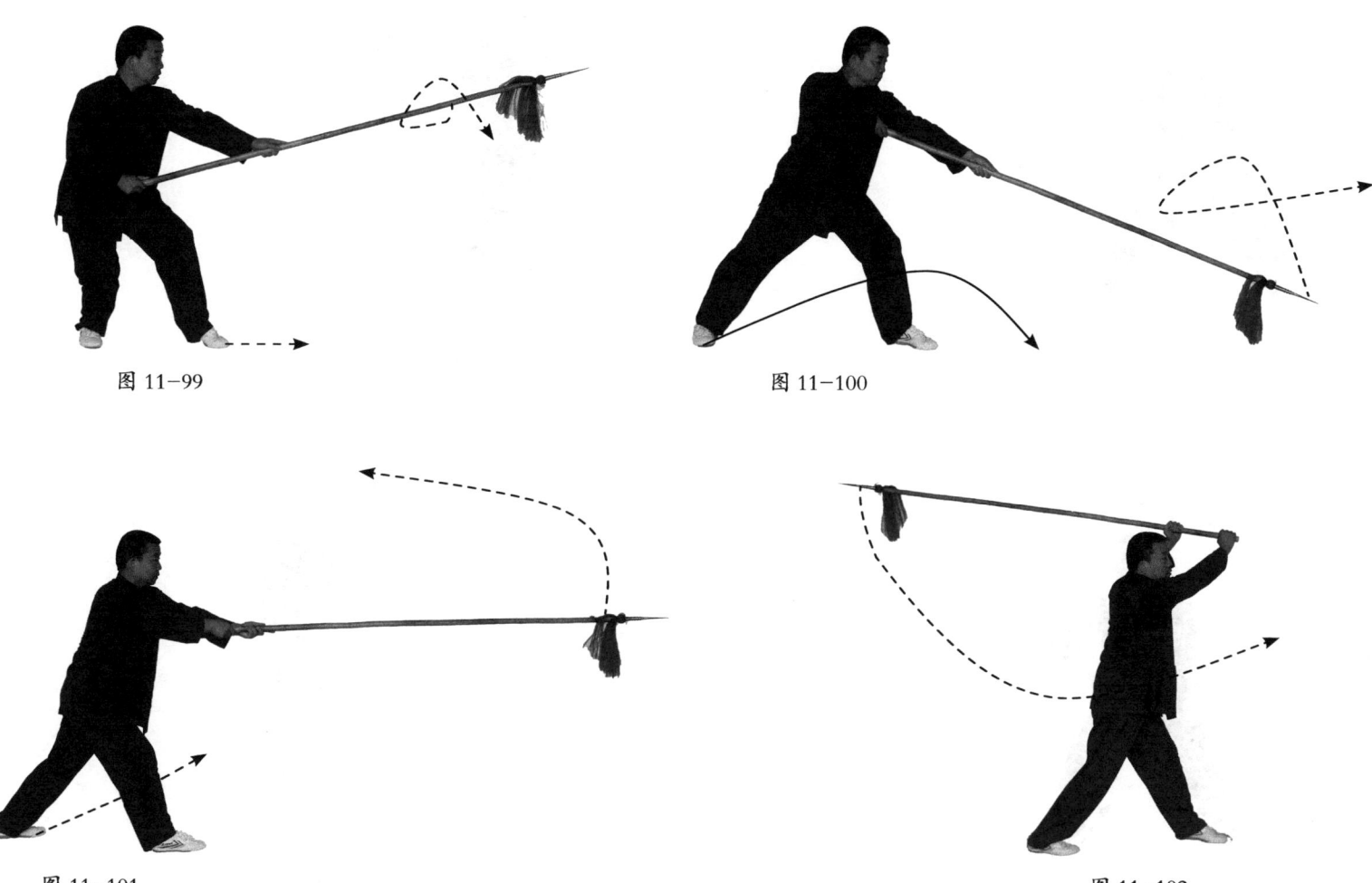

图 11-99

图 11-100

图 11-101

图 11-102

5. 左弓步；枪拦腰横扫。（图 11-103）

6. 并右步；同时，抽枪向前刺枪。（图 11-104）

7. 提右膝，震右脚成马步；双手向下劈枪。（图 11-105）

8. 左脚向左 45 度上步，身体左转；枪向左横扫过头顶旋转 360 度。（图 11-106）

图 11-103

图 11-104

图 11-105

图 11-106

9. 继续旋转，成左弓步；枪拦腰横扫。（图11-107）
10. 上右步，双脚并步；同时，左手松把，右手扎枪。（图11-108）
11. 提右膝，震右脚成马步，双手向下劈枪。（图11-109）

图11-107

图11-108

图11-109

第十八式　开弓射虎

1. 收左步，上右步；同时，枪随身舞花360度。（图11-110）
2. 向右拧身90度；枪随身旋转。（图11-111）
3. 左拧身90度；完成枪花360度。（图11-112）

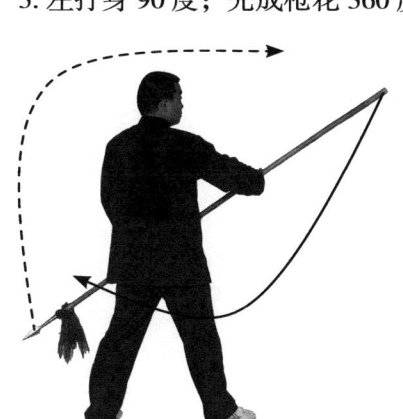

图11-110

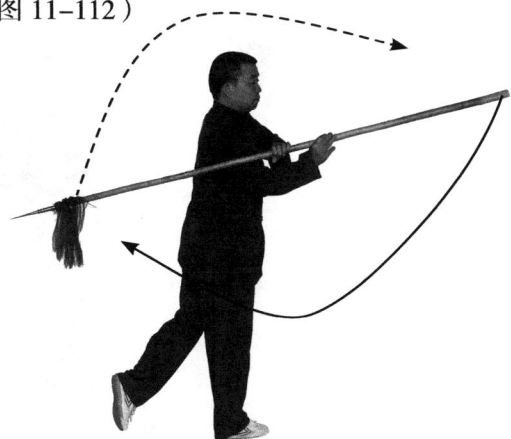

图11-111

图11-112

4. 提右膝，右转身90度；枪把上挑。（图11-113）
5. 右转身跳起，跌步成右独立步；左手松把，右手传枪。（图11-114）

图11-113

图11-114

6. 落左步；左手接枪。（图11-115）
7. 上右步，双脚并步；同时，左手松把，右手扎枪。（图11-116）

图11-115

图11-116

8. 提右膝，震右脚成马步；双手向下劈枪。（图 11-117）

9. 右转身 90 度，右脚向前上一步；枪随身向前舞花 180 度。（图 11-118）

10. 右转身，向前上左步；枪随身逆时针转。（图 11-119）

11. 步法不动，身体左转 90 度；同时，枪继续转 360 度。（图 11-120）

图 11-117

图 11-118

图 11-119

图 11-120

12. 身体右转180度；枪把向下随身转180度。（图11-121）

13. 右转身，泄右步，并左步站立；将枪收于身体右侧。（图11-122）

14. 身体不动；左手向下往上划弧按下；目视前方。（图11-123）

图11-121

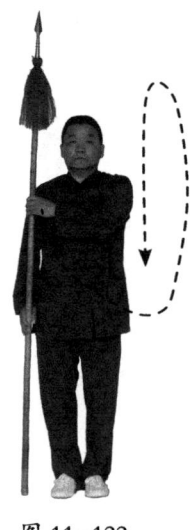

图11-122

图11-123

第十二章 猿仙通背棍三十式图解

第一式 迎门盖打

1. 两脚并步站立，身正躯直；右手拿棍，左手五指并拢贴于身体右侧；目视前方。（图 12-1）
2. 步法、身法不变；左手掌心朝外握棍。（图 12-2）
3. 提左膝；左手棍转动至身体左侧，右手棍向前盖打。（图 12-3）

图 12-1

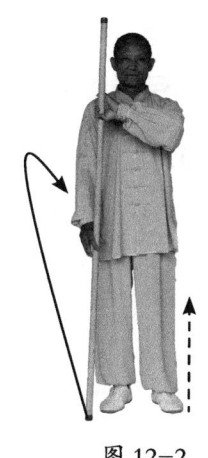

图 12-2

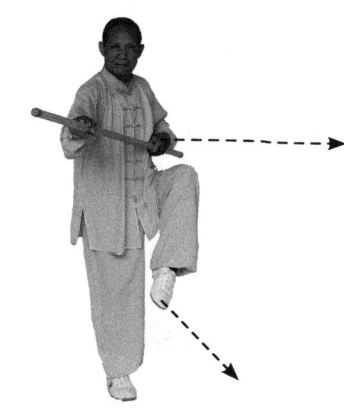

图 12-3

第二式 右拦膝

1. 左转身 90 度，上左步成左弓步；向左戳棍。（图 12-4）
2. 左转身 90 度，提右膝；棍随身转 180 度。（图 12-5）
3. 上右步成马步；右手棍向右腿外侧拨挡。（图 12-6）
4. 左拧身；右手棍向左横打。（图 12-7）

图 12-4　　　　图 12-5　　　　图 12-6　　　　图 12-7

第三式　弓步戳心

1. 右脚向左成虚步；同时，右手棍向右腿外侧拨挡。（图 12-8）
2. 右脚向右上步；同时，向右戳棍。（图 12-9）

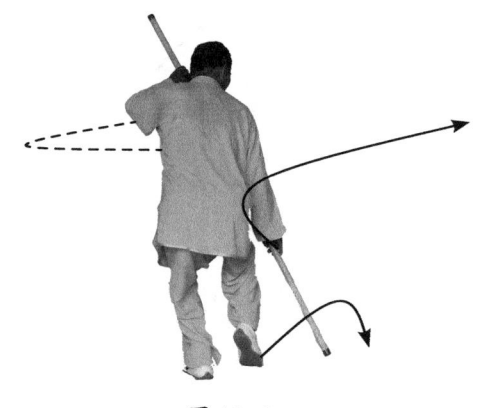

图 12-8

图 12-9

第四式　力劈华山

1. 右拧身90度；棍顺时针转动。（图12-10）
2. 身体下坐；将棍向下捶打。（图12-11）

图12-10

图12-11

第五式　上步刺喉

上左步成左弓步；向左刺棍。（图12-12）

第六式　怀中抱月

1. 右转身；右手持棍向右横扫。（图12-13）
2. 右转身90度，右脚向右45度上步；同时，棍继续横扫，将棍扛至右肩。（图12-14）
3. 左转身，上右步，身体微屈成右虚步；同时，棍随身转动至胸前。（图12-15）

图12-12

图 12-13

图 12-14

图 12-15

第七式　正反舞花

1. 身体重心移至右腿；棍顺时针舞花 180 度。（图 12-16）
2. 步法不变，右拧身；棍继续舞花 360 度。（图 12-17）
3. 上左步，左转身；棍继续舞花 360 度。（图 12-18）

图 12-16

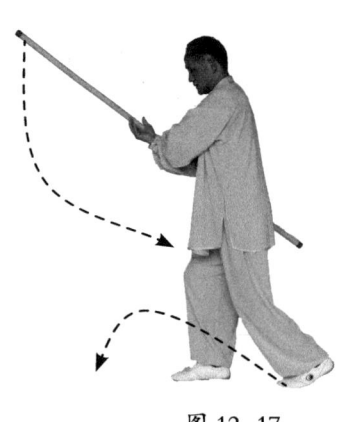
图 12-17

图 12-18

4. 上右步；棍继续舞花 180 度。（图 12-19）
5. 右转身；棍随身舞花 180 度。（图 12-20）
6. 上左步，右转身；棍继续舞花 360 度。（图 12-21）

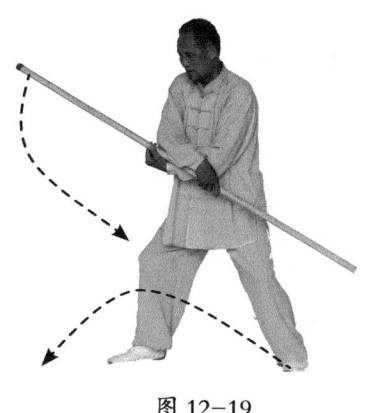

图 12-19

图 12-20

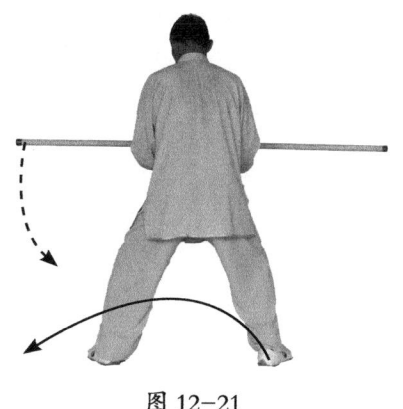

图 12-21

7. 右转身 90 度，右脚向左腿后撤步；棍逆时针舞花 180 度。（图 12-22）

8. 继续右转身 90 度；棍舞花 180 度。（图 12-23）

9. 上左步，右转身 90 度；棍随身舞花 180 度。（图 12-24）

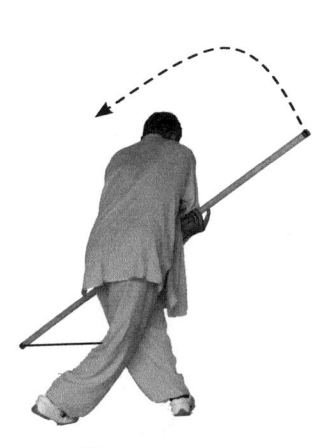

图 12-22

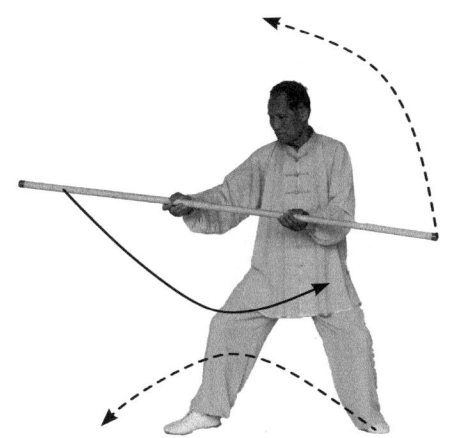

图 12-23

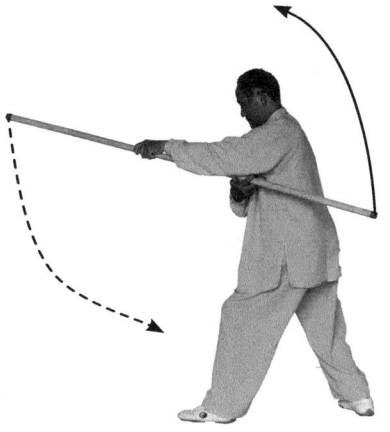

图 12-24

10. 右转身 90 度；棍舞花 540 度。（图 12-25）

11. 左转身 90 度；棍舞花 180 度。（图 12-26）

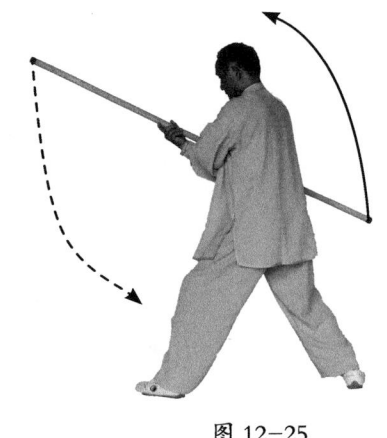
图 12-25

图 12-26

第八式　翻身劈打

1. 上右步，提右膝；棍继续舞花360度。（图12-27）
2. 跌步成左扑步；同时，棍由上向下捶地。（图12-28）

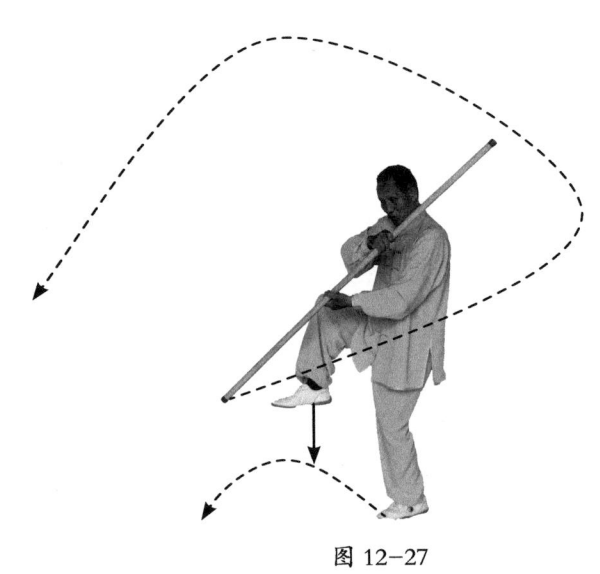
图 12-27

图 12-28

第九式 挑把

1. 起身成左弓步；同时，棍往上挑。（图12-29）
2. 左转身180度，提右膝；棍在身体右侧顺时针舞花360度。（图12-30）
3. 向前上右步；棍顺时针180度，同时向前戳棍。（图12-31）
4. 右转身90度，身体下坐；同时，顺时针向前劈棍。（图12-32）
5. 右转身180度，上右步；右手在前向前戳棍。（图12-33）

图12-29　　　　　图12-30　　　　　图12-31

图12-32　　　　　图12-33

第十式　仙人指路

1. 上左步；顺时针舞花180度。（图12-34）
2. 右转身；继续舞花360度。（图12-35）
3. 步法不变；继续舞花540度，将棍挟在右腋下。（图12-36）
4. 提左膝成独立步；棍180度背至身后。（图12-37）
5. 落左脚，上右步，左转身90度；棍随身走。（图12-38）

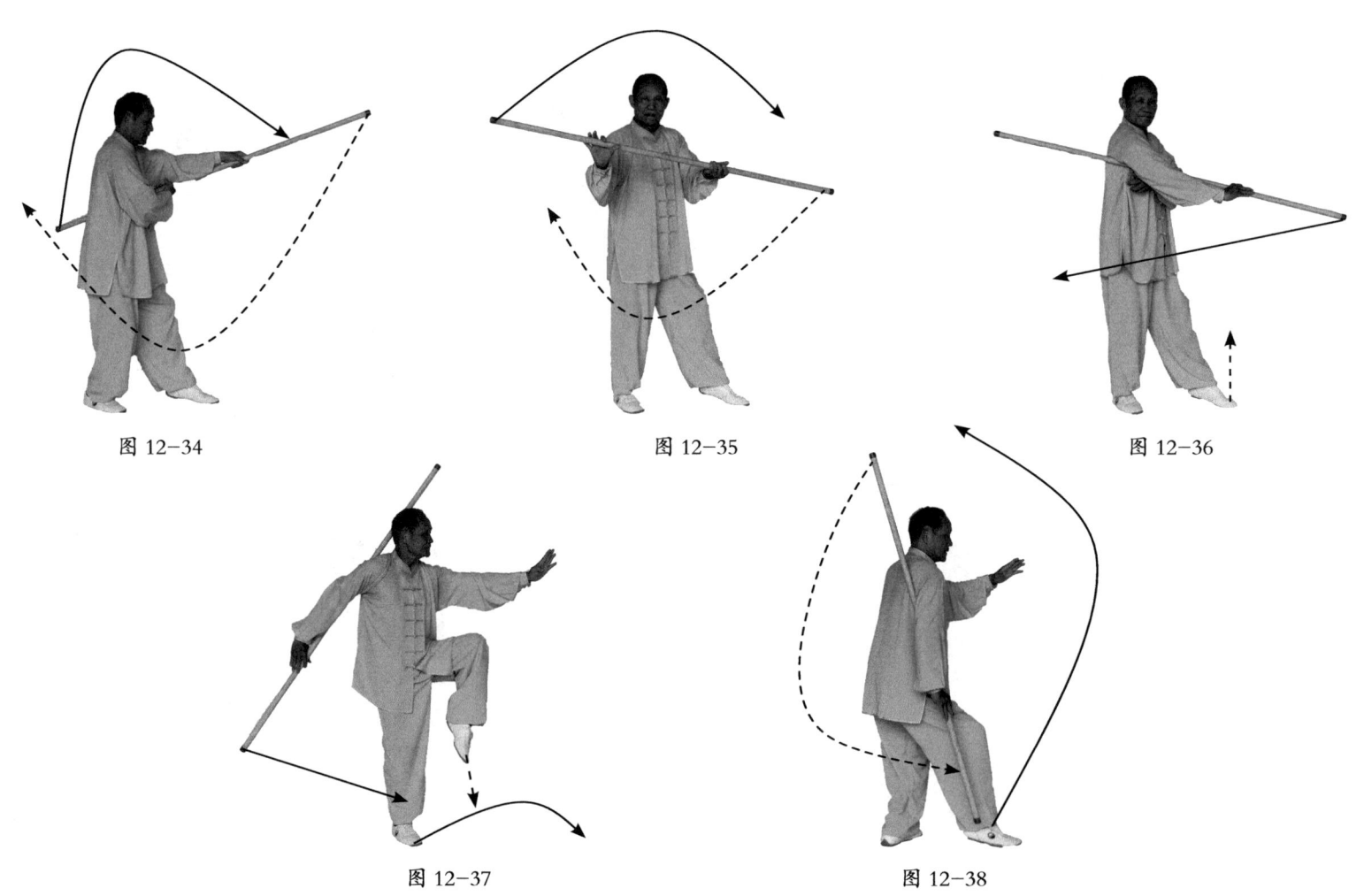

图12-34　　　　　图12-35　　　　　图12-36

图12-37　　　　　图12-38

第十一式　左右盖打

1. 继续转身90度；棍逆时针舞花540度，右手由下向上挑棍。（图12-39）
2. 右脚向右跨步；左手向前盖打。（图12-40）
3. 左脚向前上步；右手棍向前盖打。（图12-41）

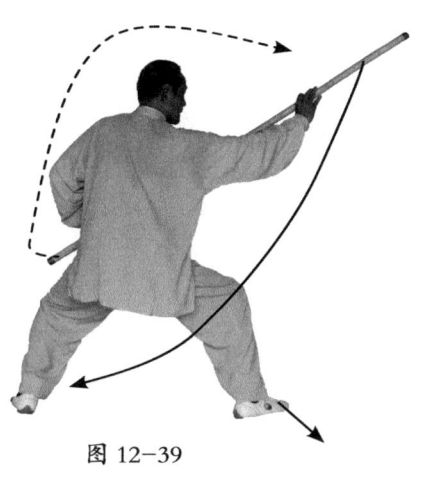

图 12-39

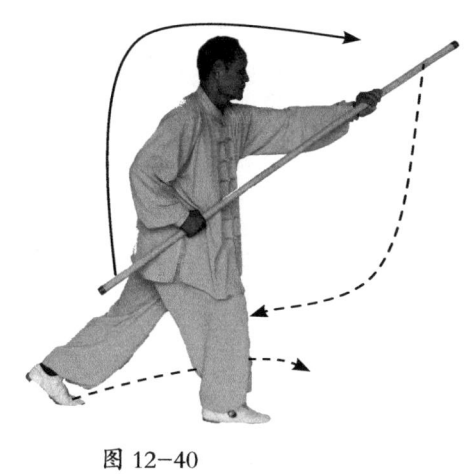

图 12-40

图 12-41

第十二式　上步盖打

1. 上右步；逆时针舞花360度。（图12-42）
2. 提左膝，左转身180度成左弓步；棍逆时针540度向前盖打。（图12-43）
3. 右转身90度；棍随身舞花180度。（图12-44）
4. 右转身90度，上左步；棍随身舞花180度。（图12-45）
5. 右转身90度；继续舞花360度。（图12-46）

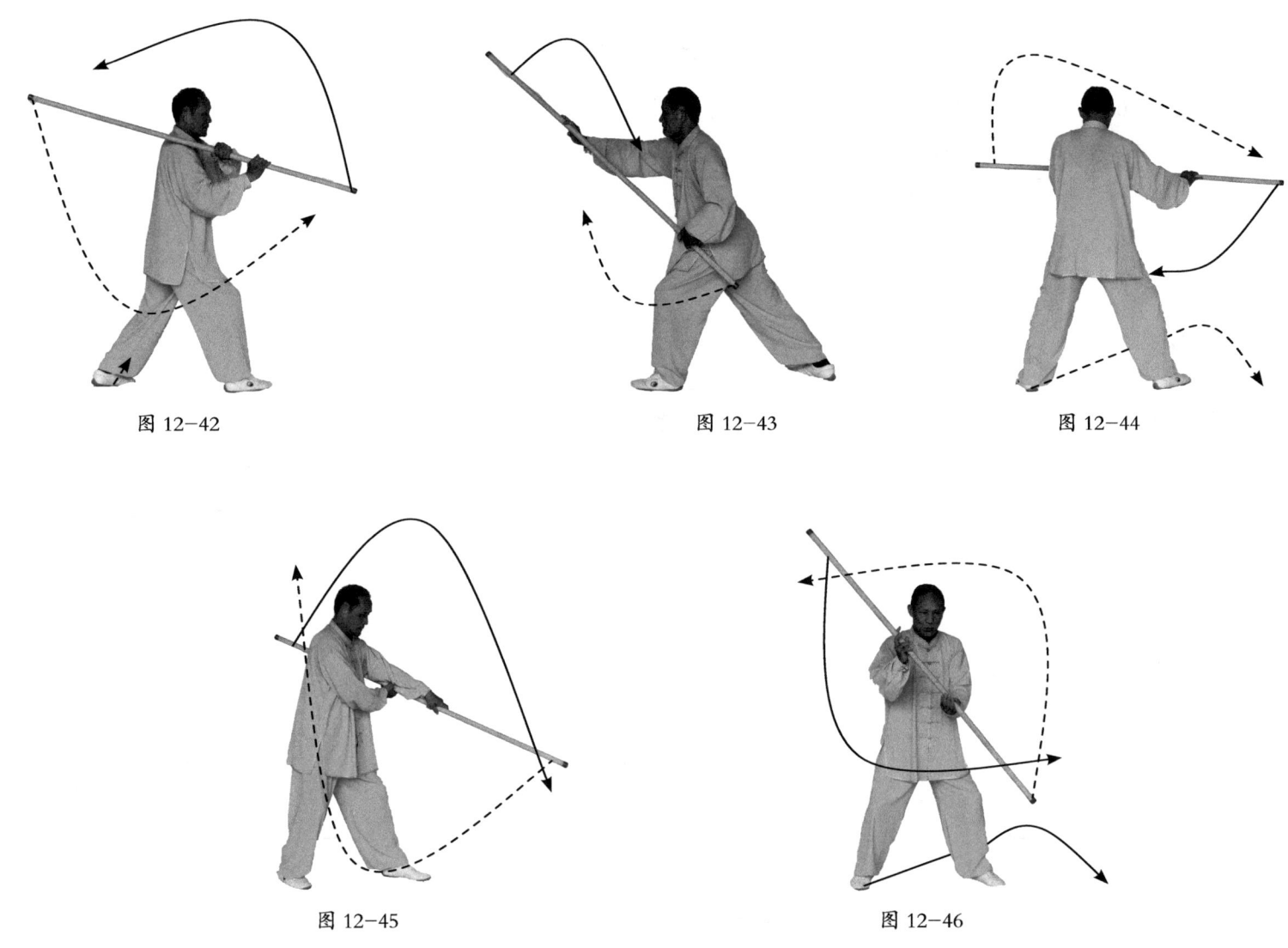

图 12-42　　　　　图 12-43　　　　　图 12-44

图 12-45　　　　　图 12-46

第十三式　伏虎

1. 右转身 180 度，泄右步；棍随身舞花 540 度。（图 12-47）
2. 左转身 90 度，棍在身体左侧舞花 360 度。接着，右转身 180 度，棍随身在身体右侧舞花 360 度。（图 12-48）
3. 向前上右步；继续舞花 360 度，将棍背至身后。（图 12-49）

　　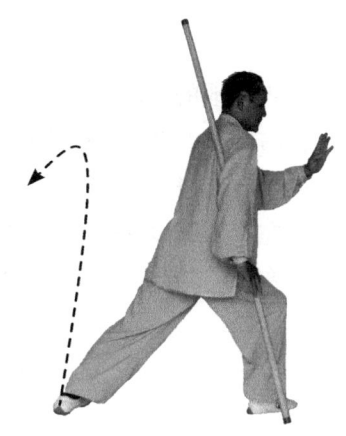

图 12-47　　　　　图 12-48　　　　　图 12-49

第十四式　苍龙摆尾

1. 左腿外摆。（图 12-50）
2. 左转身外摆 180 度。（图 12-51）
3. 右腿里合。（图 12-52）
4. 左转身 360 度，里合腿。（图 12-53）

图 12-50　　　　图 12-51　　　　图 12-52　　　　图 12-53

第十五式 转身横扫

1. 右脚落地的同时，左转身成左弓步；棍随身顺时针舞花720度，向左横扫。（图12-54）
2. 提右膝，右转身。（图12-55）
3. 继续右转身180度，成右弓步；同时，棍在头顶舞花360度向右横扫。（图12-56）
4. 上左步右转身180度；棍随身转180度。（图12-57）
5. 上左步右转身90度；棍随身转180度。（图12-58）

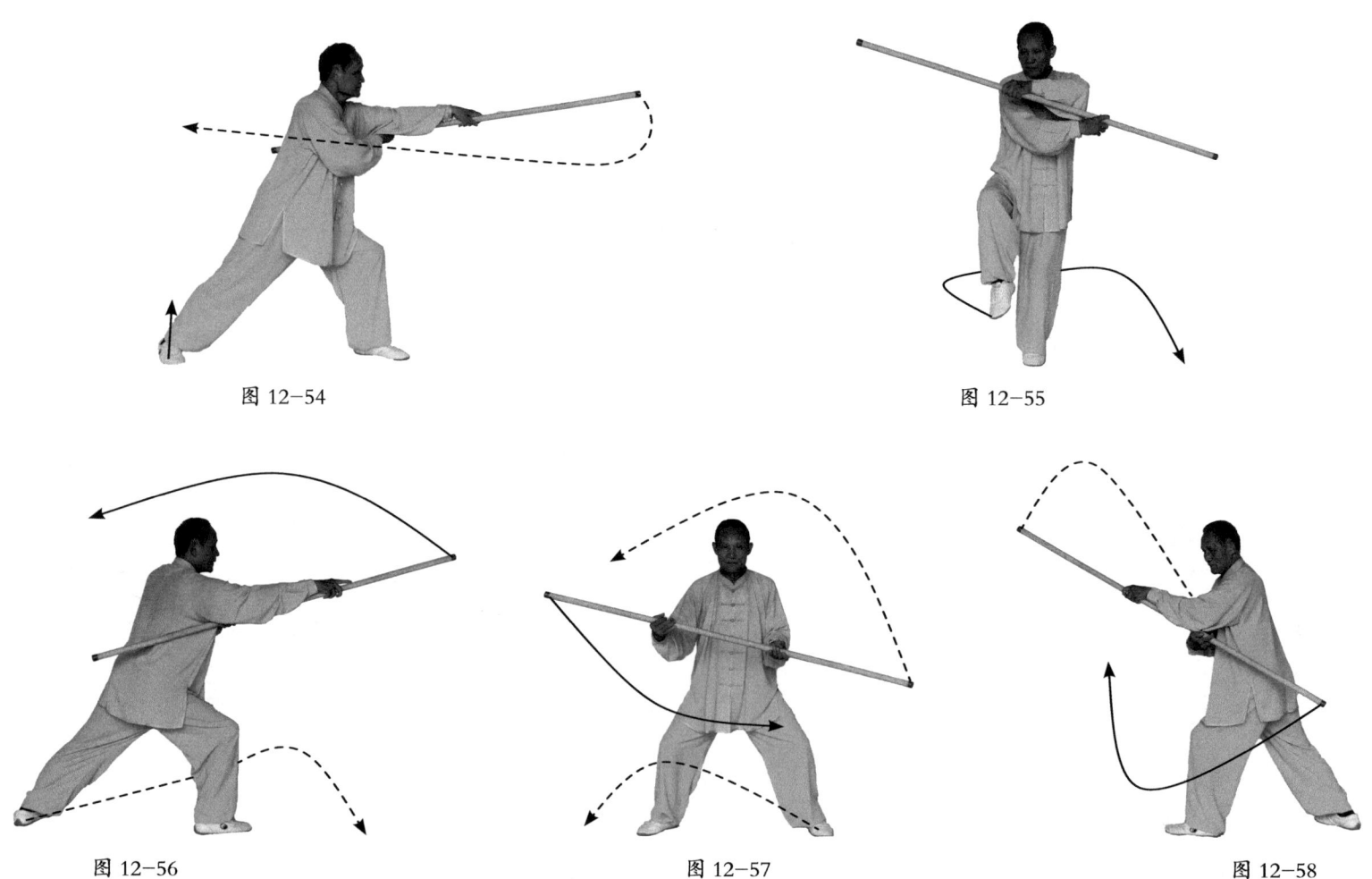

图12-54　　　　图12-55

图12-56　　　　图12-57　　　　图12-58

第十六式　金鸡独立

1. 棍随身继续舞花180度。（图12-59）
2. 右脚向后撤一小步，右转身90度，提左膝；棍继续逆时针舞花360度背至身体右侧。（图12-60）

第十七式　猿猴看果

1. 上左步左转身90度；棍随身舞花180度。（图12-61）
2. 上右步左转身90度；同时，棍随身180度。（图12-62）
3. 上左步右转身，身体下蹲，左脚虚步；棍随身舞花360度小头触地，左手棍在右腋下。（图12-63）

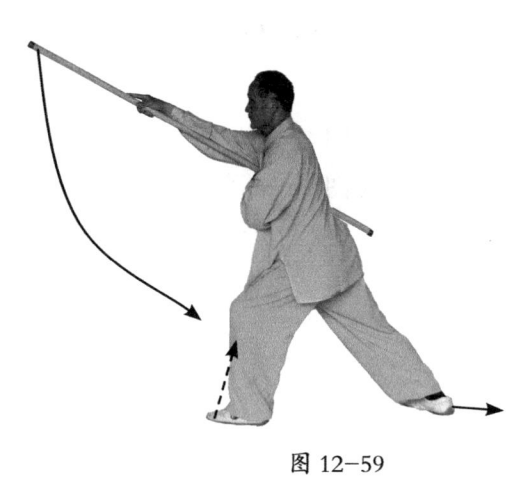

图12-59

图12-60

图12-61

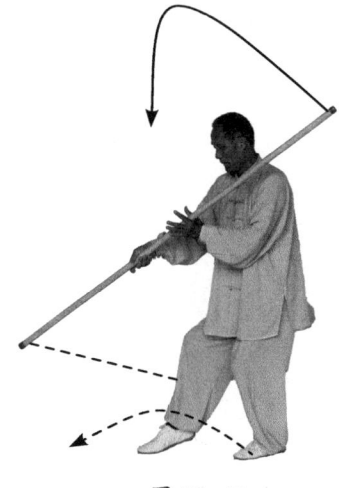

图12-62

图12-63

第十八式　提撩舞花

1. 上右步身体重心前移，向上撩棍。（图12-64）
2. 向前上左步；棍顺时针向前提撩360度。（图12-65）
3. 向前上右步；棍顺时针向前提撩360度。（图12-66）

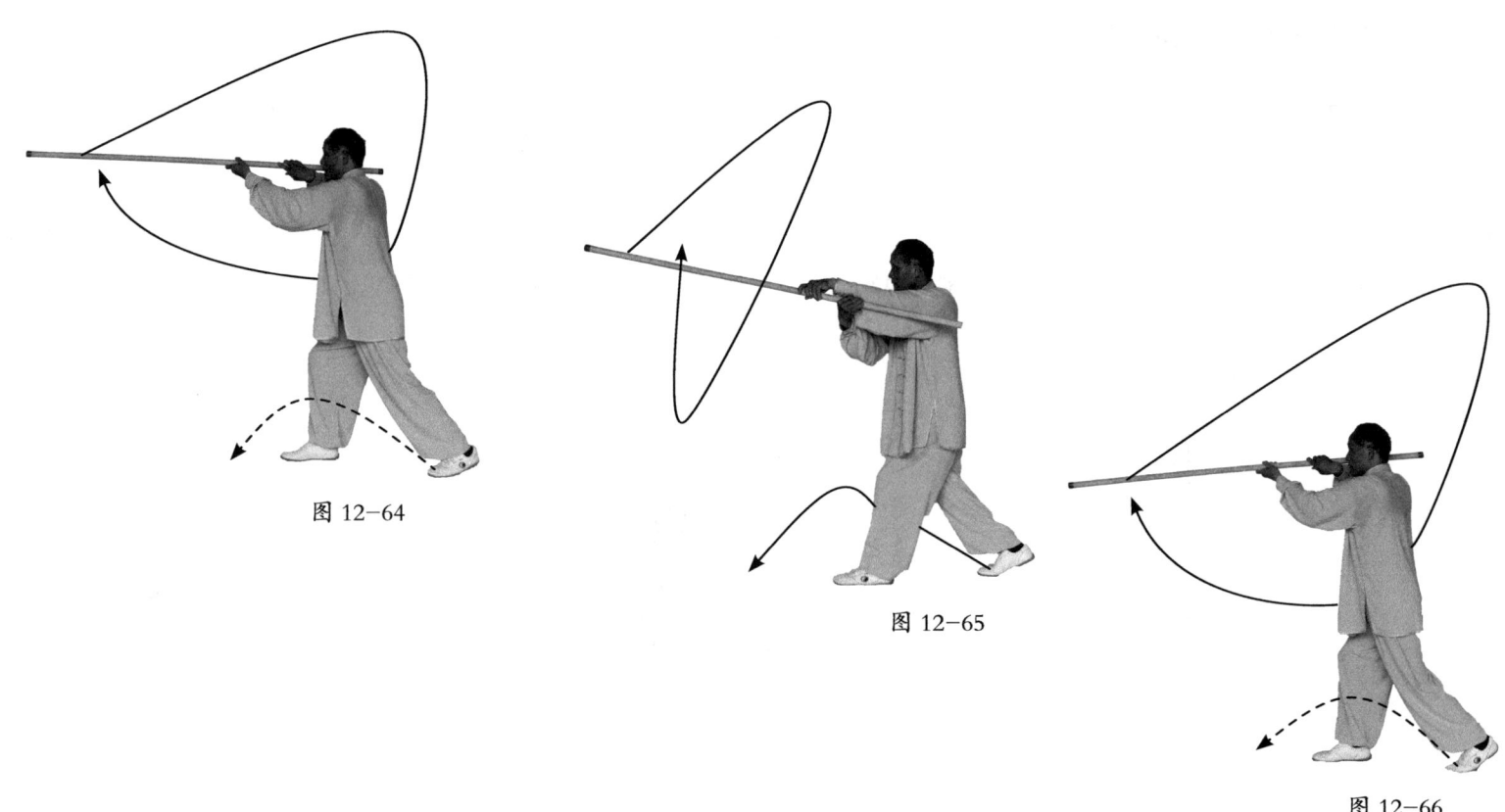

图12-64

图12-65

图12-66

4. 向前上左步；棍顺时针向前提撩360度。（图12-67）
5. 向前上右步；棍顺时针向前提撩360度。（图12-68）
6. 向前上左步；棍顺时针向前提撩180度。（图12-69）

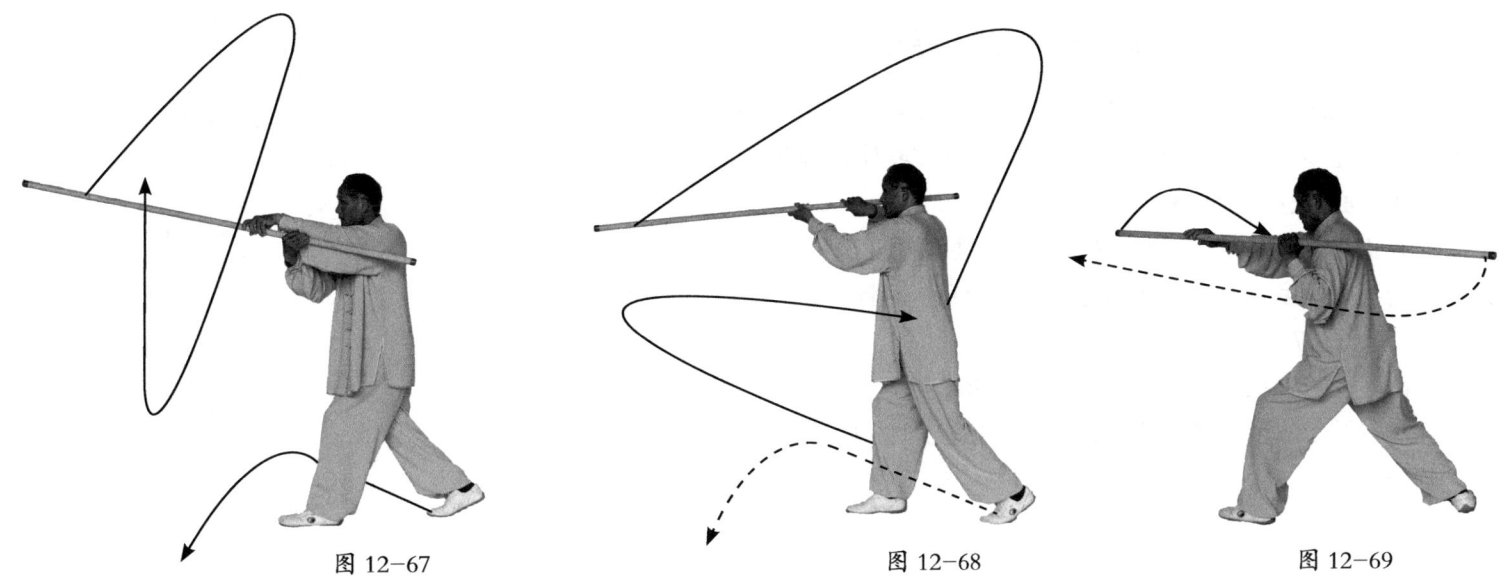

图 12-67　　　　　图 12-68　　　　　图 12-69

第十九式　云棍打膝

1. 步法不变，右转身 90 度；棍向前横扫。（图 12-70）
2. 提右膝右转身 180 度；棍逆时针舞花 180 度过头部。（图 12-71）
3. 右拧身，棍向右下劈打。（图 12-72）

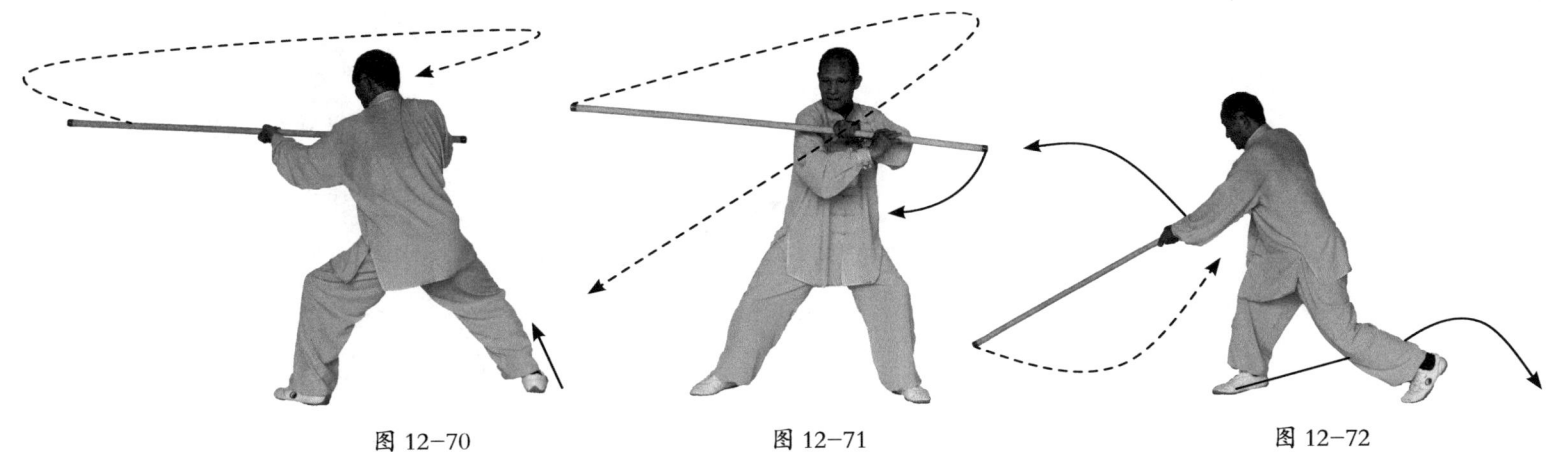

图 12-70　　　　　图 12-71　　　　　图 12-72

第二十式　回头望月

1. 右腿后撤步；棍逆时针在身体左侧舞花 180 度。（图 12-73）
2. 向后撤左步右拧身；同时，棍随身逆时针在身体右侧舞花 360 度。（图 12-74）
3. 身体重心前移；棍向前下劈打。（图 12-75）
4. 左脚正踢，左转身；同时，棍随身向上挑。（图 12-76）
5. 左转身 180 度，上左步成左弓步；棍随身逆时针舞花 360 度向左横扫，右手在左腋下。（图 12-77）
6. 步法不变；棍在身体左侧逆时针旋转 360 度。（图 12-78）
7. 随身右转 180 度下蹲；棍过头部向前劈打。（图 12-79）

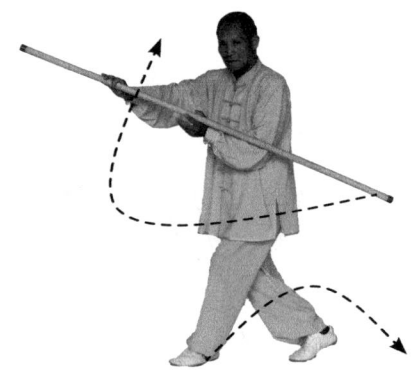

图 12-73

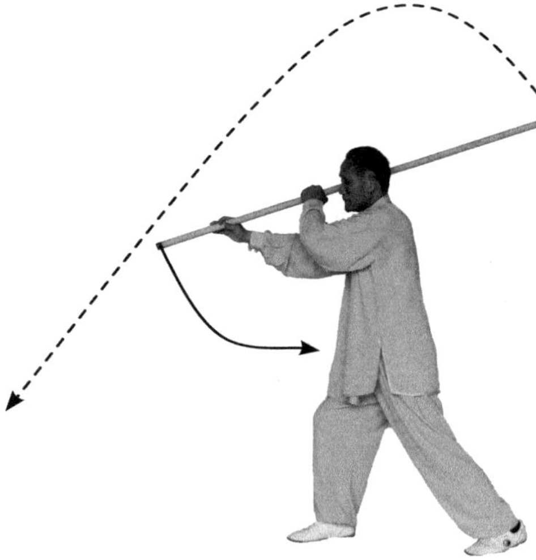

图 12-74

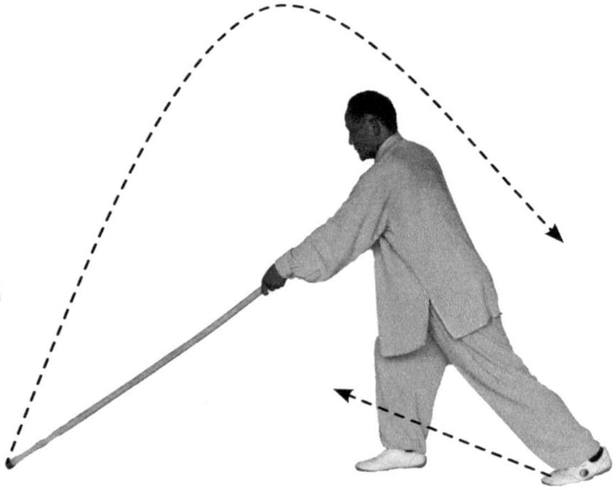

图 12-75

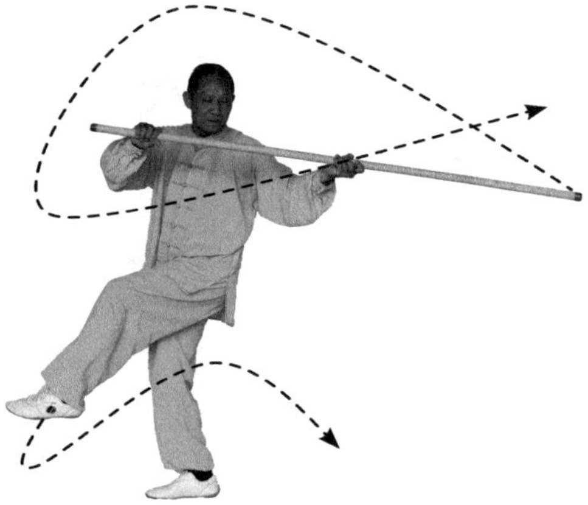

图 12-76

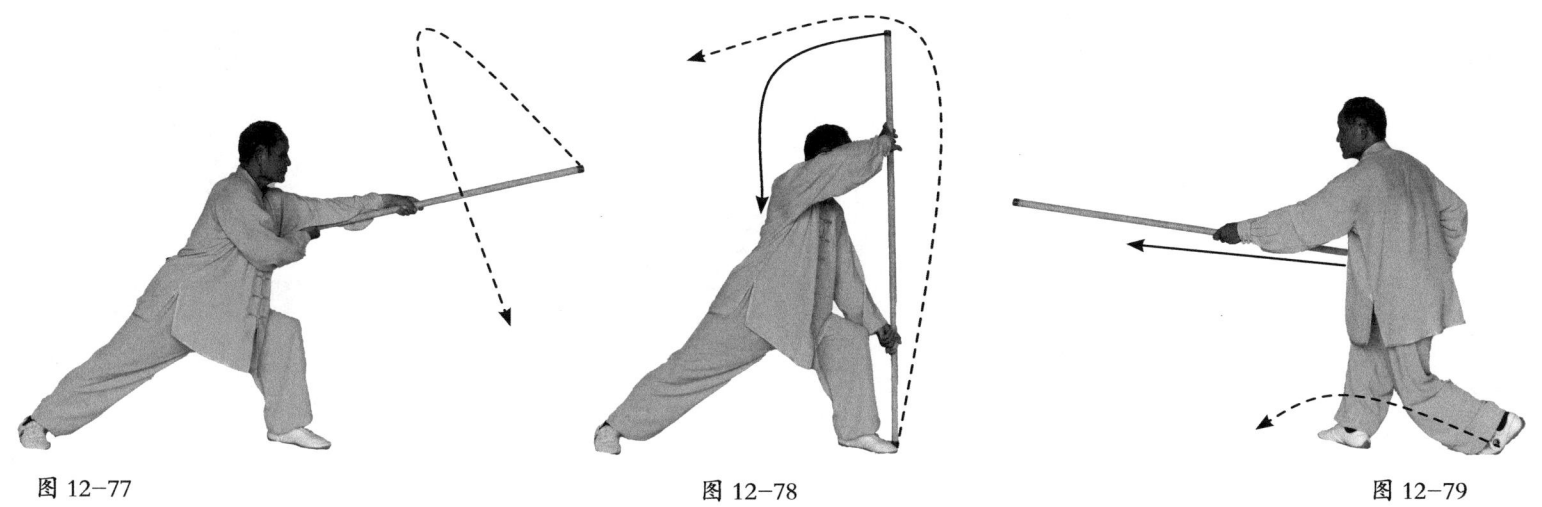

图 12-77　　　　　　　　图 12-78　　　　　　　　图 12-79

第二十一式　喜鹊过枝

1. 向前上左步成弓步；同时，向前戳棍。（图 12-80）

2. 踢右脚；同时，棍从右腿下方绕过并且换把。（图 12-81）

3. 落右步，左转身 180 度，上左步；棍扛在右肩。（图 12-82）

4. 向前上右步。（图 12-83）

5. 继续向前上左步；同时，棍绕过头部扛在左肩。（图 12-84）

6. 右转身 90 度；棍随身横扫扛至右肩。（图 12-85）

7. 左转身收右脚，身体微屈，右脚虚步；右手随身斜劈棍，左手接棍。（图 12-86）

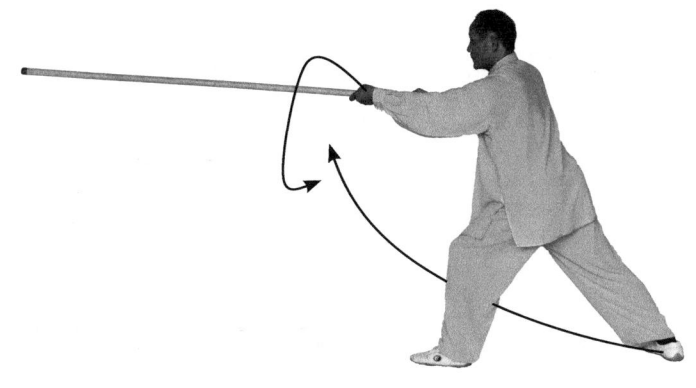

图 12-80

图 12-81　　　　图 12-82　　　　图 12-83

图 12-84　　　　图 12-85　　　　图 12-86

第二十二式　左右插花

1. 身体重心前移；棍在身体左侧顺时针舞花 180 度。（图 12-87）
2. 上左步右转身 180 度；棍在身体右侧逆时针舞花 360 度。（图 12-88）
3. 上右步左转身 180 度；棍随身旋转。（图 12-89）
4. 上左步右转身；棍顺时针舞花 360 度。（图 12-90）
5. 身体重心前移；棍在身体左侧顺时针舞花 180 度。（图 12-91）

6. 上左步右转身180度；棍在身体右侧逆时针舞花360度。（图12-92）
7. 上右步左转身180度；棍在身体左侧顺时针舞花360度。（图12-93）
8. 上左步右转身180度；棍在身体右侧逆时针舞花360度。（图12-94）
9. 步法不变；棍继续转90度在左手背滚过。（图12-95）

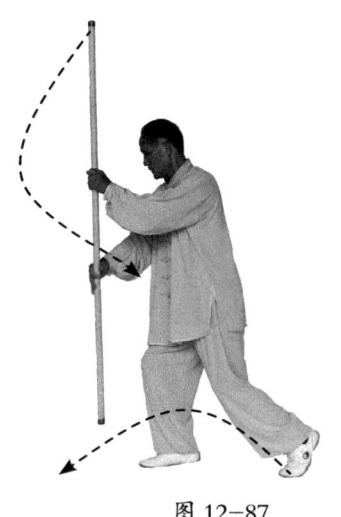

图 12-87

图 12-88

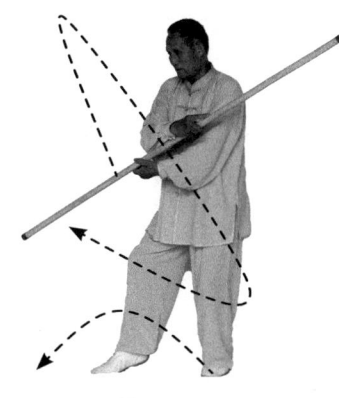

图 12-89

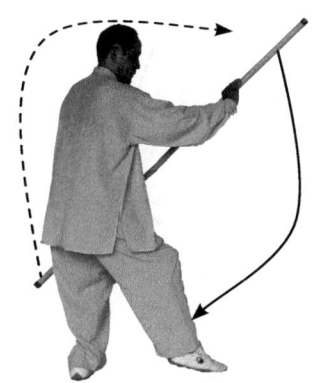

图 12-90

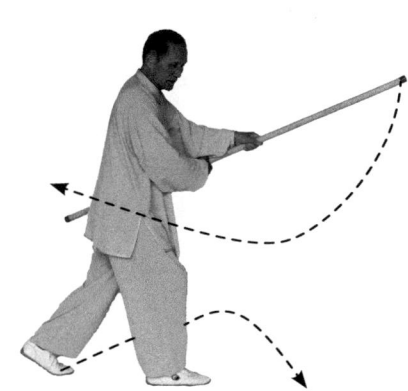

图 12-91

图 12-92

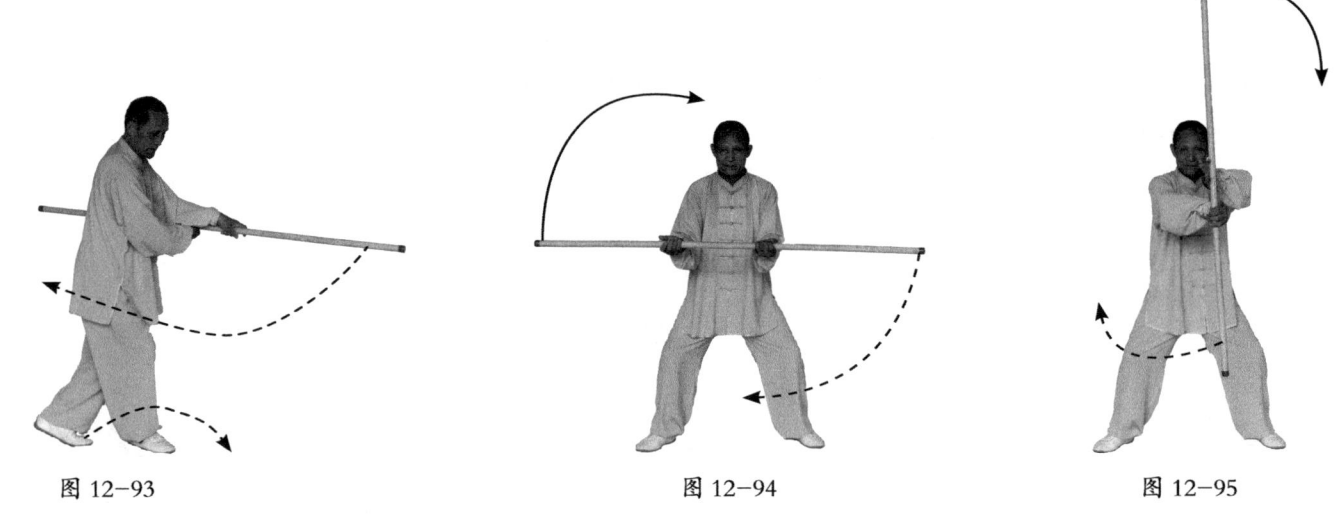

图 12-93　　　　　　　　图 12-94　　　　　　　　图 12-95

第二十三式　单手抡劈

1. 步法不变；以左手为轴，棍在身前继续舞花360度；右手接棍。（图12-96）
2. 左转身上右步；棍随身旋转。（图12-97）
3. 左转身180度撤左步；棍随身旋转。（图12-98）

图 12-96　　　　　　　　图 12-97　　　　　　　　图 12-98

4. 左转身90度。（图12-99）

5. 身体重心右移成弓步；同时，右手持棍向右前抡劈捶地。（图 12-100）

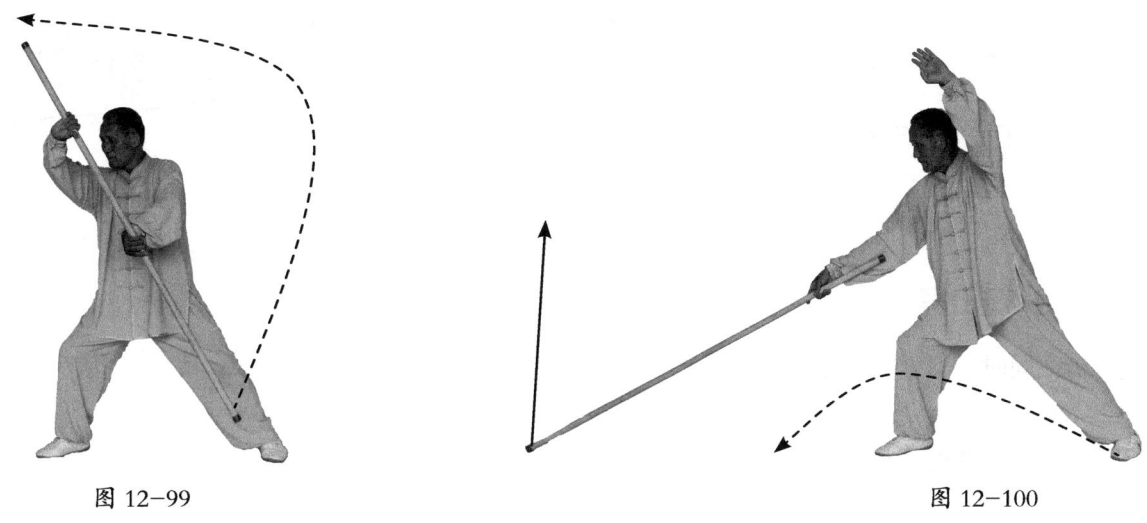

图 12-99　　　　　　　　　　　图 12-100

第二十四式　弓步托举

1. 上左步右转身 180 度；同时，将棍向上抛起旋转 180 度，双手接棍，棍向前举起。（图 12-101）
2. 上右步左转身；棍在身体右侧顺时针舞花 360 度。（图 12-102）
3. 向前上右步；棍顺时针舞花 180 度，向前戳棍。（图 12-103）

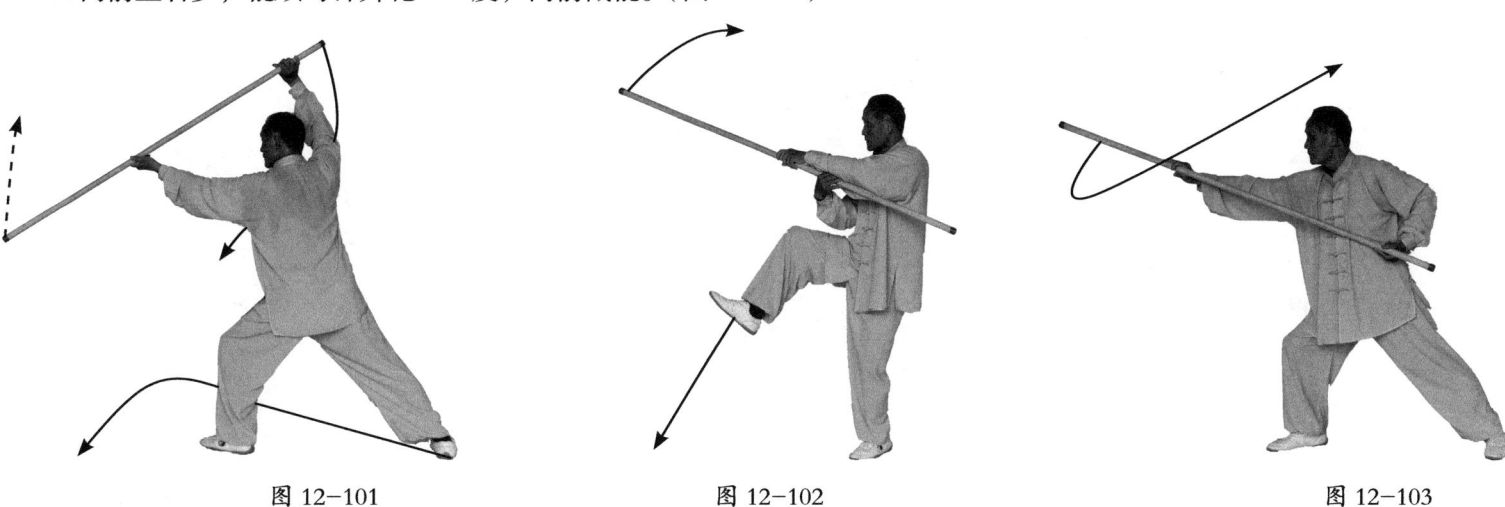

图 12-101　　　　　　　图 12-102　　　　　　　图 12-103

第二十五式 降龙

1. 左转身；同时，将棍回拉至头顶。（图 12-104）
2. 步法不变，右拧身；棍横扫扛至右肩。（图 12-105）

第二十六式 横扫千军

1. 左拧身成左弓步；同时，将棍向左横扫扛至左肩。（图 12-106）
2. 上左步跳起，右转身 180 度；棍随身旋转 360 度。（图 12-107）
3. 落左脚的同时，上右步继续右转身 180 度；棍随身横扫 360 度扛至右肩头。（图 12-108）

图 12-104

图 12-105

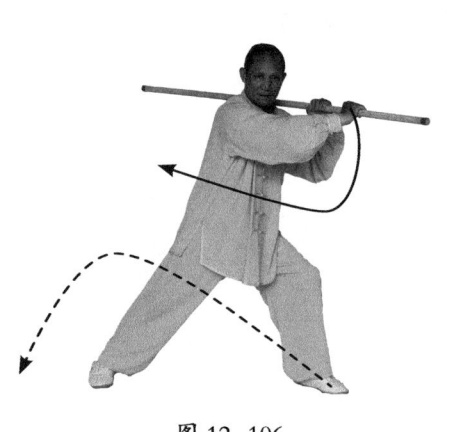

图 12-106

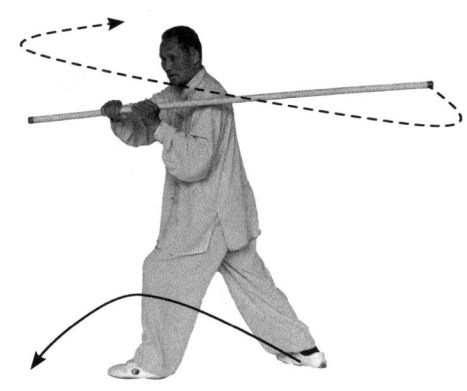

图 12-107

图 12-108

第二十七式　古树盘根

左转身 180 度，身体下坐成盘腿势；同时，棍随身抡至身前。（图 12-109）

第二十八式　猿猴攀枝

1. 起身上右步；同时，棍在身体左侧顺时针旋转 180 度。（图 12-110）
2. 上左步右转身 180 度；同时，棍随身顺时针舞花 360 度。（图 12-111）
3. 动右脚提左膝，左转身成左独立步；棍顺时针舞花 360 度背至背后。（图 12-112）

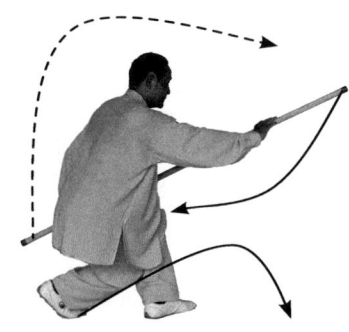

图 12-109

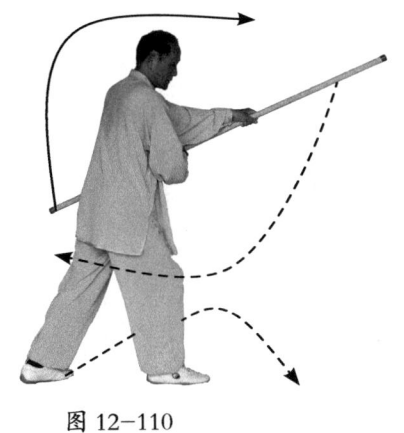

图 12-110

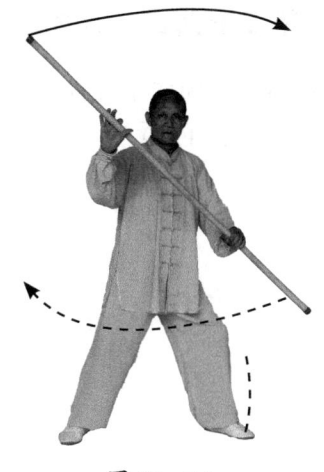

图 12-111

图 12-112

4. 向前上左步。（图 12-113）
5. 向前上左步的同时踢右脚；左手击打右脚面。（图 12-114）

图 12-113

图 12-114

第二十九式 转身踢腿

1. 向前上右步成右弓步；同时，棍在身体右侧旋转一周扛在右肩；目视右侧。（图 12-115）
2. 左转身 180 度，右脚向前正踢，棍随身转。（图 12-116）

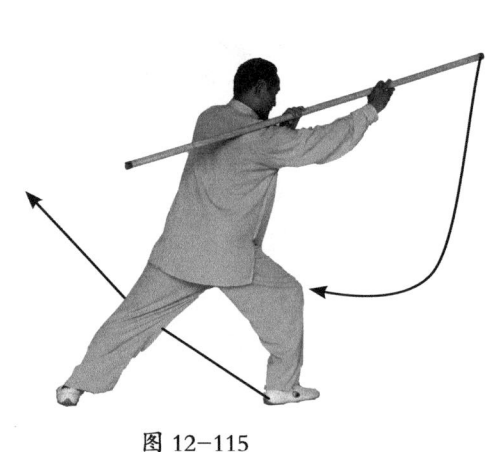

图 12-115

图 12-116

第三十式 回身挑帘

1. 右脚向后落步，右转身 180 度，向前上左步成左弓步；棍随身旋转向上挑。（图 12-117）

2. 左拧身180度；同时，棍随身在身体左侧旋转360度。（图12-118）

3. 右回身180度；棍随身顺时针旋转。（图12-119）

4. 左脚向右，双脚并步站立；棍转至身体右侧。（图12-120）

5. 双脚并步站立；左手收至身体左侧；目视前方。（图12-121）

图 12-117

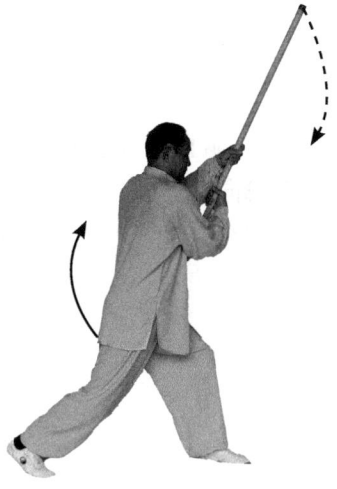

图 12-118

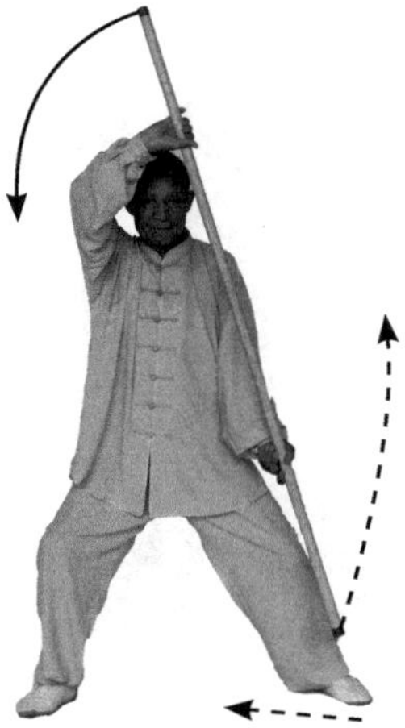

图 12-119

图 12-120

图 12-121

第十三章　猿仙通背春秋大刀二十四式图解

第一式　指空望月

1. 两脚并步站立，身正躯直；右手拿刀，左手贴于身体左侧；两眼平视。（图13-1）
2. 左转身90度，右脚向后促一步；左掌向前推掌；眼视左掌。（图13-2）
3. 右手持刀向空中抛起，手指用力使刀顺时针旋转，左掌下按；仰视刀锋。（图13-3）

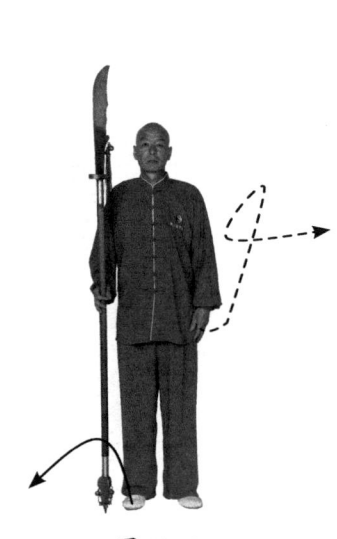

图 13-1

图 13-2

图 13-3

第二式 乌龙入洞

1. 步法不变；右手接刀，刀攥着地；目视前方。（图13-4）
2. 右脚向前扫摆刀攥；左手虎口朝下接刀。（图13-5）
3. 向前上右步；同时，左手向后转刀180度；目视前方（图13-6）
4. 向前上左步成左弓步；同时，左手向前换把小虎口朝前，顺势向前推刀。（图13-7）

第三式 顺势蹲推

1. 左脚向右腿后插步；左手向下，刀旋转180度。（图13-8）
2. 右腿向右跳起，左脚跟步下蹲，右拧身；右手刀旋转360度，左手向右推刀，刀攥朝上。（图13-9）

图13-4　　图13-5　　图13-6　　图13-7

图13-8　　图13-9

第四式　关公拖刀

左转身，左脚向左上步成左弓步；同时，左手向前推掌，右手向后撩刀，刀把紧贴右背；眼视左掌。（图13-10）

图 13-10

第五式　关公撩刀

1. 左拧身90度，同时右脚向前踢；右手随身向上撩刀，左手虎口朝前接刀。（图13-11）

2. 右脚向后落步；同时，大刀随身收至身体右侧，刀刃朝下；眼视左前方。（图13-12）

3. 左拧身90度，提左膝委身，身体重心移至右腿；同时，双手持刀随身向上撩刀，刀面擦脚底。（图13-13）

图 13-11

图 13-12

图 13-13

第六式　转换拖刀

1. 向前上左步；刀在身体左侧。（图13-14）

2. 右脚向前上一步，左转身90度。（图13-15）

3. 左脚向右腿后插步，左拧身身体重心移至右腿；同时，双手转刀，刀刃朝下向右刺刀。（图13-16）

图 13-14

图 13-15

图 13-16

第七式　撩裆脚

提左膝向左踢脚；刀法不变。（图 13-17）

第八式　怀中抱月

1. 落左步，向前上右步；大刀随身向前舞花 180 度。（图 13-18）
2. 左转身 90 度，左脚向右腿后插步；大刀随身向左顺时针舞花 360 度。（图 13-19）

图 13-17

图 13-18

图 13-19

3. 左转身180度；刀法不变。（图13-20）

4. 左脚向后撤一步；大刀随身向左逆时针舞花180度。（图13-21）

5. 左转身90度，右脚向左并步，委身下蹲；同时，大刀随身顺时针舞花360度收于怀中，刀刃朝前。（图13-22）

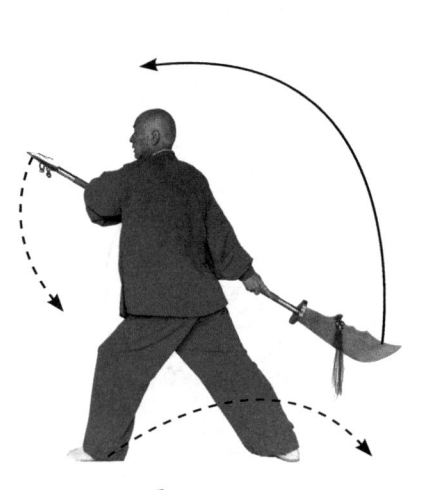

图13-20

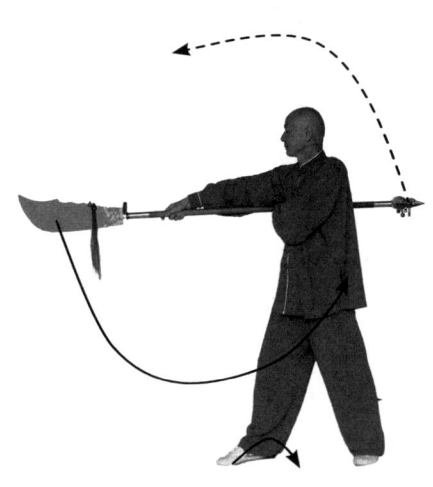

图13-21

图13-22

第九式　顺水推舟

起身，右脚向右上步成右弓步；同时，双手顺势向右推刀。（图13-23）

第十式　猛虎掏心

1. 左转身180度；同时，双手举刀至身体右侧。（图13-24）

2. 向前上右步转身180度，震右脚；同时，右手向前推刀。（图13-25）

图13-23

图 13-24

图 13-25

第十一式　朝天一炷香

1. 提左膝左拧身，落步成拗步；大刀在身体右侧旋转 360 度。（图 13-26）
2. 先前上右步跳起；右手向上抛刀。（图 13-27）

图 13-26

图 13-27

第十二式　正舞花

1. 右脚向右上步成右弓步；同时，右手接刀，双手向上举刀；眼视左侧。（图 13-28）
2. 左转身 90 度向前上右步；随身向前劈刀。（图 13-29）
3. 左转身 90 度，左脚向右腿后插步；大刀随身在身体右侧旋转 360 度。（图 13-30）

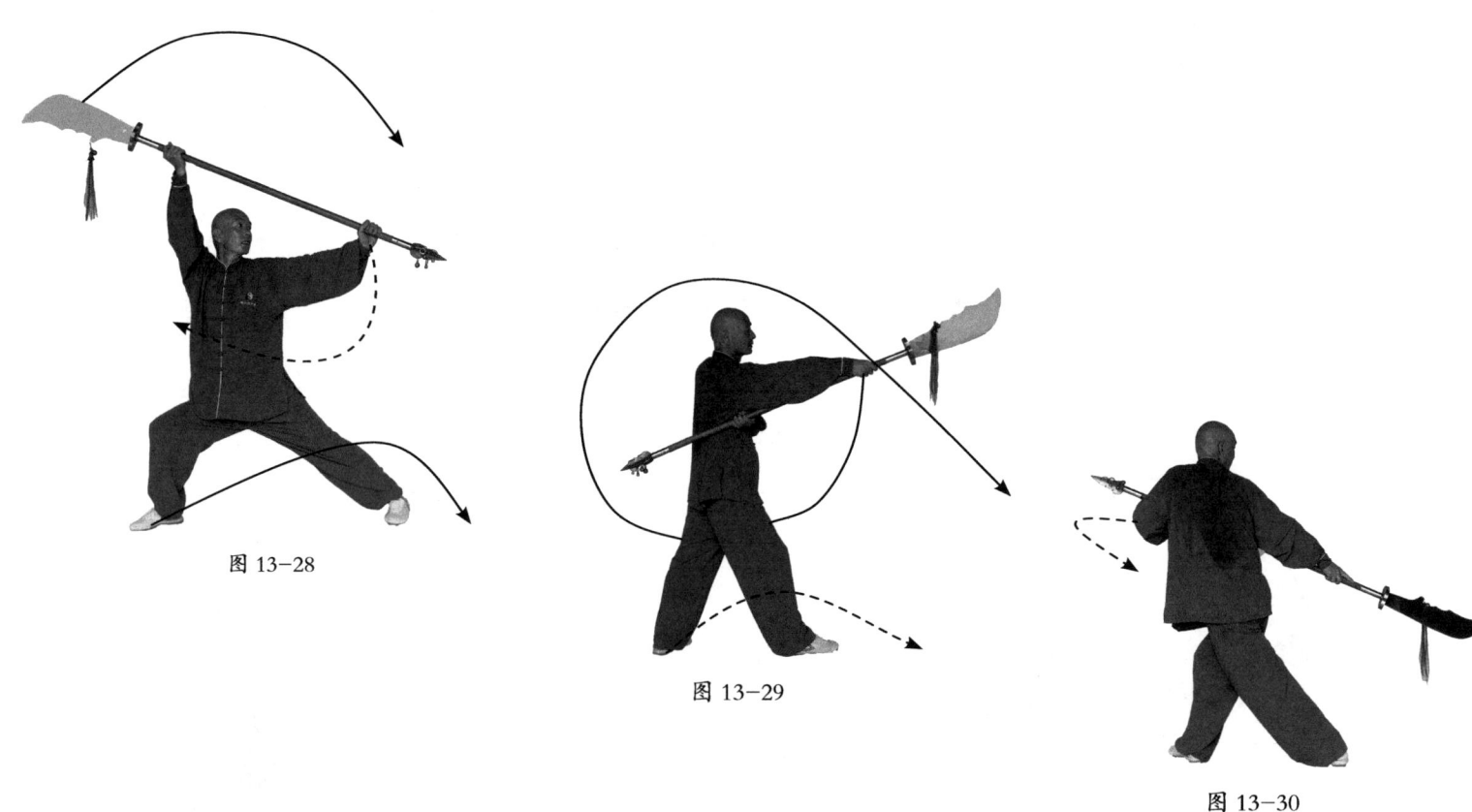

图 13-28

图 13-29

图 13-30

4. 左转身 180 度；刀法不变。（图 13-31）
5. 左转身 90 度，左脚向后撤一步；大刀随身向左逆时针舞花 180 度。（图 13-32）
6. 步法不变，左转身 90 度；大刀随身向左顺时针舞花至胸前。（图 13-33）

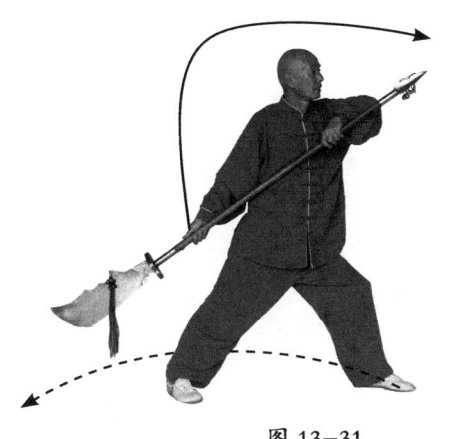
图 13-31

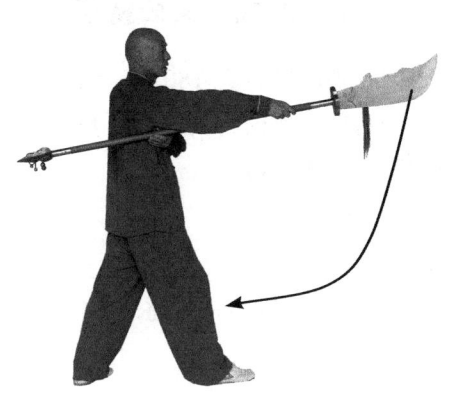
图 13-32

图 13-33

第十三式　反舞花

1. 左脚向右上一步，右转身 90 度；大刀向右顺时针舞花。（图 13-34）
2. 向右转身 90 度；大刀随身向右顺时针旋转 360 度。（图 13-35）
3. 右转身 180 度，上左步；刀随身转 180 度。（图 13-36）
4. 右转身 180 度，右脚向后撤步；大刀随身向右顺时针舞花 180 度。（图 13-37）

图 13-34

图 13-35

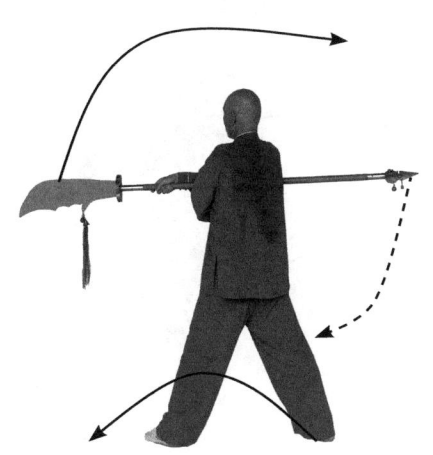
图 13-36

图 13-37

第十四式 关公捋胡

1. 左转身90度，左脚向前上步；大刀随身向左逆时针舞花180度。（图13-38）
2. 左转身90度，左脚向右腿后插步；大刀随身向左顺时针舞花360度。（图13-39）
3. 左转身180度；随身右手将大刀向上抛起。（图13-40）
4. 左拧身；大刀落在左肩上，左手持刀。（图13-41）
5. 右腿向左提膝；右手向左扶手。（图13-42）
6. 向左跌步，右脚向左上步成马步；同时，右手向左旋转一周捋手。（图13-43）

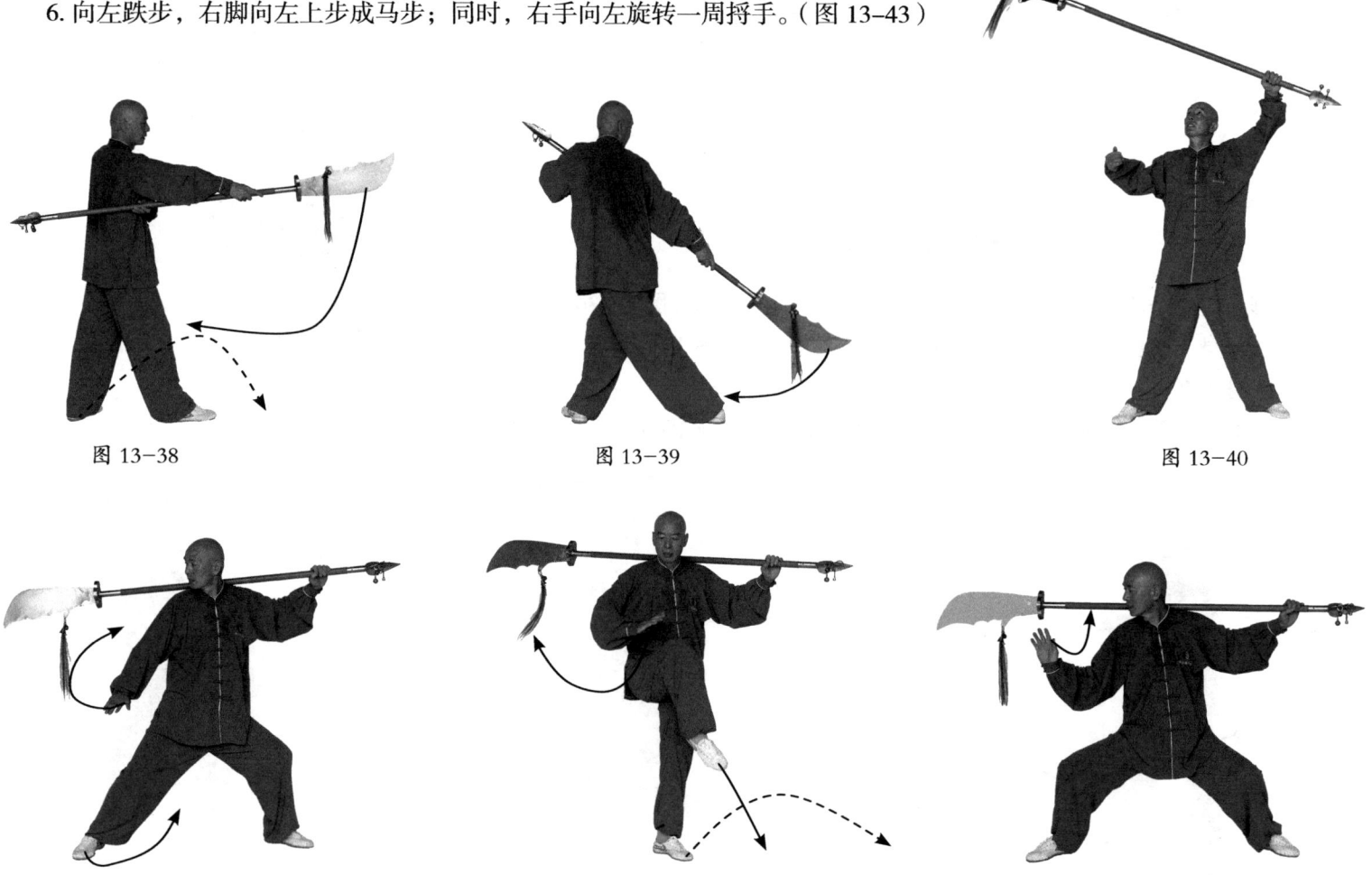

图13-38　　　　　图13-39　　　　　图13-40

图13-41　　　　　图13-42　　　　　图13-43

第十五式　白猿盖顶

1. 马步不变；右手虎口朝上接刀。（图13-44）
2. 起身；双手将刀上举过头顶持于胸前。（图13-45）
3. 右转身90度，提右膝；大刀随身转至身体右侧。（图13-46）
4. 右转身90度跌步，上左步成左弓步；同时，大刀随身逆时针舞花360度背于身后，左手向左盖顶掤出。（图13-47）

图13-44

图13-45

图13-46

图13-47

第十六式　十字披红

1. 向左踢右脚；刀随身顺时针旋转。（图13-48）
2. 右脚向后落步；大刀继续旋转至身体右侧；眼视左前方。（图13-49）
3. 左拧身90度提左膝，委身，身体重心移至右腿；同时，双手持刀随身向上撩刀，刀面擦脚底。（图13-50）
4. 向前落步成拗步，拧身；双手向上挑刀至身体左侧。（图13-51）
5. 向右回身，提右膝，左转身左脚跳起；刀向由下向上抛起。（图13-52）
6. 右脚向右上步成右弓步；同时，右手接刀，双手向上举刀；眼视左侧。（图13-53）

图 13-48　　　　　图 13-49　　　　　图 13-50

图 13-51　　　　　图 13-52　　　　　图 13-53

7. 左转身90度，右脚向左上一步；随身向前劈刀。（图13-54）
8. 左转身90度，左脚向右腿后插步；大刀随身向左逆时针舞花360度。（图13-55）
9. 左转身180度；刀随身旋转。（图13-56）
10. 左转身90度，右脚向前上一步；大刀随身向左逆时针舞花180度。（图13-57）
11. 左转身90度成右弓步，同时大刀随身向左，在左肩顺时针舞花。（图13-58）

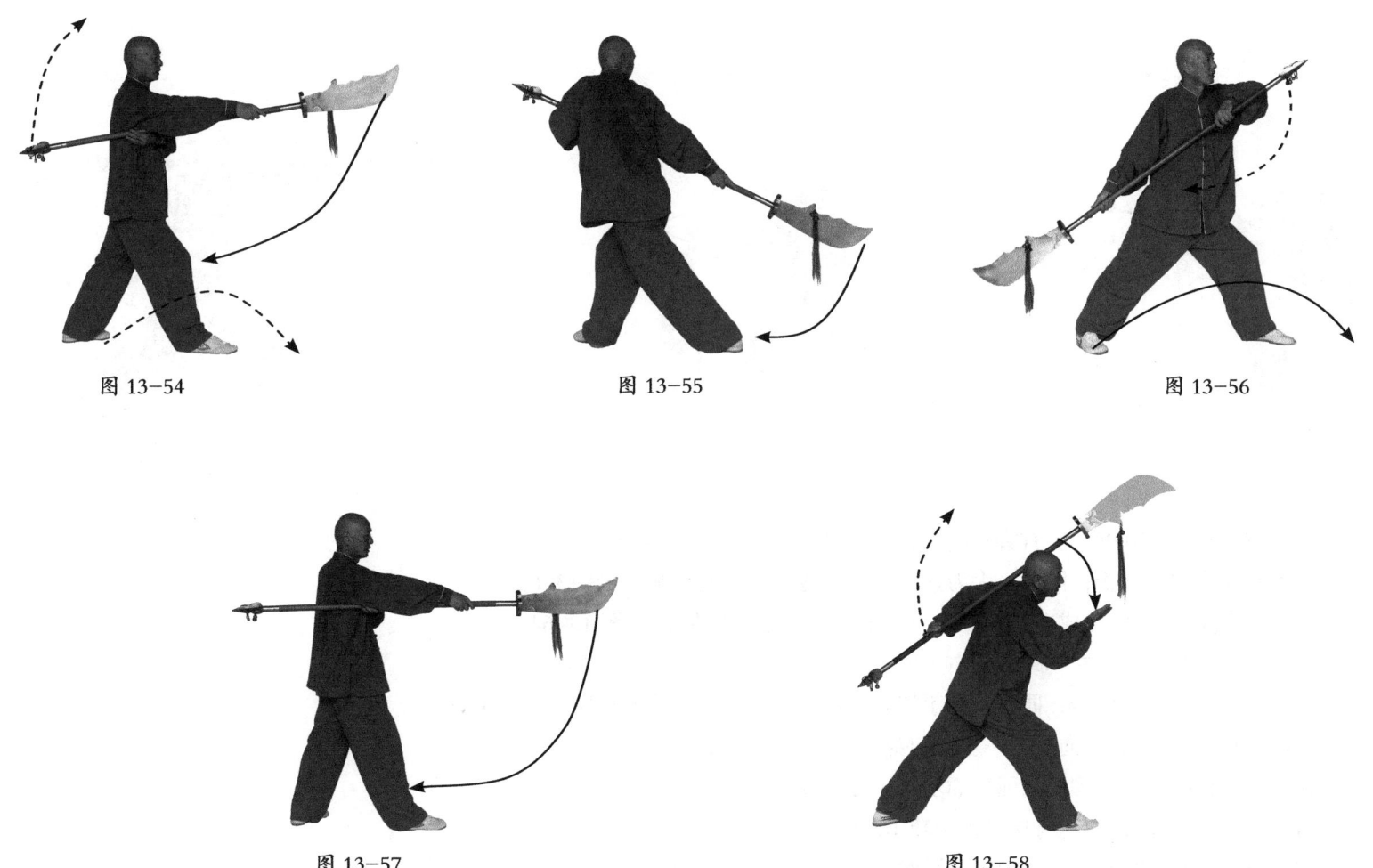

图13-54　　　　　　　图13-55　　　　　　　图13-56

图13-57　　　　　　　图13-58

第十七式　劈山救母

1. 右脚向左并步，委身下蹲；同时，右手接刀，左手换把，双手将刀收于怀中，刀尖朝下。（图13-59）
2. 起身，右脚向右上步成右弓步；同时，顺势双手向右推刀。（图13-60）
3. 双手举刀左转身180度；大刀方向不变放于左肩。（图13-61）

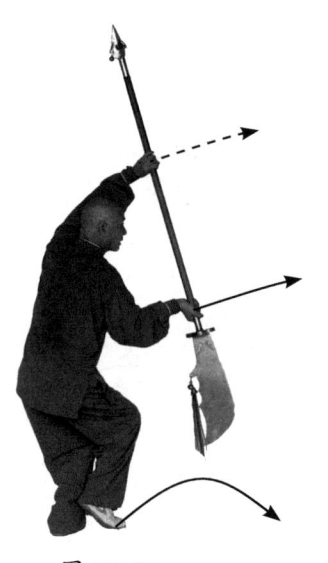

图13-59

图13-60

图13-61

4. 上右脚转身180度，震右脚；同时，右手向前推刀。（图13-62）
5. 提左膝成右独立步；同时，大刀逆时针向右转动；目视左侧。（图13-63）
6. 上左步左拧身90度成左拗步；大刀继续随身旋转向上挑刀。（图13-64）
7. 上右步，提右膝，左脚跳起；右手向上抛刀，左手接刀。（图13-65）
8. 右脚向右上步成弓步；同时，右手接刀，双手向上举刀；眼视左侧。（图13-66）
9. 左转身90度，右脚向左上一步；随身向前劈刀。（图13-67）
10. 左转身90度，左脚向右腿后插步；大刀随身向左顺时针舞花360度。（图13-68）
11. 左转身270度；刀随身逆时针旋转180度。（图13-69）
12. 左转身90度泄左步；大刀随身顺时针旋转180度。（图13-70）

图 13-62　　　　　图 13-63　　　　　图 13-64

图 13-65　　　　　图 13-66　　　　　图 13-67

第十三章　猿仙通背春秋大刀二十四式图解

图 13-68

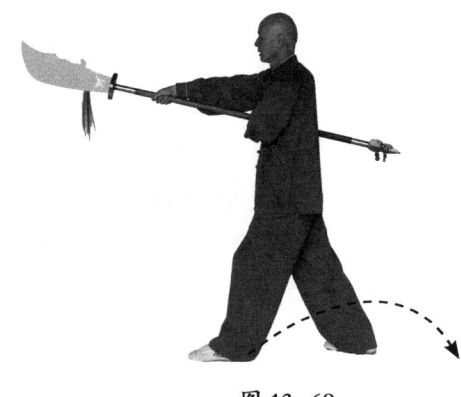

图 13-69

图 13-70

13. 右转身180度，向右泄步；大刀随身旋转。（图 13-71）
14. 右脚向左腿后插步；大刀逆时针向左旋转180度。（图 13-72）
15. 右转身180度；大刀随身继续旋转180度。（图 13-73）

图 13-71

图 13-72

图 13-73

16. 右转身180度，向右泄步；大刀随身旋转。（图 13-74）
17. 左转身90度，向前上右步；大刀随身逆时针旋转180度。（图 13-75）

图 13-74

图 13-75

18. 左转身 180 度，左脚向后泄步；大刀随身顺时针向左旋转 360 度。（图 13-76）
19. 继续左转身 180 度；大刀随身旋转。（图 13-77）
20. 左转身 180 度，向前上右步；同时，大刀随身转向前劈刀。（图 13-78）

图 13-76　　　　　图 13-77　　　　　图 13-78

21. 左拧身；提左膝。（图 13-79）
22. 跳起左翻身 360 度，落步成马步；同时，大刀随身向前劈刀。（图 13-80）

图 13-79　　　　　　　　　　　图 13-80

第十八式　虚实二刀

1. 提右膝，右拧身成左独立步；同时，双手将刀收回至右肩处。（图 13-81）
2. 向前上右步左拧身成右弓步；同时，双手向右横劈刀。（图 13-82）
3. 右拧身，双手收刀。（图 13-83）

图 13-81　　　　　　　　　图 13-82　　　　　　　　　图 13-83

4. 左转身成左弓步；同时，顺时针旋转大刀至右腿，刀锋向左。（图 13-84）
5. 向左提右膝；大刀向左逆时针舞花 180 度。（图 13-85）
6. 向前跌右步，上左步成左弓步；同时，将大刀背至身后，左手向左推出。（图 13-86）

图 13-84

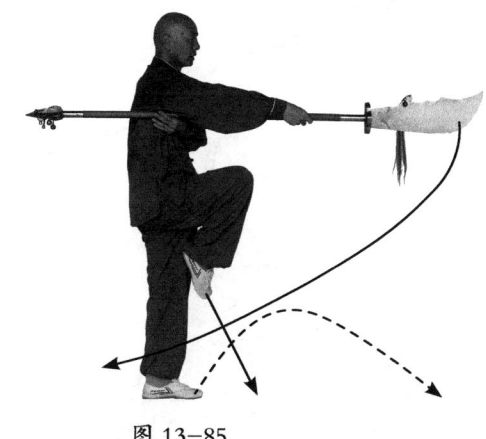
图 13-85

图 13-86

第十九式　关公挑袍

1. 左拧身90度，右脚前踢；同时，右手随身向上撩刀，左手虎口朝前接刀。（图13-87）
2. 右脚向后落步；同时，大刀随身收至身体右侧，刀刃朝上；眼视右前方。（图13-88）
3. 左拧身90度，提左腿委身，身体重心移至右腿；同时，双手持刀随身向上撩刀，刀面擦脚底。（图13-89）

图 13-87

图 13-88

图 13-89

4. 左脚向前落步成傲步；双手向左拧刀至身体左侧。（图 13-90）
5. 右拧身 90 度，大刀随身收于身体右侧。（图 13-91）
6. 左转身 90 度；大刀向左逆时针舞花 180 度。（图 13-92）

图 13-90

图 13-91

图 13-92

7. 左转身 90 度，提右膝；大刀向右顺时针舞花 180 度。（图 13-93）
8. 步法不变；大刀继续向右顺时针舞花 180 度，刀头放在右脚面上。（图 13-94）

图 13-93

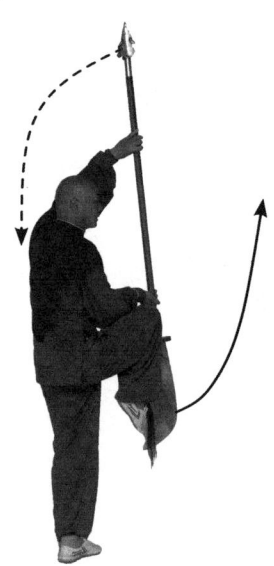

图 13-94

9. 右脚向上踢刀；同时，右手向上抛刀。（图 13-95）

10. 右转身，右脚向右上步成右弓步；同时，右手接刀，双手向上举刀；眼视左侧。（图 13-96）

图 13-95

图 13-97

图 13-96

第二十式　猛虎翻身

1. 右转身 180 度，泄右步；大刀随身收至右胯处。（图 13-97）

2. 左转身 180 度，右脚前踢；同时，大刀随身向前劈刀。（图 13-98）

3. 跳起右翻身 360 度，落右脚成右独立步；大刀往上挑，收至右胯处。（图 13-99）

4. 向前落左脚成左弓步；同时，大刀向左 360 度舞花收至后背。（图 13-100）

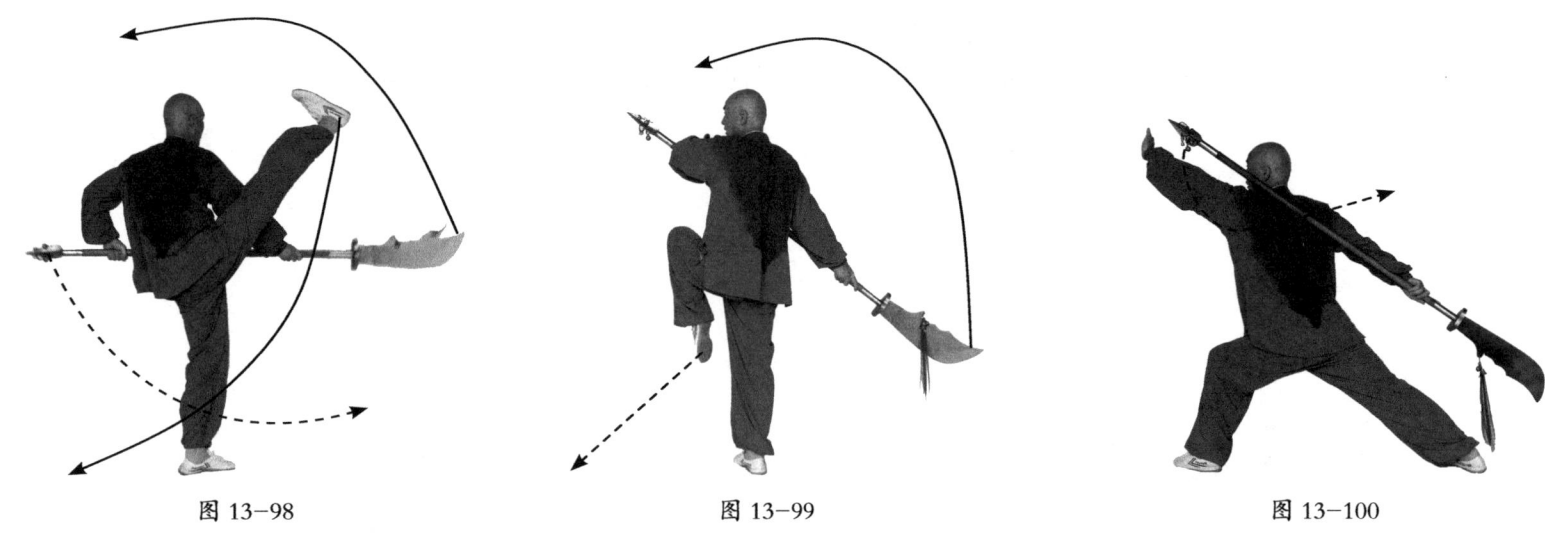

图 13-98　　　　　　　　图 13-99　　　　　　　　图 13-100

第二十一式　横扫千军

1. 左拧身 90 度；大刀向左旋转 180 度至头顶，双手交叉持刀，左手在外。（图 13-101）
2. 向左转身 90 度，右脚向左上步；同时，大刀在头顶旋转 180 度。（图 13-102）

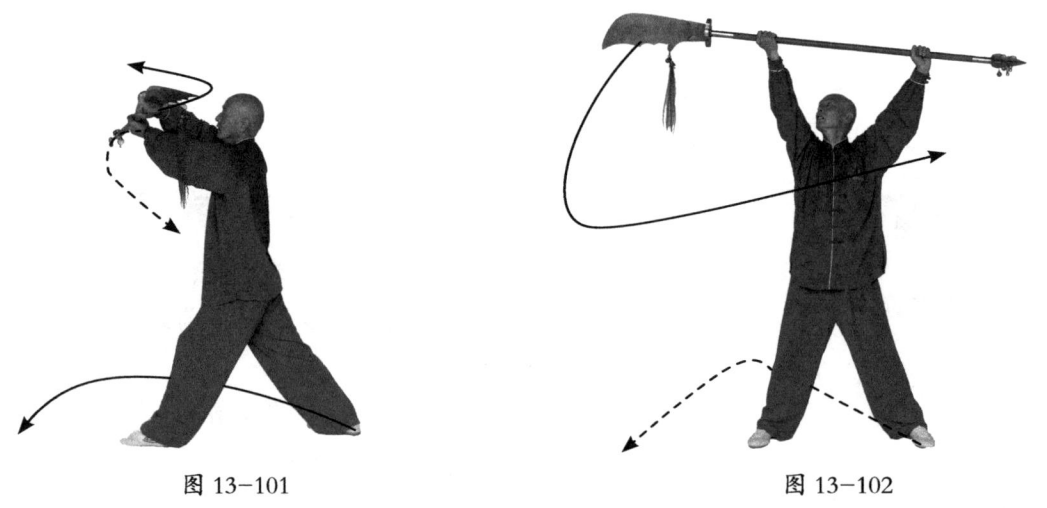

图 13-101　　　　　　　　　　　图 13-102

3. 左转身 180 度，左脚向后撤一步；同时，双手持刀向左横劈。（图 13-103）

4. 身体不停，继续左转身180度，重心左移；大刀向左横劈。（图13-104）

5. 右转身180度，上左步；大刀随身旋转至头部。（图13-105）

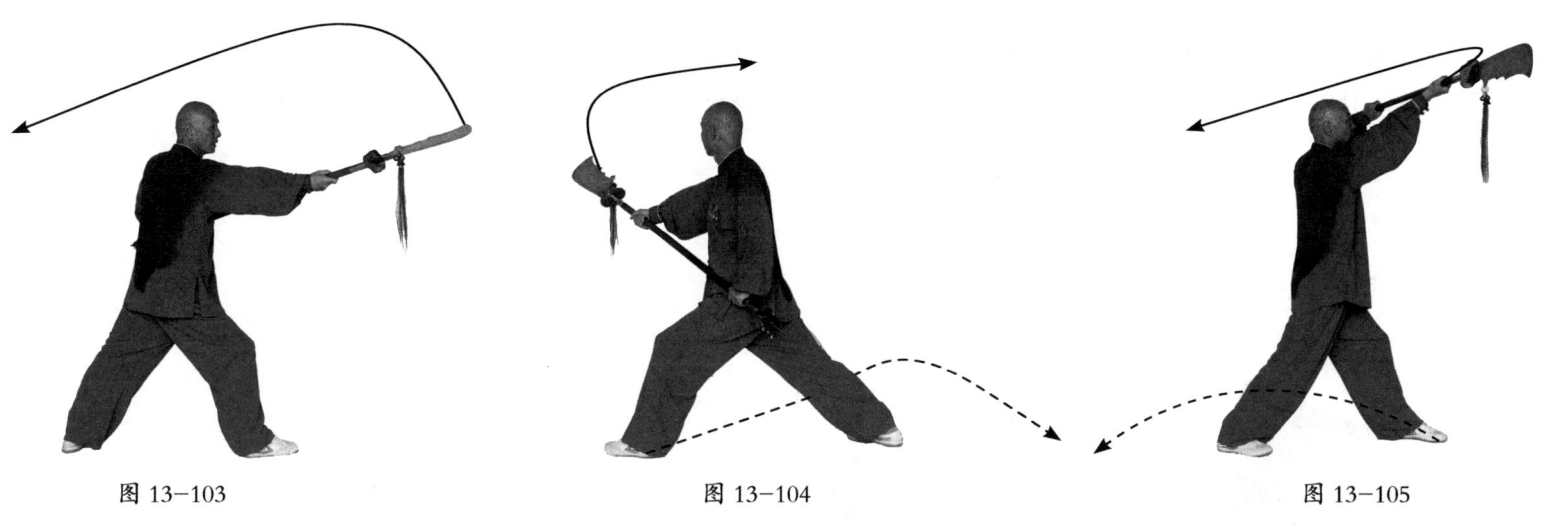

图13-103　　　　　　　图13-104　　　　　　　图13-105

第二十二式　拦腰一刀

1. 右转身180度，左脚向前上一步；同时，大刀随身向上旋转180度至头顶，双手交叉持刀。（图13-106）

2. 右转身180度，右脚向前上步成右弓步；同时，大刀随身向右拦腰横劈。（图13-107）

图13-106　　　　　　　　　　图13-107

第二十三式　顺风扯旗

1. 步法不变，左回身；大刀随身收至腹前。（图 13-108）
2. 步法不变，右回身；大刀随身向右舞花 180 度。（图 13-109）
3. 右转身 180 度，右脚向后撤一步，提左膝；大刀随身收至身体右侧。（图 13-110）

图 13-108

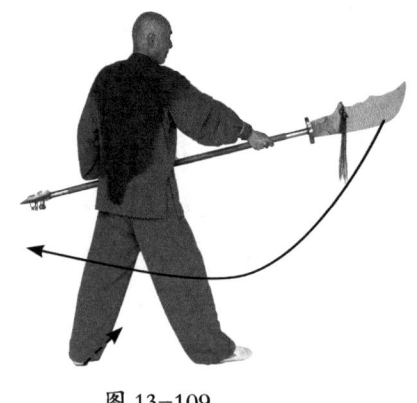

图 13-109

图 13-110

4. 左脚向左上一步成左弓步；大刀向左舞花 360 度背于身后，左手向左推出。（图 13-111）
5. 步法不变；大刀向左旋转，左手接刀。（图 13-112）
6. 身体重心向右转成右弓步；大刀顺势随身向右摆。（图 13-113）

图 13-111　　　　　　图 13-112　　　　　　图 13-113

第二十四式　令公提刀

1. 提左膝成右独立步；大刀从身体右侧向上举起。（图 13-114）

2. 落左脚，双脚并步站立，身正躯直；同时，右手持刀，左手收于身体左侧；两眼平视。（图 13-115）

图 13-114　　　　图 13-115

后 记

猿仙通背拳是焦作市三大传统武术名拳之一，其技理风格较为讲究，以刚入柔、刚柔相济，轻巧灵动、实用为本，历史亦相对久远，极具武学研究价值。与猿仙通背拳接触的十几年来，这一观点由初步印象到切身感知再到深入内心，终至涵化成为怀川故里的一种乡土武术经典、中原地域的一个民间文化符号，也构成中华民族的一段传统映像记忆。

武术根在民间，武术传承在人。这一观点在传统武林广为人知，通过猿仙通背拳亦得到了切实体现。长期以来，在以古怀川为传承核心的实践中，一代代民间习武者筚路蓝缕，心口相承，用自己长期的心力去习练、教拳、传武、远播，在内在的热爱与油然的责任驱动之下，自发而本能地从事、投入、付出、坚持，毕生的轨迹与猿仙通背拳山水相映，密不可分。此情此景，在当代猿仙通背拳传人群体中清晰可见，且感人至深。他们是平凡的现实中人，因为各种缘由接触并进入猿仙通背拳的大门，成为猿仙通背拳的弟子或传人，接着便渐不能自已，把个人生活与猿仙通背拳不同程度地系在了一起，拳种由他们的传承接力而不衰，生命因他们的传承传播而不凡。他们就像一棵棵小草，蕴含着自身对于自然风华的吐纳，以及清新茁壮的气质，点缀着春日大地的绿色生机，体现着万物欣然的大道如一。

与猿仙通背拳传人李新平老师的相识相知，同样在我的生命轨迹中留下了清晰的印记，产生了不一般的影响。这些年来，在一次次的考察、沟通、交流、探研过程中，我不仅一点点地认识到猿仙通背拳的珍贵武学价值，一步步地深入这门拳法的历史肌理，一层层地接近这门拳法的古朴真实，也在无形中领略了怀川大地的壮丽景观与民俗风情，加深了对武术文化的理解与体认，进而有意无意地感悟历史积淀、因缘聚合、个体使命、人生主题。

一切过往，皆是序章。太行山间巍然苍茫的上下穿越，净影寺中灵秀内蕴的奔波往返，公园里冬夏不改的晨练相续，春林村内年复一年的薪火相传，日积月累，乃有今日《猿仙通背拳全集》的成稿、出版。这本书表述着猿仙通背拳悠久的技法、器械、文理、体貌，呈现着猿仙通背拳客观的传统武学面貌，内蕴着猿仙通背拳弟子传人的敦敏风骨。

上下求索，继往开来。2009年6月，猿仙通背拳成为河南省非物质文化遗产保护项目，这一事件在该拳发展历史上堪称重要的里程碑，真实地反映了李新平会长带领猿仙通背拳研究会的集体付出与实践成果。作为焦作武术的品牌拳种、中原武术的特色遗产，历史积淀与当代成果都启示着，在中国非物质文化遗产名录中猿仙通背拳应该更上一层楼。

感谢为我与猿仙通背拳搭建桥梁的樊卫星老师，感谢猿仙通背拳的所有弟子传人们，感谢为这个拳种付出了大量幕后工作的李新平老师及其家人们，感谢所有曾经为了猿仙通背拳发展而积极奉献的师友们，在此不一一列出名字，感恩和祝福之情无以言表！

　　谨以上述文字后记，蓦然回首，油然而生。此心如水，祝福猿拳。

申国卿

2022 年 9 月 3 日